METRÓPOLE
E PODER SIMBÓLICO

PRODUÇÃO DO ESPAÇO E ORDEM SOCIAL EM SÃO PAULO

JEOVÁ D. MARTINS

METRÓPOLE
E PODER SIMBÓLICO

PRODUÇÃO DO ESPAÇO E ORDEM SOCIAL EM SÃO PAULO

EDIÇÕES
MJ

São Paulo
2019

Copyright © by Jeová D. Martins, 2019

Edição, editoração eletrônica, capa, layout e revisão
Marcelo Januário marcelojanuario@yahoo.com

ISBN 978-65-900910-0-0

Imagens da capa: © by paulrommer – www.fotosearch.com.br

Dados Internacionais de Catalogação na Publicação (CIP)
Agência Brasileira do ISBN - Bibliotecária Priscila Pena Machado CRB-7/6971

```
M386   Martins, Jeová D.
           Metrópole e poder simbólico : produção do espaço e
       ordem social em São Paulo / Jeová D. Martins. — São
       Paulo : J. D. Martins, 2019.
           298 p. : il. ; 23 cm.

           Inclui bibliografia.
           ISBN 978-65-900910-0-0

           1. Arquitetura e sociedade - Brasil. 2. Planejamento
       urbano - Aspectos sociais - Brasil. 3. Sociologia.
       4. Urbanismo - Políticas públicas. I. Título.

                                           CDD 720.1030981
```

Índices para catálogo sistemático:
1.   Sociologia, urbanismo, políticas públicas:
Produção do espaço: cidades

2019

O espírito humano, porém, reluta em se aceitar como obra do acaso e a não ser senão o produto fortuito do imprevisto ao qual nenhum deus preside, nem mesmo ele próprio. Uma parte de cada vida, e mesmo das vidas pouco dignas de atenção, passa-se à procura das razões de ser, dos pontos de partida, das origens.

Marguerite Yourcenar

Ao professor
Brasilmar Ferreira Nunes,
in memoriam

SUMÁRIO

Introdução

*A sociologia confere uma extraordinária autonomia, sobretudo
quando não é utilizada como uma arma contra os outros ou
como instrumento de defesa, mas como uma arma contra si
mesmo, como instrumento de vigilância.*
Pierre Bourdieu

Dentre os fatos decorrentes da urbanização – aqui entendida como a substituição do ambiente natural por outro técnico, artificialmente construído por meio da atividade social de produção do espaço - reveste-se de especial interesse para o sociólogo o surgimento de um agrupamento social singular que reivindica o controle do processo de produção do espaço e dos rumos que a urbanização deve seguir, quer dizer, a definição legítima do dever-ser da cidade. Em contexto de urbanização completa da metrópole, da criação de um meio ambiente artificial com o consequente distanciamento da ordem do mundo natural, essa reivindicação está relacionada a uma aspiração ainda maior, a saber, a participação na divisão do trabalho de dominação legítima na instituição da ordem social. Em que medida tal reivindicação e aspiração obtêm êxito e em que bases sociais se funda sua legitimidade? Qual a profundidade e extensão da influência e condicionamento que essa comunidade humana exerce sobre a produção do espaço e dos rumos da urbanização? Que relações podem ser estabelecidas entre a atividade desse agrupamento social singular, as estruturas de dominação e a reprodução da ordem social? Seria a ordem urbana resultado da cooperação/competição espontânea e anárquica de indivíduos agindo no autointeresse? Produto do funcionamento do livre mercado do espaço como instituição autorregulável? Que parcela do que chamamos ordem social pode ser atribuída às representações, ações e intenções de agentes especializados, portadores de competência cultural singular, atuando no interior de instituições específicas voltadas para o planejamento e a gestão do espaço, isto é, dedicadas à dominação organizada do processo de urbanização?

O texto que se segue apresenta uma análise sociológica dessa problemática tendo como base empírica a Região Metropolitana de São Paulo. Nele, busca-se explicitar o aparecimento, estruturação e desenvolvimento desse agrupamento social singular. Agentes que, por compartilharem do interesse comum na definição legítima do dever-ser da cidade e dos rumos que a urbanização deve seguir, estabelecem relações objetivas e ligações institucionais cuja permanência, duração e regularidade caracterizam um espaço social distinto, dotado de certas propriedades passíveis de apreensão e explicação.

A observação da cena urbana da metrópole de São Paulo revela um espetáculo inquietante, cujo desenrolar parece não ter sido planejado, pretendido ou esperado por nenhum de seus protagonistas. Descortina-se um estado de coisas que se assemelha a uma guerra *hobbesiana*, aberta ou velada, de todos contra todos pela produção, apropriação e consumo do espaço e pelos benefícios, cada vez mais escassos, da urbanização, em meio a tentativas de constituição de uma ordem urbana racional e planejada. Tal cenário nos coloca diante de uma série de indagações sobre as condições sociais de produção, consumo e gestão do espaço e o direcionamento que o processo de urbanização assume a cada momento e, mais além, da constituição e reprodução da própria ordem social e da dominação de classe nas metrópoles brasileiras. A relevância dessa problemática advém, sobretudo, de sua vinculação aos eventos que presenciamos no cotidiano das grandes cidades, cuja recorrência e regularidade se impõem à nossa observação de maneira ostensiva e invasiva, e nos interpelam tanto no âmbito da investigação sociológica (pesquisa urbana) como no da intervenção do Estado na produção do espaço (política urbana).

O desafio da construção e desenvolvimento dessa problemática afigura-se como essencial para a agenda da pesquisa urbana no início do século XXI. Se, como observa Lefebvre (1991), o espaço é produção social, então essa produção só pode se dar mediante relações objetivas entre agentes e instituições, portadores de reivindicações, saberes, patrimônio cognitivo e práticas socioespaciais, conformando um campo de forças e de lutas para a conservação ou transformação dessas forças. Campo de forças estruturado por agentes que aspiram a um lugar distinto na divisão do trabalho do processo social de produção do espaço e do direcionamento do curso da urbanização. Campo de lutas ao mesmo tempo políticas e cognitivas, travada entre classes e frações de classe, por agentes dotados de competências culturais específicas, que realizam trabalho especializado no interior de instituições próprias mobilizadas como meios de produção material e simbólica nessa luta. Conformam, assim, esse espaço social singular aqui denominado campo da produção do espaço, campo da produção urbanística, ou simplesmente campo urbanístico.

Trata-se, então, de fornecer uma explicação plausível para a conduta de tais agentes, quer dizer, explicitar a gênese, a estrutura e a dinâmica do campo urbanístico para, em seguida, avaliar o grau de influência e condicionamento que ele exerce na produção do espaço e na conformação da ordem social. Estamos, assim, diante de um *campo* de produção material e simbólica – nos termos definidos por Bourdieu, a ser melhor explicitados no Capítulo 1 – organizador da ordem simbólica e das práticas socioespaciais, e lugar de estratégias singulares mobilizadas por agentes na luta pelo monopólio da definição legítima do dever-ser do espaço e da urbanização. Por essa ótica, descortinam-se processos de produção de modelos cognitivos de ordem urbana, sua validação, homologação, consagração e difusão no interior do campo específico e para a sociedade em geral, por meio das políticas urbanas engendradas pelo Estado. Nessa linha de investigação, adentra-se à problemática da correspondência entre o espaço social singular e o espaço físico, na forma de coleções de objetos fixados no território, que reificam as relações sociais e dão coerência e sentido aos fluxos da vida cotidiana na metrópole, isto é, conformam uma ordem social propriamente dita.

Nessas condições, emergem como objeto de investigação e análise as relações entre produção do espaço e ordem social na RMSP, na perspectiva histórica da urbanização completa da sociedade e da formação de territórios globais. O deslocamento de uma abordagem centrada nas relações afetivas ou no voluntarismo de personalidades para outra, mais atinente ao plano institucional-cognitivo como base da formação dos vínculos sociais e da integração dos agentes, deve permitir o aprofundamento do estudo do *campo* específico que, como aqui entendido, nos propiciaria revelar particularidades dos padrões de intervenção do Estado no processo de urbanização, bem como aspectos da produção, apropriação e consumo do espaço e dos mecanismos de dominação de classe na metrópole.

A base empírica para a verificação dos fenômenos atinentes à pesquisa é, no plano mais imediato, a cidade de São Paulo. No entanto, é importante lembrar que os fenômenos a serem observados não raro se referem a novas territorialidades, definindo topologias e geometrias espaciais específicas decorrentes da interconexão de processos econômicos, ambientais, sociais e políticos relacionados à produção do espaço no contexto de formação de territórios globais. Nesse sentido, a análise aparece intencionalmente desvinculada de dinâmicas intra-urbanas *stricto sensu*, com o foco de observação direcionado a fenômenos interescalares e transversais que, por vezes, interconectam territórios dando origem a novas configurações e topologias sociais e a novos princípios de classificação e divisão socioespacial.

A opção pela ênfase nas transformações dos espaços sociais, nos paradigmas ou modelos cognitivos de cidade e nas práticas institucionalizadas, nos levou a um recorte e delimitação do objeto que prioriza algumas instituições do campo específico onde ocorre a permanente atualização dos saberes e das práticas socioespaciais, e de onde emanam discursos que disputam a definição legítima sobre o ser e o dever-ser da urbanização. Esse recorte, na medida em que toma o local como ponto de convergência de processos mais gerais, contempla os diferentes níveis de formulação e implementação da política urbana, sendo esta a expressão do *habitus* dos agentes e da estrutura de posições e de tomadas de posições no interior do campo da produção urbanística. Neste sentido, a análise se vincula a uma perspectiva interescalar, por onde se desdobram os complexos circuitos de produção, legitimação e consagração de modelos sociocognitivos do urbano e de práticas socioespaciais.

Embora revisadas, as principais ideias e informações aqui expostas já estavam presentes na tese apresentada ao Programa de Doutorado em Sociologia da Universidade de Brasília em junho de 2006, sob orientação do professor Brasilmar Ferreira Nunes. As professoras Marisa Veloso e Wivian Weller da banca de qualificação de tese ofereceram preciosas contribuições e sugestões para a continuidade da pesquisa que se desenhava. Raquel Rolnik, Luiz Cézar de Queiroz Ribeiro, Wivian Weller e Salete Machado compuseram a banca examinadora da tese, agregando críticas e sugestões incorporadas ao presente texto.

O estudo foi agraciado com o prêmio de menção honrosa no 5º Prêmio Brasileiro Política e Planejamento Urbano e Regional por ocasião do XII Encontro Nacional da ANPUR – Belém (2007), que contou com o seguinte corpo de jurados: Ana Clara Torres Ribeiro (presidente), Ângela Gordilho, Maria Cristina da Silva Leme, Marília Luiza Peluso e Eduardo Marques.

O jornalista e editor Marcelo Januário emprestou seu talento e dedicação ao trabalho de edição e editoração da obra.

PRIMEIRA PARTE

ORDEM SIMBÓLICA, ORDEM SOCIAL E ORDEM ESPACIAL

1. O Problema: Produção do Espaço e Produção da Ordem Social

Toda sociedade vê-se encarregada da tarefa de, sob suas condições concretas, criar uma ordem que dote de significado o fato de sua existência em termos de fins divinos e humanos.
Eric Voeglin

Este capítulo tem como propósitos: i) delinear a problemática atinente ao estudo para, com base nela, ii) esboçar uma perspectiva teórica de análise e iii) gerar hipóteses que apontem caminhos para a investigação. Também aqui buscaremos explicitar os pressupostos e procedimentos metodológicos utilizados.

Que relações podem ser estabelecidas entre produção do espaço e constituição da ordem social nas metrópoles brasileiras? Essa questão reveste-se de especial importância para a pesquisa social no Brasil contemporâneo, mormente no contexto do atual debate sobre a formulação de uma Política Nacional de Desenvolvimento Urbano e de um pretendido Sistema Nacional de Cidades. O ofuscante processo de urbanização da sociedade brasileira verificado nas últimas décadas parece confirmar o que Lefebvre (2002:15)[1] denominou de urbanização completa da sociedade. Em condições de urbanização total da sociedade, as normas e regras vinculadas ao processo de produção do espaço e de ordenamento do território parecem guardar estreita relação com a produção da própria ordem social, apresentando-se como o principal móvel de disputas e conflitos no desenrolar do processo de produção e reprodução da vida material e simbólica nas metrópoles. São essas as razões a justificar o empreendimento sociológico aqui esboçado, a saber, a análise da conduta de um agrupamento humano que reivindica, com relativo êxito, o controle do processo de produção do espaço, isto é, o monopólio da definição legítima do dever-ser da urbanização. Caracterizado o aparecimento e estruturação desse agrupamento social singular, restará analisar como e em que grau de profundidade e abrangência ele influencia e condiciona a produção da ordem urbana e, por conseguinte, da própria ordem social.

---

[1] Segundo H. Lefebvre, essa urbanização completa da sociedade, embora exista ainda apenas como possibilidade, pode ser afirmada como realidade virtual mediante o método da transdução. Para Lefebvre, além dos métodos indutivo e dedutivo, há o método transdutivo, por meio do qual é possível antecipar a realidade social futura como realidade virtual presente. Considerando que as formulações de Lefebvre foram feitas ainda na década de 1960, pode-se afirmar que, de lá até nossos dias, seu prognóstico vem sendo amplamente confirmado pelo desenvolvimento acelerado do processo de urbanização, não só no Brasil como no âmbito mundial.

Ordem Urbana e Ordem Social

Embora as noções de ordem urbana e ordem social aqui utilizadas não possam ser definidas *a priori*, só se delineando com maior clareza ao longo dos capítulos seguintes, cumpre, desde logo, esclarecer que toda noção de ordem pressupõe a existência de relações objetivas entre indivíduos e grupos, dotadas de certas regularidades, ciclos e repetições que, como tais, são passíveis de serem apreendidas pela via heurística, como fenômenos não apenas observáveis, mas também explicáveis.

A noção de ordem aqui referida implica também a aceitação de um pressuposto herdado da teoria sociológica clássica, qual seja, a de que a sociedade é estratificada em classes e grupos e, além disso, que há classes ou frações dominantes e classes ou frações dominadas. Esse pressuposto remete a uma indagação importante: em que condições indivíduos e grupos estariam dispostos a colaborar com a sua própria dominação para a conformação de determinada ordem social? M. Weber aponta três fundamentos de legitimidade que justificam a dominação, sendo esta definida como a probabilidade de obtenção de obediência a um mandato específico. São eles: o poder tradicional, advindo da autoridade do "passado eterno", dos costumes e hábitos enraizados; o carismático, que se funda em dons pessoais e extraordinários de um indivíduo, e o racional legal, que se impõe em razão da crença na legalidade (Weber, 1944:172). Marx, por sua vez, argumentava que a dominação é exercida, em cada época, pela classe que detém os meios de produção sobre outras, expropriadas desses meios. Assim, a única dominação legítima seria a dominação do proletariado, posto que sua libertação corresponde à libertação de toda a sociedade (Marx, Engels, 2001:23).[2]

De resto, a facilidade com que essa dominação ocorre sempre foi motivo de espanto entre filósofos e cientistas sociais. No dizer de Hume (Hume, D. apud. Bourdieu, 1997:216):

> Nada consegue surpreender tanto os que examinam os negócios humanos com olhar filosófico do que ver a facilidade como que a maioria (the many) é governada pela minoria (the few), e observar a submissão implícita com a qual os homens anulam seus próprios sentimentos e paixões em favor de seus dirigentes. Quando nos perguntamos por que meios essa coisa espantosa se realiza, nos deparamos com o fato de que, estando a força sempre do lado dos governados, os governantes só podem contar com a opinião para sustentá-la. Portanto, o governo encontra-se alicerçado apenas sobre a opinião, podendo-se estender essa máxima tanto aos governos mais despóticos e militarizados, como aos mais livres e populares.

---

[2] Esses tipos e modos de dominação serão mais bem explicitados sempre que necessário no decorrer do estudo.

Assim, considerando a hipótese lefbvriana da urbanização completa da sociedade, tudo se passa como se a dominação legítima no âmbito da sociedade em geral não mais pudesse ser exercida sem que antes esteja consolidada nas metrópoles e nas grandes aglomerações urbanas, às quais colonizam o restante do espaço, isto é, submetem as pequenas e médias comunidades, bem como o meio rural, à sua lógica de produção e reprodução socioespacial. Destarte, a imposição legítima de uma determinada ordem social nas metrópoles carrega consigo a imposição de uma ordem social geral também válida e justificável. Nesse contexto, a metrópole se torna o meio de produção por excelência, que organiza os outros meios de produção e, consequentemente, a produção do espaço, isto é, a urbanização, se converte no principal processo de organização da vida social.

Eis aí uma primeira pista para a abordagem do problema aqui colocado: a emergência de um agrupamento humano distinto, um corpo social constituído de agentes e instituições que reivindica a dominação organizada sobre o processo de produção do espaço e dos rumos que a urbanização deve seguir, quer dizer, o monopólio da definição legítima do dever-ser da metrópole. Como assinala Marx, a produção não é unicamente uma produção particular, mas é sempre determinado corpo social, um sujeito social que exerce sua atividade em uma totalidade maior ou menor, mais ou menos rica, de esferas da produção. De certo modo, o problema aqui abordado já havia sido formulado por Choay (2002:2), quando, na explicação do surgimento do termo urbanismo, assinalava que:

> [...] este neologismo corresponde ao surgimento de uma realidade nova: pelos fins do século XIX, a expansão da sociedade industrial dá origem a uma disciplina que se diferencia das artes urbanas anteriores por seu caráter reflexivo e crítico, e por sua pretensão científica... O urbanismo não questiona a necessidade das soluções que preconiza. Tem a pretensão de uma universalidade científica: segundo as palavras de um de seus representantes, Le Corbusier, ele reivindica "o ponto de vista verdadeiro".

A proliferação de agentes e instituições que hoje reivindicam essa primazia se dá no contexto em que as relações entre a atividade social de produção do espaço e a reprodução da ordem social nas cidades brasileiras adquirem contornos dramáticos, mormente nas regiões metropolitanas e, de modo específico, nas metrópoles ditas globais de São Paulo e Rio de Janeiro.

Deve-se mencionar que, no Brasil, as grandes aglomerações urbanas sofreram, simultaneamente ao processo de transição democrática verificado nas últimas décadas, a dinâmica do agravamento da crise socioambiental e o aprofundamento do processo de incorporação de seus territórios à lógica de uma urbanização global impositiva. Assim, às dinâmicas vividas no cotidiano das grandes cidades, diretamente vinculadas ao nível de autoridade local e regional, superpõem-se ações emanadas do Estado-Nação, bem como injunções de paradigmas de gestão urbana difundidos por instituições globais com pretensões a validade universal. Essa superposição de escalas espaciais, institucionais e temporais engendra um complexo circuito de reivindicação, de instâncias de consagração e esferas de homologação das disputas e convergências em torno da produção do próprio conceito de metrópole. Decerto que, como vem sendo utilizada desde o início do século XX, a noção de metrópole só se aplica às grandes aglomerações urbanas, de milhões de habitantes, o que sugere uma primeira aproximação do conceito pela escala de grandeza populacional. Mas ela também aparece com frequência relacionada às funções (políticas, econômicas e sociais), que a aglomeração urbana desempenha na região, no país ou nos fluxos globais onde está inserida. Pode-se admitir ainda que a noção de metrópole seja aplicável à forma urbana do sistema produtor de mercadorias (capitalismo) em sua escala planetária, forma esta que confere lógica e sentido ao processo de constituição de uma sociedade urbana propriamente global.

Tal quadro se afigura especialmente propício para o empreendimento de uma investigação centrada no processo de produção do espaço nas regiões metropolitanas e suas vinculações com a problemática da reprodução da ordem social em contexto de urbanização completa da sociedade. Afinal, se a ideia de ordem urbana só pode ser erigida com base em um dado nível de organização racional da produção do espaço, então a seguinte pergunta se impõe: as regras de quem deverão prevalecer? Nesse particular, Santos observou que:

> A dinâmica dos espaços de globalização supõe uma adaptação permanente das formas e das normas. As formas geográficas, isto é, os objetos técnicos requeridos para otimizar uma produção, somente autorizam essa otimização ao preço do estabelecimento e da aplicação de normas jurídicas, financeiras e técnicas, adaptadas às necessidades do mercado. Essas normas são criadas em diferentes níveis geográficos e políticos, mas as normas globais, induzidas por organismos supranacionais e pelo mercado, tendem a configurar as demais (Cf. Santos, 2002:252).

Essas observações preliminares apontam para uma convergência de momentos entre o processo de produção do espaço e a constituição da ordem social, convergência esta que parece se realizar e adquirir sentido pela mediação de um espaço social singular de agentes e instituições produtores de bens materiais e simbólicos. Dito de outro modo, em condições de urbanização total, há uma relação entre a atividade social de produção do espaço e a produção da ordem social, sob a mediação de um corpo social especializado, responsável pela produção e atualização de regras abstratas e práticas socioespaciais aplicáveis ao controle do processo de urbanização. Evidentemente, nos limites dessa problemática, tanto a reprodução quanto a inovação de práticas socioespaciais estão contidas na categoria mais geral de produção da ordem sociourbana. Neste ponto convém notar que, ainda de acordo com Lefebvre, a noção de produção, tal como na teoria social clássica, especialmente em Marx, carrega um duplo significado:

> [...] a acepção ampla, herdada da filosofia: Produção significa criação e se aplica à arte, à ciência, às instituições, ao próprio Estado, assim como às atividades geralmente designadas "práticas". A divisão do trabalho que fragmenta a produção e faz com que o processo escape à consciência é ela mesma uma produção, como a consciência e a linguagem. A natureza, ela própria transformada, é produzida; o mundo sensível, que parece dado, é criado. b) a acepção estrita, precisa, embora reduzida e redutora, herdada dos economistas (Adam Smith, Ricardo), mas modificada pela contribuição de uma concepção global, a história. [...] No sentido amplo, há a produção de obras, de ideias, de "espiritualidade" aparente, em resumo, de tudo que faz uma sociedade e uma civilização. No sentido estrito, há a produção de bens, de alimentação, de vestuário, de habitação, de coisas. Este último sentido apoia o primeiro e designa sua "base" material (Cf. Lefebvre, 2001:46).

Santos, por sua vez, fala na existência de dois sistemas indissociáveis: um sistema de objetos e um sistema de ações, sendo que a definição do espaço varia em cada época de acordo com a natureza dos objetos e a natureza das ações presentes em cada momento histórico, conformando assim uma ordem hegemônica (Santos, 2002). Essas considerações permitem avançar na construção da problemática a ser investigada. Elas sugerem que a produção/reprodução da ordem social na metrópole se funda no controle, explícito ou dissimulado, da atividade social de produção do espaço, ou seja, na dominação organizada sobre o processo de urbanização de cada espaço ou lugar. Tal dominação propiciaria a formação de topologias sociais e a hierarquização dos lugares de acordo com as possibilidades e oportunidades de acumulação e mobilização de recursos materiais e simbólicos, desigualmente distribuídos entre indivíduos, classes e frações de classe. Trata-se aqui da já amplamente analisada segregação socioespacial:

> [...] a segregação – tanto social como espacial – é uma característica importante das cidades. As regras que organizam o espaço urbano são basicamente padrões de diferenciação social e de separação. Essas regras variam cultural e historicamente, revelam os princípios que estruturam a vida pública e indicam como os grupos sociais se inter-relacionam no espaço da cidade (Cf. Caldeira, 2000:211).

A segregação socioespacial fornece a cada agente o *"sense of one's place"* (Cf. Goffman apud Bourdieu), um sentido de localização, de pertencer a um lugar, convertido em um conhecimento prático, corporal, de sua posição no espaço social. Bourdieu (1997:160) assinalou que, como corpos biológicos e individuais, os seres humanos estão, do mesmo modo que as coisas, situados em um lugar, definido como o ponto do espaço físico onde um agente ou uma coisa se encontra situado, existe. Dessa perspectiva, a ordem urbana se estabeleceria por um constrangimento das posições onde o máximo de ordem se dá quando cada indivíduo, classe ou grupo social ocupa uma posição determinada e única. Nessa direção, Bourdieu (1997:164) sublinhou que:

> [...] os agentes sociais, bem como as coisas por eles apropriadas, logo constituídas como propriedades, encontram-se situados em um lugar do espaço social, um lugar distinto e distintivo que pode ser caracterizado pela posição relativa que ocupa em relação a outros lugares e pela distância que separa deles.

Haveria então uma correspondência entre espaço social e espaço físico, entre ordem social e ordem espacial e entre ordem simbólica e ordem material, por meio da transposição das primeiras para as segundas, que se instaura pela exclusão mútua, ou pela distinção das posições sob a forma de certo arranjo e hierarquização de espaços entre grupos sociais, instituições e propriedades. Por essa ótica, uma determinada ordem urbana se apresenta como o resultado da internalização e incorporação, pelos indivíduos e grupos, de esquemas de representação do mundo social, de estruturas cognitivas classificatórias e avaliativas, bem como de sua objetivação no espaço físico, como prática social concreta. Assim, o espaço produzido conforma uma ordem social propriamente dita, e, como tal, passível de ser apreendida e reconstruída heuristicamente como ordem simbólica estruturada, incorporada, institucionalizada, reificada e objetivada, ou seja, materializada no território na forma de objetos interconectados e sancionada como um regime de dominação. Tem-se aí a conformação de um todo dotado de coerência e sentido, socialmente aceito e legitimado. Por conseguinte, quaisquer divisões e distinções no espaço social se exprimem real e simbolicamente no espaço físico apropriado como espaço social objetivado e reificado, isto é, fisicamente realizado, como, por exemplo, nos pares de contrários rural / urbano; campo / cidade; planejado / desordenado; centro / periferia; favela / bairro, degradado / renovado.

Ora, tais esquemas de representação do espaço e do dever-ser da urbanização não podem surgir do nada. Como já assinalado, as relações entre espaço social e espaço físico; entre produção do espaço e produção da ordem urbana, sugerem a mediação de um corpo de agentes produtores de regras abstratas (produção simbólica abstrata na forma de mapas, estatutos, códigos, planos, projetos) portadores de competência cultural específica, espécie de estado-maior cognitivo atuando em instituições especializadas. Tal ordem simbólica é passível então de ser transposta para o território de maneira mais ou menos exitosa ou desfigurada como uma coleção de objetos (produção material na forma de cidades, bairros, infraestruturas, serviços urbanos) intercomunicantes que, como diz Santos (2002:231), se torna um dado dessa "harmonia forçada entre lugares e agentes nele instalados, em função de uma inteligência maior que se situa nos setores de planejamento das grandes empresas e do Estado". Deve-se considerar ainda, retomando Bourdieu (1990:161-62), que a ordem social é produto de uma luta simbólica para a imposição de uma visão de mundo de acordo com os interesses dos agentes. Mesmo quando repousa sobre a força nua e crua, a das armas ou a do dinheiro, a dominação possui sempre uma dimensão simbólica, uma relação de sentido, que se desenvolve tanto no plano subjetivo quanto no objetivo.

> As lutas simbólicas a propósito da percepção do mundo social podem tomar duas formas diferentes. Do lado objetivo, pode-se agir por ações de representação, individuais ou coletivas, destinadas a fazer ver e valer certas realidades: penso, por exemplo, nas manifestações que têm como objetivo manifestar um grupo, seu número, sua força, sua coesão e faze-lo existir visivelmente; e no nível individual todas as estratégias de apresentação de si [...] destinadas a manipular a imagem de si e principalmente [...] da sua posição no espaço social. Do lado subjetivo, pode-se agir tentando mudar as categorias de percepção e de apreciação do mundo social, as estruturas cognitivas e de avaliação: as categorias de percepção, os sistemas de classificação, isto é, no essencial, as palavras, os nomes que constroem a realidade social tanto quanto a expressam, são o móvel por excelência da luta política, luta pela imposição do princípio de visão e de divisão legítima, ou seja, pelo exercício legítimo do efeito de teoria.

Mas se a ordem social deve, para a sua reprodução, contar com a cooperação dos dominados no projeto de sua própria dominação, tal ordem só pode ser instaurada e naturalizada a partir das lutas e conflitos sociais pelo monopólio da explicação e organização legítima do espaço e por homologação, pelo Estado, na condição de árbitro das disputas; dos resultados dessas lutas. Nesse sentido, vale dizer, desde logo, que, do ponto de vista sociológico, não é possível pensar a ordem urbana sem a ação do Estado, pelo menos enquanto este estiver em condições de reivindicar, com êxito, o monopólio da violência física e simbólica legítimas no território considerado.[3] Isto por que, ainda na perspectiva weberiana, só a mobilização de tal violência poderia garantir, em última análise, a manutenção de determinada ordem social, dado que o Estado, por expropriação dos demais agentes, possui o controle dos bens materiais necessários à aplicação da força física (Weber, 1996:59). Explica-se, desse modo, por que o controle do

---

[3] Cabe mencionar que a imposição da ordem pelo crime organizado (facções e milícias) em determinada parcela do território da metrópole se dá sempre mediante uma luta simbólica (relação de sentido), uso de meios coercitivos, estratégias de cooptação da comunidade e confronto armado com o Estado, ao longo do processo de produção do espaço.

aparato estatal ou a coalizão com quem detenha esse controle, se torna a principal estratégia de ação do agrupamento social aqui analisado, sendo este um traço definitivo de sua conduta em qualquer época ou lugar. Essa vinculação com o Estado é decisiva para a compreensão tanto da conduta do agrupamento social considerado quanto do direcionamento da política urbana, entendida como práticas socioespaciais mobilizadas pelos agentes via Estado, na produção do espaço e no direcionamento do processo de urbanização.

Por essa via, é possível avançar na formulação teórica da problemática proposta. Admite-se que nenhuma ordem urbana pode surgir do nada, gratuitamente, mas que, uma vez que tenha existência real, está necessariamente vinculada à realidade social de que é produto e, nesse sentido, é condicionada tanto pelas estruturas sociais objetivas, as quais exercem coerção sobre os agentes e, em alguma medida, são internalizadas pelos indivíduos; quanto pelas representações subjetivas que esses agentes constroem do mundo social, capazes de, por meio de sua exteriorização em forma de conhecimento prático, reproduzir ou transformar as condições inicialmente dadas. Por essa ótica, não seria apropriado falar em crescimento urbano desordenado como muitas vezes se diz, mas de uma ordem urbana que, sendo produto da realidade social existente, ainda não foi apreendida ou explicitada em todas as suas dimensões.

Produção do Espaço e Ordem Social na Região Metropolitana de São Paulo

A investigação sociológica do problema proposto é aqui empreendida tendo como base empírica a Região Metropolitana de São Paulo – RMSP. Ao nos aproximarmos do problema, descortina-se a crise de legitimação e o consequente declínio do modelo modernista de cidade e do planejamento urbano tecnocrático das últimas décadas na região estudada, tal como será abordado nos Capítulos 2 e 3. Adiante-se, porém, que o esgotamento das energias utópicas desse modelo se dá na razão direta de sua percepção como potencializador dos riscos, dos perigos e da degradação da vida urbana, além de estar associado ao colapso do projeto modernizador brasileiro (Arantes, 2001). Nessa medida, é um modelo cuja produção simbólica e material é percebida como inadequada para realizar a coalizão e o consenso entre os grupos dominantes na produção do espaço e no ordenamento socioterritorial da metrópole e, mais além, para o convencimento, a aceitação e a cooperação dos dominados, nos termos de uma cumplicidade objetiva com a sua própria dominação. Configura-se assim, um modo ilegítimo de controle do processo de produção do espaço e dominação organizada da metrópole. Essa crise de legitimação, de proporções irreversíveis nas condições estruturais da urbanização global, abre um amplo espectro de lutas pela definição legítima do dever-ser da metrópole e pela dominação organizada dos rumos que a urbanização deve seguir.

Emerge um espaço social de confronto entre pontos de vista para impor a ortodoxia, um vácuo de significação e um lapso de sentido, para cuja ocupação concorrem agentes e instituições portadores de discurso herético e de modelos explicativos alternativos para o controle do processo de produção do espaço. Agentes que, ao reivindicarem uma posição distinta na divisão do trabalho de dominação organizada sobre a produção do espaço, estabelecem coalizões e conflitos em torno de representações de cidade e de modelos cognitivos de ordem urbana. Tem-se aqui aquilo que, no dizer de Giddens (1989:6), constitui a reflexividade da vida social, no sentido de que os agentes "não só controlam e regulam continuamente o fluxo de suas atividades e esperam que os outros façam o mesmo por sua própria conta, mas também monitoram rotineiramente aspectos sociais e físicos, dos contextos em que se movem".

É certo que o processo de formulação e implementação da política urbana como um conjunto de conhecimentos práticos mobilizados pelo Estado para a produção do espaço aponta para uma série de condutas regulares, mais ou menos duradouras e previsíveis, que se desenvolvem no interior de instituições específicas – órgãos de planejamento, instituições de ensino e pesquisa, ONGs etc. – em rituais de legitimação e consagração levados a cabo por um corpo de profissionais treinados e dotados de competência cultural estrita para a elaboração de regras abstratas, instrumentos técnico-administrativos e codificação jurídica, voltados para a dominação organizada sobre o curso da urbanização e o controle do território. Tais ritos de instituição – que podem ir desde a elaboração de um plano diretor municipal até a realização de conferências globais no âmbito da ONU, passando por conferências de cidades, feiras e congressos – envolvem, em sua consecução, agentes diversos, dentro e fora do Estado, especialistas na produção de bens materiais e simbólicos relativos à ordem urbana, cujo âmbito de atuação vai do nível local ao global, passando pelo Estado-Nação, compondo um espaço social distinto ou, como aqui será referido, o campo da produção do espaço ou produção urbanística.

A evolução contraditória dessas possibilidades sociocognitivas no espaço-tempo da metrópole revela, por vezes, sinergia e complementaridade, mas também aponta para uma divisão, uma cisão nas representações dos grupos dominantes quanto às formas de dominação e controle da metrópole. Ribeiro (2004) constata a existência de uma "tensão intelectual e ideológica organizada em dois polos: a forma urbana *democrática-redistributiva* e o plano estratégico *liberal-competitivo*". Segundo o autor:

O primeiro surge na década de 1980, a partir da tradução para a cidade da proposta da reforma social, tendo como diagnóstico a cidade como mecanismo de concentração de renda e de riqueza. Na sua formulação, teve forte influência o resultado das pesquisas urbanas dos anos 1979 e do início dos 1980 sobre as relações entre a dinâmica econômica e política de estruturação da grande cidade e os mecanismos de produção das desigualdades sociais. Já o polo liberal-competitivo se inspira claramente em parte da literatura internacional [...] e sofre a influência das consultorias internacionais, não apenas dos organismos multilaterais, mas dos novos especialistas de planos estratégicos (Cf. Ribeiro, 2004:22-3).

Tal cisma no seio dos grupos dominantes quanto às formas de representação da cidade se torna evidente quando se observam os dilemas e paradoxos enfrentados tanto pela pesquisa social quanto pela ação governamental. Dentre esses dilemas vale ressaltar o de saber até que ponto a conexão da metrópole à rede urbana global como extensão da economia mundial, como um território globalizado, como uma cidade mercadológica implicaria no distanciamento da possibilidade de alcance da universalização do direito à cidade. Ele nos induz a indagar sobre em que condições é possível a constituição de uma ordem urbana justa, democrática e sustentável nas metrópoles brasileiras conectadas à sociedade global.

Outros tantos paradoxos emergem dessa cisão nas representações dominantes do urbano. Produzir infraestrutura de telecomunicações e serviços especializados para corporações globais ou prover serviços básicos para a maioria da população ainda excluída desses benefícios? Tomar decisões rápidas para acompanhar a velocidade dos fluxos dos mercados globais, cada vez mais próximos do tempo real, ou buscar consensos mais amplos, aprofundando processos de planejamento e gestão participativos, porém mais demorados, sobre como planejar espaços, gerenciar territórios e aplicar recursos públicos?

Esses dilemas se tornam ainda mais enigmáticos quando se observa que, no decorrer das últimas décadas, a RMSP – simultaneamente à ampliação das práticas democráticas e à emergência da consciência socioambiental – assistiu a um recrudescimento da deterioração socioambiental, da degradação do espaço público e das formas de espoliação urbana. Assim, aprofundar a compreensão dessa problemática se torna cada vez mais crucial para os agentes que, de algum modo, participam do processo de formulação e gestão da política urbana, estejam eles situados no nível local, regional, nacional ou global. Indagar, por exemplo, sobre a possibilidade teórica e prática da transição do estado atual para uma ordem urbana sustentável como amplamente pretendida pelos agentes é confrontar outra série de questões igualmente relevantes no âmbito deste estudo: qual o papel de instituições como o Estado, a sociedade civil e o mercado nessa transição?

Assim formulado, o problema da produção do espaço e da ordem social na metrópole em contexto de urbanização global comporta aporias insuperáveis nos marcos teóricos e práticos vigentes, constituindo-se como um desafio a ser enfrentado tanto pela pesquisa urbana quanto pelos agentes e instituições envolvidos diretamente no processo.

Perspectiva Metodológica: O Campo da Produção Urbanística

A tentativa de superação das dificuldades analíticas envolvidas nessa problemática aponta para uma abordagem que privilegia a emergência de um espaço social estruturado e hierarquizado de agentes, instituições e práticas socioespaciais específicos, enfatizando as relações existentes entre as estruturas do espaço social e as estruturas do espaço físico. A existência desse espaço social singular como realidade observável nos induz a pensar o problema proposto a partir de um campo relativamente autônomo, dotado de lógica interna própria, com interesses e reivindicação singulares: o campo da produção do espaço, da produção urbanística, ou simplesmente, campo urbanístico.[4]

Define-se Campo da Produção Urbanística como uma comunidade humana de agentes e instituições que reivindica com relativo êxito o controle do processo de produção do espaço, dos rumos que a urbanização deve seguir; e que luta pelo monopólio da definição legítima do dever-ser da urbanização como capital específico (capital urbanístico) a ser acumulado nessas lutas. A ideia de campo urbanístico nos remete à análise da constituição da ordem urbana como estando vinculada a um conjunto de instituições, agentes e práticas relacionados às formas de produção, apropriação e consumo do espaço, bem como aos modos de dominação e controle do processo de urbanização. Trata-se, portanto, de um campo da produção cultural, assim como o artístico ou o científico, que produz e acumula capital cultural (Cf. Bourdieu, 1998). Na condição de capital cultural o capital urbanístico pode existir sob três formas: no estado incorporado, sob a forma de disposições duráveis do organismo (patrimônio intelectual-cognitivo); no estado objetivado, sob a forma de bens culturais (patrimônio arquitetônico e

---

[4] Recorre-se aqui à noção de campo de produção tal como concebida na teoria social de P. Bourdieu (BOURDIEU; WACQUANT, 2005:150). Assim, um campo pode ser definido como: "uma rede ou uma configuração de relações objetivas entre posições. Essas posições estão objetivamente definidas, em sua existência e nas determinações que elas impõem aos seus ocupantes, agentes ou instituições, por sua situação (situs) atual e potencial na estrutura da distribuição das diferentes espécies de poder (ou capital) cuja posse comanda o acesso aos lucros específicos que estão em jogo no campo e, ao mesmo tempo, por suas relações objetivas com as outras posições (dominação, subordinação, homologia etc.). Nas sociedades altamente diferenciadas, o cosmos social é constituído do conjunto destes microcosmos sociais relativamente autônomos, espaços de relações objetivas que são o lugar de uma lógica e de uma necessidade específicas e irredutíveis à que regem os outros campos. Por exemplo, o campo artístico, o campo religioso o campo econômico obedecem a lógicas diferentes".

urbanístico); e no estado institucionalizado, na forma de organizações permanentes, máquinas burocráticas e postos de trabalho (patrimônio institucional).

Por consequência, impõe-se, aqui, o estudo da divisão do trabalho de dominação organizada e do controle do processo de urbanização como um campo de lutas e de forças, que contém dois polos comunicantes e interdependentes: i) o polo da luta pelo monopólio da definição legítima do dever-ser da metrópole, uma luta propriamente cognitiva e simbólica que visa a construir, legitimar e consagrar modelos abstratos e representações do urbano como capital urbanístico institucionalizado e incorporado; e ii) o da produção material, da transposição para o território desses modelos cognitivos, na forma de coleções de objetos técnicos interconectados (capital urbanístico objetivado) que dão coerência e sentido à estruturação, apropriação e consumo do espaço.

Disputas e convergências em torno de representações e de modelos cognitivos de metrópole a serem objetivados no espaço-tempo se tornam então os motores da conservação e da mudança no interior do campo considerado. A luta pelo monopólio do capital urbanístico em seus vários estados (institucionalizado, incorporado, objetivado), na forma de cultura urbanística legítima, ou seja, da explicação válida dos princípios de ordenação urbana – capaz de legitimar a ocupação de uma posição distinta na divisão do trabalho de dominação organizada da urbanização e do controle do processo de produção do espaço e, portanto, da metrópole enquanto força produtiva – desencadeia os fatores propulsores da instabilidade e da busca por um novo equilíbrio entre as posições dos agentes no processo de reprodução e inovação da ordem urbana.

Como preâmbulo a essa problemática assinale-se que os embates em torno da constituição da ordem social na metrópole delineiam a possibilidade de definição do urbano com base na instauração de uma normatividade explícita, um consenso possível negociado e aceito pelos agentes e disciplinado por normas de conduta sancionadas pelo Estado. A começar pela aceitação da ideia de democracia como valor universal, ancorada em uma sociedade civil mobilizada em torno da questão urbana, cujo marco institucional, ao nível do Estado-Nação, é dado pela inscrição, na Constituição Federal de 1988, do capítulo sobre a política urbana.

A convicção de que o processo democrático e a gestão participativa do processo de produção do espaço podem, por si sós, levar a uma ordem urbana socialmente justa e ambientalmente sustentável é compartilhada por uma parte expressiva dos agentes do campo, mormente aqueles agrupados no Fórum Nacional de Reforma Urbana e em outros agrupamentos de extração popular e democrática, tipificando um modelo sociocognitivo de metrópole aqui denominado direito à cidade. Este modelo reveste, pois, a noção de metrópole de um caráter de legalidade, em razão da crença na validade de um estatuto legal e de uma competência positiva, fundada em regras racionalmente estabelecidas para as quais se pressupõe obediência. Adotando-se a tipologia weberiana, tratar-se-ia aqui de um modelo típico-ideal de dominação racional-legal com relação a valores na sua forma mais pura, cuja compreensão será desenvolvida no Capítulo 4.

Por outro lado, o trabalho de imposição, por uma fração da categoria de agentes analisada, da utopia do livre mercado como instituição autorregulada vincula a geração do conjunto de regras de produção do espaço à lógica do sistema de preços, ou seja, à transformação da metrópole em alguma entidade semelhante a um empreendimento privado, no qual os bens, os serviços e o próprio território urbano possam ser oferecidos como mercadoria, em um mercado de cidadãos-consumidores. A gestão da cidade nos moldes de uma empresa agindo nos mercados globais se afigura como a escolha racional para a harmonização de interesses e para o alcance da sustentabilidade urbana. Desse ângulo, a ordem urbana emerge como o produto da mão invisível agindo no mercado de cidades, às quais competem pela atração de investimentos numa espécie de guerra de todos os lugares contra todos, bem como da concorrência entre cidadãos-consumidores pela apropriação e consumo do espaço e dos serviços urbanos.

Aqui, o Estado-Nação e as instâncias federativas infranacionais – agora reduzidos à sua configuração mínima – surgem como elementos de coordenação das forças de mercado, no sentido de garantir as condições ótimas para a competição entre os agentes. A homologação e validação de determinada prática socioespacial é dada pelo próprio sucesso que tal prática obtenha no mercado do espaço. Chegar-se-ia, por essa ótica, ao que o economista F. Hayek chamou de uma espécie de ordem social espontânea, que não pode ser estabelecida por uma organização central, quer dizer, o Estado em suas diversas instâncias, mas emerge como resultado da interação de indivíduos sujeitos apenas às leis que uniformemente se aplicam a todos eles, ou seja, as leis advindas do funcionamento de um mercado perfeito (Hayek, 1960:160), neste caso, o mercado dos espaços, dos lugares e dos objetos. Na tipologia weberiana, teríamos um tipo puro de dominação racional com relação a fins econômicos, cuja construção será feita no Capítulo 5 deste estudo.

Os Polos do Campo Urbanístico

Como já assinalado, trava-se no interior do campo de produção uma luta cognitiva para impor, de maneira arbitrária, representações como ordem simbólica estruturada do urbano que, como princípio dominante de dominação, possa ser transposta para a estrutura de classes como natural e auto-evidente, quer dizer, como violência simbólica para o controle da produção do espaço e dos rumos da urbanização.

Nessa luta, grupos de agentes e instituições participam de dois polos distintos, porém interligados, relacionais e de causalidade reflexiva. O primeiro se refere à esfera da produção simbólica e abstrata, realizada por instituições produtoras de bens abstratos, de representações e teorias, voltadas para a obtenção do monopólio do poder propriamente simbólico, para a obtenção de lucros simbólicos por meio da manipulação legítima de modelos cognitivos de metrópole. Este polo pode ser compreendido também com base no que Santos (2002:256) classifica como psicoesfera, isto é, o "reino das ideias, crenças, paixões e lugar da produção de sentido", o qual fornece regras à racionalidade e estimula o imaginário. Trata-se aqui de um sistema de símbolos com pretensões a organizar e ordenar a realidade urbana e fixar um consenso a seu respeito.

O segundo polo diz respeito à objetivação dos modelos no território, ou seja, à transição do modelo de realidade para a realidade do modelo. Na classificação de Santos (idem, ibidem), esse polo corresponderia à tecnoesfera, ao mundo dos objetos que se adapta aos mandamentos da produção e do intercâmbio [...] substituindo o meio natural ou meio técnico que a precedeu, por novos objetos, aderindo-se ao local como prótese. Esse polo fornece, portanto, produtos e bens materiais resultando numa coleção de objetos intercomunicantes (prédios, monumentos, estradas, pontes, viadutos, aeroportos, rodoviárias, bairros, cidades) representativos dos princípios de visão e divisão e dos sistemas de classificação que se estabelecem no campo de produção e que, por isso, fornecem a coerência e o sentido, pelo menos àqueles dotados dos meios de decifração da cultura urbanística legítima, à cidade real. É aquilo que, no dizer de Lefebvre (1999:85), se constitui na projeção das relações sociais no solo, da justaposição do Estado e do mercado – em conflito ou não –, produtos, capitais, trabalho, obras, símbolos e moradias. Trata-se aqui de um sistema de objetos atinentes à reificação das representações, ideologias e utopias produzidas no campo específico como próteses urbanas fixadas no território.

De certo modo, os polos caracterizados acima correspondem à divisão do trabalho no interior do campo em termos de produção intelectual e produção material, entre produção simbólica e produção econômica o que equivaleria, em termos gerais, aos dois sentidos indicados por Lefebvre, Santos e Bourdieu. Vale lembrar que os polos descritos não podem ser considerados como sendo exclusivamente de produção material ou simbólica. A diferença é mais de ênfase e de grau do que de natureza. Há um polo que é predominantemente de produção simbólica e abstrata e outro predominantemente de produção material.

Ambos são capazes de exercer violência simbólica sobre os agentes na estrutura do campo e ainda mais sobre os leigos na estrutura da sociedade de classes.

Outra observação necessária é que não se pode considerar que toda prática urbana (e a ordem social como um todo) é passível de ser reduzida à objetivação de modelos emanados das instituições e dos agentes atuantes no campo urbanístico. Da perspectiva aqui adotada, o espaço ou, mais precisamente, os lugares e os locais do espaço social reificado e os benefícios que eles proporcionam, constituem o resultado de lutas dentro dos diferentes campos (jurídico, político, religioso, econômico etc.). A ênfase no que aqui se denomina campo urbanístico decorre apenas do fato de que este reivindica para si o monopólio da definição legítima do dever-ser da urbanização, o que não quer dizer que esse monopólio seja alcançável, pois isso dependeria de uma autonomia total do campo urbanístico em relação às outras esferas da vida social, hipótese que, como veremos, se configura inalcançável e improvável. Estaria mais próximo da verdade afirmar que o campo urbanístico possui autonomia "fraca", existindo apenas em função das demandas e encomendas de outros campos de produção e, até mesmo, sendo passível de manipulação pelo campo do poder e pelo campo econômico, seus principais demandantes. A opção do isolamento do campo urbanístico como fator singular tem como objetivo apenas delimitar o escopo da análise àquelas ocorrências observáveis no interior desse espaço social específico, heuristicamente construído, tomado como variável singular na conformação da ordem urbana.

Trata-se, portanto, de apreender a produção da ordem urbana como resultado da estruturação e funcionamento do campo da produção urbanística, espaço social de relações objetivas entre agentes, instituições, instrumentos e práticas socioespaciais, *lócus* de acúmulo de poder material e simbólico. Deve-se ressaltar que a aplicação de noções da teoria social de Bourdieu – como *campo, capital e habitus* – não foi adotada *a priori*, mas se impôs pelas possibilidades de análise do problema aqui encetado, mormente pela possibilidade de relacionar espaço social e espaço físico, bem como produção material e produção simbólica, em um estudo empírico A potência dessa vertente conceitual sugere a possibilidade de uma ampliação das matrizes teóricas e explicativas do fenômeno urbano na RMSP. Nesse particular, o estudo busca a apreensão da dinâmica de subordinação / autonomia / permeabilidade / homologia do campo em relação aos processos globais, nacionais e locais na luta por uma posição distinta na divisão do trabalho de produção do espaço e do trabalho de dominação organizada da metrópole. Decerto que as noções utilizadas oferecem não só potencialidades, mas também constrangimentos para a análise pretendida, aspectos esses que serão retomados ao longo do estudo.

A Figura 1 mostra os polos do campo urbanístico e as escalas socioterritoriais a serem consideradas no estudo.

Campo Urbanístico: Divisão do Trabalho e Escalas Socioterritoriais

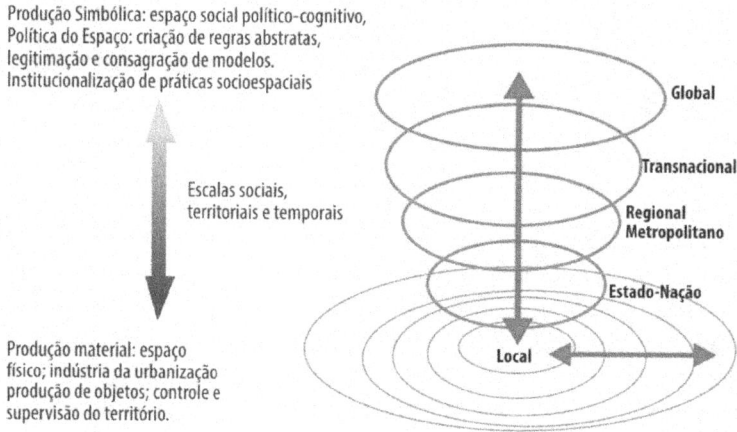

Produção Simbólica: espaço social político-cognitivo, Política do Espaço: criação de regras abstratas, legitimação e consagração de modelos. Institucionalização de práticas socioespaciais

Escalas sociais, territoriais e temporais

Produção material: espaço físico; indústria da urbanização produção de objetos; controle e supervisão do território.

Global

Transnacional

Regional Metropolitano

Estado-Nação

Local

Figura 1

Figura 1. *Polos do campo urbanístico e escalas socioterritoriais.*
Fonte: Elaboração do autor.

Chegamos assim à questão primordial a ser investigada: é possível a um determinado grupo social, qualquer que seja, exercer o controle do processo de produção do espaço e do curso da urbanização? As considerações precedentes nos colocam duas hipóteses gerais a serem examinadas. A primeira surge como consequência do aparecimento de uma classe de agentes que reivindica, com relativo êxito, o controle do processo de produção do espaço, ou seja, a definição legítima do dever-ser da metrópole, e pode ser formulada nos seguintes termos: a classe singular de agentes estrutura-se com base em vínculos sociais predominantemente cognitivos e institucionais, e não por laços afetivos ou de relações pessoais. Com efeito, a convergência dos momentos de produção do espaço e de constituição da ordem social sugere que a ordem social nas metrópoles contemporâneas não emerge apenas da cooperação espontânea e anárquica dos indivíduos e grupos e da competição no âmbito do livre mercado como instituição autorregulável. Mais que isso, ela é produzida mediante a cooperação e a competição envolvendo agentes e instituições no âmbito de espaços sociais específicos, isto é, resulta de lutas políticas e cognitivas pela definição legítima do dever-ser da metrópole conformando um campo de produção material e simbólica.

Decorre dessa assertiva uma segunda hipótese a ser investigada, qual seja: esse modo de estruturação, em um espaço social hierarquizado e dotado de lógica própria assegurou a essa classe de agentes, não apenas a participação distinta no controle do processo de produção do espaço e dos rumos da urbanização, mas também a possibilidade de participar da divisão do trabalho de dominação na sociedade de classes e, por essa via, condicionar e influenciar, de modo crescente, a própria ordem social na metrópole. Assim, o trabalho de dominação e controle da urbanização é levado a efeito por agentes especializados, produtores simbólicos e materiais atuando em instituições específicas, que lutam pelo monopólio da definição legítima do dever-ser da metrópole. As transformações e permanências conformam a estrutura do campo e, pela sua transposição para a sociedade de classes, definem o padrão de intervenção estatal (política urbana) no processo de produção do espaço.

A complexidade inerente à problemática a ser investigada faz com que o presente estudo se proponha, em primeira instância, a uma visão de conjunto do fenômeno abordado, buscando interconexões, (des)continuidades e rupturas nas maneiras de pensar e agir, nas ações, intenções e estratégias dos atores do campo considerado, envolvendo as representações da metrópole e do território, a formação de identidades, as redes sociais e as formas de sociabilidade. A observação interescalar das instituições, agentes e práticas sociais, das ações e intenções, assim como das ideologias e utopias presentes no trabalho de produção material e simbólica no campo urbanístico no contexto de formação de territórios globais na passagem do século XXI, põe em relevo a dimensão institucional-cognitiva da constituição da ordem social, um aspecto importante da problemática urbana contemporânea ainda pouco explicitado na produção acadêmica sobre o tema.

Assim, o presente estudo inscreve-se no quadro de pesquisas da sociologia urbana que visam a contribuir para o debate de seu campo conceitual e analítico, convergindo para a análise do campo urbanístico como espaço social que organiza a produção material e simbólica voltada para a dominação e o controle legítimos da metrópole. Ressalte-se ainda que as hipóteses relativas à formação de uma nova ordem urbana, bem como à discussão atual sobre a sustentabilidade urbana nas metrópoles brasileiras necessitam – para comprovação, refutação ou acréscimos – do desenvolvimento de estudos mais aprofundados sobre o campo de produção aqui proposto. Assim, o estudo sugere que a possibilidade de construção de metrópoles socialmente justas e ambientalmente sustentáveis passa necessariamente pela compreensão da dinâmica do *campo* urbanístico, dos agentes, das instituições, das práticas socioespaciais, dos objetos, enfim de toda sua produção material e simbólica e dos usos que dela se faz.

Antes de passarmos ao desenvolvimento dos temas propostos, outra observação de natureza metodológica se faz necessária. Considera-se que, embora não existam de forma concreta na realidade, como modelos em si (uma vez que são construções heurísticas), os modelos sociocognitivos de ordem urbana operam consequências práticas no espaço urbano. Conformam modos específicos de dominação e controle, engendram determinadas práticas e formas de organização racional do trabalho de produção do espaço e criam instâncias legítimas para a produção de regras e instrumentos de gestão do território. Por isso, tornam o campo urbanístico um espaço social dotado de coerência e sentido, como um conjunto de saberes, instituições, instrumentos e práticas sociais orientados por valores e voltados para a consecução de determinados fins. Daí a utilidade de reconstruí-los heuristicamente como tipos-ideais na construção do campo urbanístico.

A respeito do trabalho de investigação por meio de tipos-ideais, deve-se observar que, como asseverou Weber:

> A relação de causalidade entre a ideia historicamente comprovável que domina os homens e os elementos da realidade histórica dos quais se pode fazer a abstração do tipo ideal correspondente pode adotar formas extremamente variáveis. Em princípio, devemos apenas recordar que ambas são coisas fundamentalmente diferentes. [...] As "ideias" que dominaram os homens de uma época, isto é, as que neles atuaram de forma difusa, só poderão ser compreendidas sempre que formarem um quadro de pensamento complexo, com rigor conceitual, sob a forma de tipo ideal, pois, empiricamente, elas habitam as mentes de uma quantidade indeterminada e mutável de indivíduos, nos quais estavam expostas aos mais diversos matizes, segundo a forma e o conteúdo, a clareza e o sentido (Cf. Weber, 1993:142).

Convém, além disso, notar que "tipos ideais não são 'constructos sintéticos' puramente analíticos, mas abstrações sócio-históricas de exemplos reais de um fenômeno" (Weber, apud Wacqüant, 2001:166). "Eles nos auxiliam no processo de formação e comparação de hipóteses, oferecem uma linha-mestra para a identificação de variações significativas e suas possíveis causas. Como dispositivos heurísticos, contudo, tipos ideais não estão sujeitos a critérios de verdadeiro ou falso" (Wacqüant, 2001:166).

Desse modo, a dominação organizada sobre o processo de urbanização na metrópole é vinculada a um campo de forças e de lutas para conservar ou transformar a base cognitiva e material, os territórios, os lugares, o sistema de objetos e o repertório de práticas socioespaciais herdados dos períodos precedentes. Essa luta requer o concurso de especialistas agrupados em espaços institucionais específicos para produzir, legitimar e impor modelos cognitivos mais conformes aos seus interesses e aos interesses de determinadas classes (ou frações de classe) às quais servem.

Neste estudo, argumenta-se que a atual condição urbana na RMSP permite identificar, *a priori*, quatro principais modelos socioespaciais de cidade, que são posições distintas no campo urbanístico, posições mais ou menos incorporadas em agentes individuais, organizadas em instituições específicas, denotadas em práticas socioespaciais distintas e objetivadas no espaço físico. Essas posições (ou modelos de realidade) se superpõem como forças estruturantes do campo, orientando a percepção e a conduta dos agentes no processo de produção e reprodução da ordem urbana.

São eles:

(i) o modelo "cidade mercadológica", que emerge da utopia do livre mercado e da hegemonia da doutrina neoliberal do final do séc. XX, tendo como instituição-chave para a sua compreensão uma instituição econômica: o próprio mercado e os agentes privados;

(ii) o modelo "direito à cidade", construído a partir das lutas de atores locais e nacionais no bojo da democratização da sociedade brasileira, e que busca universalizar o direito à cidade com base na principal instituição política: o Estado, mas também a partir da atuação da sociedade civil organizada;

(iii) o modelo "obreirismo modernizador", hegemônico em décadas anteriores, mas em crise de legitimação, principalmente em função da crise socioambiental vivenciada na metrópole tendo como eixo institucional e princípios universalizantes a ciência e as técnicas da modernidade, e ainda

(iv) o modelo "higienista-embelezador", resquício da sociedade agrária do séc. XIX, mas ainda produzindo efeitos no ordenamento da cidade e que, por isso mesmo, será abordado subsidiariamente no decorrer desse trabalho. Os capítulos a seguir buscam caracterizá-los como modelos de realidade que reivindicam, por sua transposição para o espaço físico, tornarem-se reais.

Argumenta-se que a crise de legitimação do modelo aqui denominado obreirismo modernizador como energia ideológica e utópica para o controle da produção do espaço na metrópole desvela um campo de disputas e convergências entre agentes portadores de discurso herético que conformam modelos sociocognitivos de cidade envolvendo, de um lado, as forças aglutinadas em torno do modelo direito à cidade, e, de outro, as forças representativas do modelo cidade mercadológica.

Esta cisão, que é um cisma na classe dominante sobre as representações de metrópole, engendra um novo equilíbrio institucional na estrutura do campo da produção urbanística, ou seja, na divisão do trabalho de dominação e controle da metrópole.

2. Gênese, Estruturação e Legitimação do Campo da Produção Urbanística

O urbanista técnico procurou, de um lado, desenvolver uma atuação setorial, às vezes de preocupação estética, sanitária ou viária, ou de transporte etc., mas também, de outro lado, e por influência do urbanismo mais globalizante, procurou desenvolver propostas de organização do uso do solo urbano que reorganizassem também a vida social.

Candido Malta Campos Filho, 1999:86.

Neste capítulo vamos investigar as origens do campo da produção urbanística na RMSP tal como conceituado no Capítulo 1, sua gênese, estruturação e processo de legitimação, bem como a formação e acúmulo de seu capital específico (capital urbanístico). Pretende-se mostrar como e em que medida esse espaço social distinto passa a ter, a partir de produção material e simbólica próprias, crescente controle do processo de produção do espaço e, com relativo êxito, participação na divisão do trabalho de dominação, bem como na produção da ordem na sociedade de classes.

À primeira vista, a metrópole se manifesta como paisagem naturalizada, sem História, uma formação espacial que existe por si, como realidade autoevidente. Tudo se passa como se a ordem urbana emergisse da interação espontânea de indivíduos e grupos agindo no autointeresse ou, ainda, como resultado da coerção de forças sobrenaturais agindo sobre os homens. É pela via heurística que se torna possível apreender o espaço como produção social e, assim, recompor os elos entre espaço social e espaço físico, entre ordem simbólica e ordem material, entre formas espaciais e espaços institucionais, identificando os saberes, os códigos, as formações discursivas, as bases técnicas de intervenção no espaço e seus portadores. Por essa ótica, representações, ideologias, utopias, ações, intenções, estratégias e práticas socioespaciais emergem como os liames das relações objetivas estabelecidas entre agentes atuando no interior de instituições específicas que, por diferenciação progressiva, vão se constituindo em espaço social distinto, dotado de lógica própria que lhe confere coerência e sentido. Ou, como será referido neste estudo, um campo de produção material e simbólica relativamente autônomo, com reivindicações do monopólio da legitimidade sobre a definição legítima do dever-ser da metrópole, dos meios de produção e dos instrumentos de intervenção no espaço urbano.

Deve-se assinalar, entretanto, que essa lógica, coerência e sentido não são fixos nem imutáveis, mas resultado de lutas políticas e cognitivas com vistas ao estabelecimento de uma ordem simbólica estruturada com base em fins e valores. Ou seja, emerge como resultado da competição e cooperação de agentes e instituições para impor a definição de cidade e de urbanização mais condizente aos seus interesses, como princípio hegemônico de dominação no campo específico.

Argumenta-se que a luta pelo monopólio da definição legítima do dever-ser da metrópole e, por consequência, pela imposição de uma ordem urbana silenciosa e sem contestação, está na base da produção, por um corpo de agentes especializados, de representações e modelos cognitivos do urbano, passíveis de serem objetivados no território. Pode-se estabelecer, por exemplo, uma relação objetiva entre o discurso político da sustentabilidade ambiental, a produção de teorias sobre a cidade sustentável, o mercado de produtos reciclados, os galpões de armazenagem, as usinas de reciclagem, as cooperativas de material reciclável e o catador que puxa carroça pelas ruas da metrópole.

Tais modelos constituem os liames de sociabilidade entre agentes, bem como laços institucionais que conformam relações objetivas orientadas para o acúmulo de capital material e simbólico a serem mobilizados nas disputas por uma posição distinta na estrutura do campo específico e na divisão do trabalho de dominação organizada sobre o processo de produção do espaço.

O Campo Urbanístico na RMSP

O aparecimento de uma classe de agentes que reivindica o controle sobre o processo de produção do espaço e dos rumos da urbanização é o fato social por excelência, que se encontra na gênese do campo urbanístico. Cumpre agora apreender as relações objetivas mediante às quais tal classe de agentes estabelece vínculos duradouros de modo a constituir, por um longo processo de diferenciação, um espaço social singular, estruturado e hierarquizado, passível de ser institucionalizado e objetivado no território na forma de objetos no desenrolar de um jogo de interesses em torno da produção do espaço.

Nesse longo processo, que tem início em finais do século XIX, dois momentos se afiguram essenciais. O primeiro diz respeito à passagem da sociedade agrária escravocrata para a sociedade urbano-industrial de trabalho livre, quando se verifica a gênese e a estruturação do campo de produção. O segundo corresponde à transição da sociedade industrial-fordista para a sociedade de serviços rumo ao chamado padrão de acumulação flexível do capitalismo global, ou, como preferimos adotar neste estudo, para a sociedade urbana global propriamente dita. Aqui, se enfatizará o cisma no campo de produção, resultado da divisão na representação das classes dominantes sobre o dever-ser da urbanização. Passemos à análise do primeiro período, sendo que o segundo será objeto da Parte II deste estudo.

A Gênese: o Higienismo Embelezador

Nas últimas décadas, os governos da cidade e do Estado de São Paulo têm se deparado com um processo urbanístico de difícil controle e solução. Em uma área denominada Cracolândia por burocratas, políticos, jornalistas e técnicos; formada pelo quadrilátero entre as ruas Mauá e General Couto de Magalhães e as avenidas Duque de Caxias, Cásper Líbero, Ipiranga e Rio Branco, desenrola-se uma intervenção urbana interminável, que perpassa várias administrações. Trata-se de ações coordenadas envolvendo instituições diversas, como polícias Civil e Militar, Guarda Civil Metropolitana, AES Eletropaulo (energia elétrica), CET (Companhia de Engenharia de Tráfego), Limpurb (limpeza urbana), Sabesp (água e saneamento) e Secretaria Municipal de Desenvolvimento Social, Habitação e Saúde. Erigido como símbolo da degradação urbana, o local apresenta ruína generalizada das edificações, tráfico e consumo de drogas, exploração sexual e outras atividades ilegais.

No esforço de "sanear o espaço e devolvê-lo à população", de tempos em tempos moradores de rua são recolhidos, hotéis populares lacrados, traficantes detidos, usuários de drogas internados e prostitutas expulsas do lugar. Desde o início da década de 1990 esse território vem sofrendo tentativas de "revitalização urbana", das quais a mais patética foi a da gestão Celso Pitta (1997-2001), que determinou a lavagem noturna das ruas com desinfetante e água sanitária. As investidas do Estado nesta região – que, na verdade, compreende os Bairros da Luz e da Vila Buarque, a mesma que, nos anos 1960/70, era denominada por "Boca do Lixo" e que, agora, é estigmatizado como "Cracolândia", dada a presença massiva dos chamados "noias" (usuários de crack) – têm sido classificadas de higienista por grupos atingidos e movimentos sociais urbanos atuantes no Centro.

O termo "higienista", embora reflita apenas parte do caráter da intervenção, não é desprovido de sentido e tem raízes na própria vida social e nos padrões históricos de intervenção urbana na metrópole. A rigor, esse tipo de ação, que voltou a ser mobilizado em tempos de "revitalização" dos centros das metrópoles, há muito manifestou sinais de esgotamento como modelo socialmente legitimado de produção e reprodução do espaço urbano, permanecendo como um simulacro de ordem, um entulho discursivo remanescente do final do séc. XIX. Não obstante, recuperar algumas de suas características é relevante para os propósitos deste estudo, uma vez que se encontra na gênese da constituição do espaço social aqui denominado como campo da produção urbanística, um microcosmo de instituições, agentes e práticas voltadas para o controle do processo de produção do espaço e das regras de ordenamento do território.

Não por acaso, o que relatamos acima guarda muitas semelhanças com o que ocorria em São Paulo até o final do século XIX. Por essa época, o espaço urbano ainda era estruturado mediante valores e concepções religiosas, ou com base nos interesses imediatos do esbulho colonial, sendo os problemas de ordem urbana resolvidos na medida em que surgiam como dados do cotidiano. A partir dessa época, começam a ser tomadas medidas mais direcionadas à dominação organizada do espaço urbano, como o confinamento dos leprosos (doença para a qual ainda não se conhecia tratamento eficaz), a fim de removê-los das ruas e dos arredores da cidade. Um marco importante foi o aparecimento de normas e regras para a prática de sepultamento, dada a inadequação, do ponto de vista da higiene e do saneamento, da continuidade da realização desse ritual nas dependências das igrejas, em covas rasas.[5] Essa expropriação dos corpos dos mortos e dos rituais fúnebres aos domínios da igreja – com o aparecimento do cemitério como local apropriado para tal fim – está na base do controle da gestão de determinados serviços e territórios por agentes e instituições especializados. É indício importante da emergência de um espaço social distinto, quer dizer, da gênese de um campo de produção material e simbólica que reivindica, pela expropriação dos demais agentes, o controle do processo de produção do espaço e da definição legítima do dever-ser da urbanização.

Seguiram-se a essas medidas outras intervenções importantes, como o aperfeiçoamento da distribuição de água potável com a canalização das nascentes dos rios Anhangabaú e Tamanduateí, bem como a criação do primeiro serviço de esgotamento sanitário no final do séc. XIX. Prenunciava-se assim um modelo técnico-normativo de cidade alicerçado em instituições e agentes dotados de competência específica em ordenar e organizar o uso do espaço. Na verdade, esse modelo de ordem urbana era elaborado à imagem e semelhança de experiências europeias, principalmente as realizadas em Paris, Viena e Londres. O higienismo embelezador se caracterizava por criar lugares de distinção a partir de operações de higienização e embelezamento do espaço público e de saneamento dos espaços privados insalubres (identificados, como ainda hoje, com o local de moradia e convivência das classes populares). Estruturado em princípios de polarização como limpo/sujo, belo/feio, saneado/infectado, se institui e se dissemina na condição de técnica social hegemônica na produção e organização do espaço urbano, quer dizer, como princípio dominante de dominação na definição legítima do que a cidade deve ser. Isto se dá em conformidade com a resolução, por parte do Estado, de atender à demanda por

---

[5] Em geral, as igrejas dispunham de um único caixão que retornava à sacristia assim que o morto era sepultado para que pudesse ser reutilizado em outro funeral, o que revoltava os sanitaristas da época, dentre eles, Libero Badaró. O Cemitério da Consolação foi aberto em 1858 em meio a um surto de varíola. (DOE – Poder Legislativo – 21/07/2005).

mão-de-obra livre para a cafeicultura. Assim, o modelo higienista coadunava-se com a introdução de grandes levas migratórias para satisfazer àquela demanda, dada a escassez de trabalho escravo para essa atividade.[6] Rolnik (1997:38) mostra que, nesse contexto, o Estado implementou uma política de imigração com a finalidade de baratear o custo de produção e uma política de controle e repressão social visando a disciplinar os corpos e as mentes da massa trabalhadora. Para isso, organizou e redefiniu as funções de segurança pública e estabeleceu uma política sanitarista para combater o "caos urbano".[7]

Note-se, antes de tudo, que a uma dada representação de ordem urbana corresponde uma representação de caos e de desordem. É pela representação do caos que se torna possível a formulação de modelos e paradigmas de ordem (e vice-versa) como princípios de visão e divisão no campo da produção urbanística. Neste caso, o caos urbano é relacionado primeiro aos odores fétidos da terra, da água estagnada, do lixo; depois, com os odores da miséria, o fedor, a promiscuidade e a habitação infecta dos pobres (Rolnik, idem:41). A partir dessa representação do caos a classe dirigente pôde mobilizar estratégias de imposição da ordem urbana que conjugava a violência simbólica – cristalizada no discurso e nos saberes da medicina sanitária e institucionalizada nos departamentos de higiene e nos códigos sanitários e de posturas – com a violência física, incorporada e mobilizada por meio da polícia sanitária. Ao perseguir a cura da cidade, o higienismo surgia como o modelo de ordem urbana e social aplicável a todas as cidades, "o que unicamente pode ser uma cidade, o que deve ser uma cidade (...) o higienismo é a expressão da primeira forma de uma política urbana de enquadramento e controle da cidade" (Gille apud Moses, 2002:389).

Na dinâmica do desenvolvimento capitalista, aos poucos a própria cidade vai se convertendo na principal força produtiva e espaço onde se organizam as demais forças produtivas. Nessa medida, surge a necessidade de ser ordenada mediante modelos de realidade previamente elaborados, que precedem a realidade e reivindicam tornar-se o real. O higienismo, como princípio organizador da intervenção do Estado no urbano, emerge como um conjunto de regras abstratas e práticas socioespaciais orientadas a determinados fins e valores, de modo a assegurar o ordenamento previsível dos fixos e o funcionamento mecânico dos fluxos urbanos, agora vistos como sistemas passíveis de serem controlados. Pela mediação dos saberes, ações, intenções,

---

[6] Outros marcos importantes nesse processo foram a promulgação da Lei de Terras e a supressão da importação de escravos, ambas em 1850. A primeira privava o trabalhador de seu meio de subsistência, obrigando-o a vender sua força de trabalho, a segunda livrava a nova relação de trabalho da competição da escravidão (DEAK, 2004:15).

[7] O modelo higienista embelezador é aqui tratado subsidiariamente, porém uma caracterização mais aprofundada pode ser obtida em BONDUKI (1998) e ROLNIK (1997), entre outros.

ideologias e utopias dessa nova classe de agentes e instituições, como agrupamento social distinto que reivindica o monopólio da legitimidade sobre o controle do processo de urbanização, o espaço está em vias de ser transformado em uma coleção de objetos interconectados e comunicantes, dotado de coerência e sentido.

Note-se que essa coerência e esse sentido nem sempre estão perceptíveis e acessíveis à consciência de qualquer indivíduo, mas apenas àqueles vinculados ao campo de produção, pois só podem existir em relação a alguma noção de caos, desordem, irracionalidade ou, como difundido atualmente, de ingovernabilidade, que, por sua vez, só encontram a confirmação de sua existência em face de alguma noção de ordem e racionalidade construída a *priori* por agentes dotados de capital cultural específico para o conhecimento e reconhecimento da ordem instituída. Como assevera Santos (2002:309), "o que muitos consideram, adjetivamente, como "irracionalidade" e, dialeticamente, como "contra-racionalidade", constitui, na verdade e substancialmente, outras formas de racionalidade, racionalidades paralelas, divergentes e convergentes ao mesmo tempo". Weber (2004:157) chama a atenção para a existência de formas diversas de racionalidade quando diz que "nunca uma coisa é 'irracional' em si, mas sempre de um determinado ponto de vista 'racional'".

Nesse sentido, pode-se argumentar que a representação do caos e da desordem é subproduto da luta pela produção dos esquemas classificatórios e avaliativos e das divisões legítimas que ordenam a percepção dos agentes (este ponto será abordado com maior profundidade no Capítulo 6). Deixemos ainda uma vez consignado que a luta pela produção legítima da noção de ordem e de caos ou desordem urbana aponta para a constituição de um espaço social dotado de autonomia relativa e lógica específica no interior do qual se desenvolvem tais batalhas político-cognitivas. Um espaço social no qual circulam bens materiais e simbólicos que tornam interessantes o investimento nele, bem como a participação nessas infindáveis contendas visando ao controle do processo de produção do espaço e dos rumos que a urbanização deve seguir.

Denominamos campo da produção do espaço, campo da produção urbanística ou simplesmente campo urbanístico este espaço social singular de agentes e instituições. Nesse sentido, antes de prosseguirmos na análise cumpre desde logo esclarecer um ponto importante. Não se pode afirmar que a única ordem perceptível na metrópole é aquela produzida no interior do *campo* urbanístico. Conservando a perspectiva dos campos de produção material e simbólica, mais correto seria dizer que a ordem urbana e social é produto da estruturação, desenvolvimento e sobreposição dos vários campos de produção (econômico, do poder, religioso, artístico etc.), cada qual com sua lógica própria.

O que se argumenta aqui é tão somente que, na medida em que se institui e se estrutura, o campo urbanístico, tomado isoladamente, passa a exercer controle crescente sobre o processo de produção do espaço e dos rumos da urbanização. Assim, no processo de transição da cidade agrária para a cidade urbano industrial, a metrópole – como principal força produtiva a ser controlada pelas diversas classes e frações de classe – passa a ser um laboratório aberto de experimentações e objetivações no qual especialistas da produção simbólica, agrupados em espaços institucionais especializados, competem para produzir, legitimar e transpor para o território a tipologia de ordem urbana mais conforme aos seus interesses e aos interesses das classes ou frações de classe a qual servem.[8] Explicitar a dinâmica e o equilíbrio de forças internas a esse campo é trazer à tona uma ordem simbólica que, mobilizada pelo Estado e materializada no território, parece compor um todo, quase que uma gramática, um discurso, um sistema de signos e de objetos interconectados, dotados de coerência e sentido, que conformam um padrão de dominação organizada sobre o curso da urbanização e uma ordem social propriamente dita. Pode-se dizer então que, pela transposição do espaço social singular para o espaço físico, engendra-se a produção material da cidade como um sistema de objetos comunicantes que, no dizer de Baudrillard, "não têm mais presença singular mas, no melhor dos casos, uma coerência de conjunto feita de sua simplificação como elementos de código e do cálculo de suas relações"(Baudrillard, 2002:31).

Em São Paulo, a objetivação do higienismo embelezador como ordem simbólica estruturada e materializada no território, isto é, a transformação do modelo de cidade em cidade modelo, da representação da realidade na realidade da representação, ocorre nas últimas décadas no séc. XIX e início do XX e tem seu exemplo mais acabado no que viriam a ser os bairros de Campos Elíseos e Higienópolis. Na medida em que é mobilizado pelo Estado, por meio da política urbana, como violência física e simbólica sobre as camadas populares para mantê-las "no seu devido lugar", como nos bairros operários como Brás e Barra Funda, é também direcionado à produção de espaços de distinção, como poder simbólico que advém da conversão do capital econômico acumulado pelas novas camadas urbanas endinheiradas; ávidas pelo embelezamento estético e pelo saneamento de seu espaço de convivência e sociabilidade; em capital urbanístico objetivado, o patrimônio urbanístico e arquitetônico propriamente dito.

Temos aqui uma pista interessante para pensar as representações e modelos cognitivos do urbano como produtos simbólicos capazes de realizar a mediação

---

[8] Como afirma Bourdieu: as diferentes classes e frações de classe estão envolvidas numa luta propriamente simbólica para imporem a definição do mundo social mais conforme aos seus interesses (...) elas podem conduzir esta luta quer diretamente, nos conflitos simbólicos da vida cotidiana, quer por procuração, por meio da luta travada pelos especialistas da produção simbólica (BOURDIEU, 2001:13).

das relações entre dominantes e dominados com a máxima eficácia, como violência arbitrária que é desconhecida como tal, quer dizer, reconhecida como legítima. Engendra-se, desse modo, a criação de um mundo sem surpresas, dado como certo e evidente, uma ordem silenciosa e familiar, que permite aos dominantes se absterem do recurso à violência física para a dominação organizada sobre o curso da urbanização.

A ideologia do embelezamento se utiliza amplamente da arquitetura eclética como capital urbanístico institucionalizado em organizações especializadas, como o emblemático escritório técnico de Ramos de Azevedo, responsável pela produção de uma grande coleção de equipamentos urbanos característicos do período, dentre eles o Teatro Municipal e o Mercado Municipal, nesses casos por encomenda da esfera pública, assim como as mansões e palacetes destinados à classe dirigente, como demanda da esfera privada.[9] O escritório de Ramos de Azevedo, aliás, irá se constituir, juntamente ao Departamento de Obras dirigido por Vitor da Silva Freire, na principal força de estruturação do campo no período. Juntos, esses agentes e instituições praticamente monopolizam os meios de produção urbanísticos e a definição legítima do dever-ser da cidade por meio da conversão de seu grande capital técnico em capital urbanístico institucionalizado e objetivado. Neste particular, convém notar que a associação do capital cultural incorporado – adquirido por determinados agentes individuais em virtude de inserção duradoura em instituições europeias de ensino – com o capital econômico – advindo principalmente da acumulação gerada na atividade cafeeira – permite uma rápida conversão de ambos em capital urbanístico institucionalizado e objetivado e, mais além, em capital simbólico, impulsionando sobremaneira a estruturação do campo específico.

A demanda por edifícios públicos e palacetes privados, os quais redefinem o cenário urbano nos termos de uma monumentalidade inaudita condizente com os valores e fins almejados pela classe dirigente, estabelecem a modernização seletiva do espaço e reforça a distinção das classes dirigentes, conferindo um tom de naturalidade às desigualdades sociais, expressas em estilos de vida, linhas arquitetônicas e novas regras urbanísticas.[10] Essa dinâmica urbana irá produzir não apenas espaços de distinção, mas também o seu par contrário, que lhe atesta a existência e lhe dá sentido: os espaços de relegação e exclusão físicas que

---

[9] Sobre a trajetória e produção de Ramos de Azevedo, ver FISHER, S.: *Os Arquitetos da Poli. Ensino e Profissão em São Paulo.* São Paulo, Edusp, 2005; e CARVALHO, M. C. W. *Ramos de Azevedo.* São Paulo, Edusp, 2000.

[10] De grande valor histórico e urbanístico para a época, o bairro de Campos Elíseos – pioneiro nos serviços de iluminação pública e de saneamento básico – iria, no decorrer do século XX, conhecer um processo de desvalorização econômica e estética, até ser abandonado pela elite. Os outros dois bairros mencionados até hoje conservam o valor material, histórico, arquitetônico e urbanístico, sendo classificados de bairros nobres pelo mercado imobiliário.

prenunciam a hierarquia socioespacial e cognitiva propriamente modernas. Têm-se aqui a produção de lugares que não são alcançados pelas regras formais do urbanismo, lugares fora das ideias, no dizer de Maricato (2000), relembrando a tese das ideias fora de lugar de Schwarz, a respeito da modernização que se instaura reforçando desigualdades e hierarquias socioespaciais.[11] Essa lógica de hierarquização dos espaços está também na origem da ideia de crescimento desordenado da cidade, quando, na verdade, ela é a própria expressão da ordem instaurada pelo princípio de divisão planejado/desordenado, imposto arbitrariamente como resultado da luta simbólica no interior do campo urbanístico.

Como já se faz notar com toda a clareza, a luta pelo monopólio da produção de tais regras, por meio da qual é possível a acumulação do capital específico, será o motor da conduta dos agentes e instituições do campo de produção que então se estrutura. Daí porque deste ponto em diante tais regras conhecerão um amplo desenvolvimento, mormente nos planos urbanísticos, nos códigos de edificações e nas normas de parcelamento e uso do solo. É preciso enfatizar que, no contexto do higienismo embelezador, o uso intensivo da violência física sobre as classes dominadas, por meio principalmente da polícia sanitária, tornava a vida urbana uma relação social fundada quase que exclusivamente na força, indicando que o padrão de intervenção higienista não conseguia se impor como ordem simbólica estruturada, como modelo cognitivo dotado de coerência e sentido capaz de eufemizar e dissimular a dominação real e a imposição do arbitrário na qual se funda a ordem urbana. Apesar desse fato, ou talvez em razão dele, com o higienismo embelezador emerge uma ordem urbana estruturada em um conjunto de instituições nas quais se depositam e se convertem diferentes modalidades de capital material e simbólico, por meio de disputas e coalizões entre determinados agentes em circuitos de legitimação homologados, em última instância, pelo Estado.

Em meados da década de 1920, o higienismo embelezador dá sinais de esgotamento como modelo sociocognitivo e padrão de ordem urbana legítimo, aplicável às grandes cidades para a consecução da tarefa que então se apresentava como inadiável. Como técnica social e ideologia, se, por um lado, havia cumprido a função primordial de saneamento do território e de embelezamento da cidade nos termos da segregação socioespacial própria da sociedade cafeeira de finais do séc. XIX, por outro havia se tornado impotente para realizar as transformações dos espaços sociais e das condições objetivas do

---

[11] A esse respeito, ver SCHWARZ, R. *Ao vencedor as Batatas*. São Paulo, Editora Livraria Duas Cidades, 1977.

território, necessárias para a convivência entre as classes em um meio urbano cada vez mais complexo.

Cumpre dizer que, embora há muito tenha perdido o lugar hegemônico que ocupou na estrutura do *campo* na virada do séc. XX, o modelo higienista embelezador conserva alguma importância na organização socioespacial da metrópole, manifestando-se em não raras ocasiões. Ainda hoje, as administrações implementam práticas de inspiração higienistas e de embelezamento, sobretudo quando se trata da obtenção de publicidade rápida pela utilização dos meios de comunicação de massa, como é o caso do Projeto Belezura, da gestão Suplicy, e da Lei Cidade Limpa, da gestão Serra. Essa permanência de determinadas práticas associadas ao higienismo embelezador nos induz a pensar que, como aquisição cognitiva e capital urbanístico, todo modelo de cidade está fadado a perder sua hegemonia, mas nunca desaparece do estoque de capital acumulado no campo de produção, permanecendo nele como uma camada inerte de práticas que, por estarem na memória das instituições, incorporadas em agentes e mesmo cristalizadas em objetos do patrimônio histórico-arquitetônico, pode ser mobilizado na luta pela manutenção ou transformação das forças tanto no interior do campo como nas trocas que este realiza com o campo do poder administrativo para a conformação da ordem social. Recorrendo-se a Santos (2002:193) pode-se dizer que a permanência do higienismo embelezador como técnica social de ordenamento da vida urbana explica-se também pelo fato de que "cada nova família de técnicas não expulsa completamente as famílias precedentes, convivendo juntas segundo uma ordem estabelecida por cada sociedade em suas relações com outras sociedades". Isso quer dizer que o passado não é completamente varrido, mas a herança material e simbólica permanece, em proporções diferentes, segundo civilizações, países e regiões. E, "sobre esses restos de uma sucessão de elaborações, vai se sobrepor o novo conjunto de técnicas característico do período atual". No dizer de Bourdieu (2001:102) "quanto mais um poder dura, maior é a parte irreversível com a qual terão de contar aqueles que conseguirem derrubá-lo".

Em sua vertente mais sofisticada, o modelo higienista embelezador passou por um longo processo de diferenciação e adaptação, abandonando progressivamente a cidade como corpo social e se voltando para o corpo individual, estando na base tanto da medicina privatista e tecnicista quanto da reforma sanitária e do atual Sistema Único de Saúde.

Não sendo objetivo desse estudo, deixaremos para outro empreendimento a análise da hipótese de que, nessa vertente, ele é em larga medida, anexado ao campo da saúde, voltado para o controle do corpo do indivíduo e para as questões sanitárias, relegando, em um processo de divisão do trabalho de dominação, a produção do espaço e o controle do processo de urbanização a outros agentes e instituições.

Estruturação e Legitimação: o Obreirismo Modernizador

Esgotadas as possibilidades de controle do processo de produção do espaço pelo modelo cognitivo do higienismo embelezador, por volta de 1930 surge um novo padrão de intervenção estatal no urbano, erigido sobre os princípios do planejamento modernista: o obreirismo modernizador. O termo "modernizador" (e não modernista ou moderno) é o mais apropriado para designar o estado de coisas aqui exposto. Nesse particular, Somekh (1997:33) observa que, em São Paulo:

> [...] o urbanismo desse período não pode ser caracterizado de moderno ou modernista, mas de modernizador. A modernização corresponde à necessidade constante do capitalismo de buscar aumento de produtividade por meio de avanços tecnológicos e organizacionais. A modernidade e as consequentes ideias modernistas consistem no desenvolvimento do projeto iluminista de domínio da natureza, baseado na racionalidade e na objetividade. [...] O urbanismo paulistano, apesar de pautado numa racionalidade influenciada pelo ideário internacional, não pode ser considerado moderno, pois a questão social não ocupa o centro de seu discurso, mas sim a eficiência e o desenvolvimento da cidade e do capital.

O obreirismo modernizador designa aqui uma transformação operada por agentes da subversão simbólica no campo de produção que têm origem na fecundação das formas de representação de todo um conjunto de agentes e instituições por uma nova utopia: a da cidade como máquina de viver, que induz à substituição da ideia de higienismo e embelezamento pela noção de eficiência, produtividade e funcionalidade. Dever-se-ia então eliminar toda a irracionalidade do processo de produção do espaço urbano, devendo o termo racionalidade aqui ser entendido como o estabelecimento de relações de causalidade entre o curso da urbanização, as novas funções preconizadas para a cidade e o acúmulo de capital material e simbólico pelos grupos dominantes.

Apreender o movimento de constituição dessa concepção de urbano sem nos descolarmos das transformações objetivas que ocorrem na estrutura social nos remete, como lembrou Habermas (2005:10), às relações que se estabelecem entre o pensamento histórico e o utópico no período moderno. No dizer do autor, a consciência moderna do tempo abriu um horizonte no qual o pensamento histórico se funde com o utópico. "Esse influxo de energias utópicas na consciência da história caracteriza o espírito da época que marca a esfera pública política dos povos modernos desde os dias da Revolução Francesa". Mais que isso, são energias que, quando postas em movimento por um ato excepcional e violento caracterizariam uma revolução, podem dar-se gradualmente, por meio de mecanismos presentes na própria ordem social da qual a utopia é produto.[12]

Como se verá, há nas ações e intenções da comunidade humana uma inextricável elaboração utópica e preditiva no tocante às consequências redentoras de suas ações e intervenções que, ao projetarem-se no espaço, materializam o que, na visão desses políticos, burocratas, técnicos e reformadores sociais, se constituiria na sociedade ideal. Saneada, embelezada e, agora, planificada e eficiente, a cidade tornar-se-ia o meio propício à formação e convívio de homens saudáveis, moralmente corretos e trabalhadores: os bons cidadãos. Freitag, (2004:17) lembra que "todos partilham da crença de que realizando-se uma utopia urbana, concretiza-se uma sociedade nova, assentada em novos princípios de estruturação e de convívio. E, vice-versa, a concepção de uma nova sociedade utópica, sugere uma nova fisionomia para a cidade que abrigará essa sociedade (...) na maioria das vezes os autores utópicos mesclam cidade e sociedade como se estivessem falando da mesma coisa".

Mediante intervenções reparadoras, a cidade moderna seria então o lugar da afluência econômica, do florescimento cultural e do convívio entre diferentes. O vir-a-ser da cidade moderna implicava, como observa Harvey (1989:26), em "agir, manifestar a vontade, no turbilhão da criação destrutiva e da destruição criativa (...) afinal, como poderia um novo mundo ser criado sem se destruir boa parte do que viera antes? Simplesmente não se pode fazer uma omelete sem quebrar os ovos". Essa obstinação "fáustica" – corporificada em agentes individuais que, assim, se transformam em emblemas da modernidade, a exemplo do Barão de Haussmann na Paris do Segundo Império, Daniel Burnham em Chicago no início do século XX, Robert Moses em Nova York no período pós-Segunda Guerra Mundial e mesmo Prestes Maia em São Paulo, mas também organizada em instituições próprias e singulares – induz a pensar a

---

12 Para Vázquez, há no pensamento utópico algumas constantes que podem ser enumeradas nas seguintes teses: i) como em Thomas More, a utopia não está em "lugar nenhum", mas não está em "lugar nenhum" real, pois a utopia existe em outro mundo – ideal – como projeto ou antecipação do que pode ser; ii) a irrealidade da utopia, como antecipação de uma vida melhor, pressupõe a crítica da realidade presente que, pela negação ou esquecimento dos valores e princípios assumidos para o futuro, é considerada pior; iii) a distância, incongruência ou contraste que fica patente na crítica da realidade, que a utopia pretende superar, nunca pode ser superada totalmente; iv) o ideal nunca supera o real; a utopia encontra-se vinculada à realidade não só por que esta gera sua ideia ou imagem do futuro, mas também porque incide na realidade, com seus efeitos reais; v) não obstante sua dimensão ideal, futura, a realidade presente marca com seu selo as modalidades históricas e sociais da utopia; vi) dada esta vinculação com determinadas posições sociais, a utopia e a ideologia se imbricam necessariamente. Toda utopia supõe ou traz entranhada uma ideologia, embora nem toda ideologia motive ou gere uma utopia, isso independentemente do grau de verdade ou falsidade que tragam entranhadas e; vii) a utopia se move sempre entre dois extremos, o impossível e o possível. O impossível não dá impulso à sua realização; o possível, sim. Mas não só se assume como necessário e realizável, mas também como valioso e desejável.

ordem urbana como o produto de um campo de produção material e simbólica já agora estruturado e relativamente autônomo, que secreta um conjunto de regras abstratas e práticas socioespacais que, uma vez transpostas para o âmbito do Estado e aplicadas como valores universais, constituem os pilares da política urbana, isto é, da dominação organizada sobre o curso da urbanização.

Grosso modo, o obreirismo modernizador corresponde, no âmbito do campo urbanístico, a um conjunto de regras abstratas e práticas socioespaciais voltadas para a transformação da condição urbana de uma sociedade ainda predominantemente rural para uma situação condizente com a sociedade urbano-industrial de trabalho livre. Na década de 1920, a eletrificação, o automóvel, o concreto armado, a siderurgia, a química e o motor de combustão despontam como novas formas de combinação entre técnica, ciência, ideologia e produção do espaço, impulsionando as forças produtivas e a acumulação, proclamando a chegada entre nós, embora tardia, da Segunda Revolução Industrial. A essas novas formas de combinação de fatores produtivos devem corresponder transformações de igual ordem na estrutura urbana – tanto na paisagem (arranha-céus, avenidas, túneis, pontes, viadutos) como no ritmo e na organização da vida cotidiana pela disseminação de tecnologias e serviços (elevadores, telefone, iluminação pública, transportes urbanos e eletrodomésticos) – que se afigura inevitável a aplicação de novas regras e práticas para o controle do processo de produção e consumo do espaço.[13] Eis o elo entre o campo urbanístico, como espaço social capaz de, pela ação cognitiva ao mesmo tempo destrutiva e criadora de seus agentes, realizar tal combinação de fatores, e o Estado como instituição capaz de, por meio da política urbana, realizar a transposição dessas técnicas para o território, materializá-las no espaço físico na forma de objetos interconectados e de rotinas com vistas à organização da vida cotidiana na metrópole.

É a combinação de técnicas, instrumentos e materiais da modernidade como atividade cognitiva do campo urbanístico a engendrar a industrialização do processo social de produção do espaço, com os traços atávicos da cultura política brasileira (clientelismo, populismo, patrimonialismo) presentes na constituição do Estado, a característica por excelência do modelo cognitivo de metrópole aqui denominado obreirismo modernizador. O encontro dessas duas séries causais independentes, mas espantosamente complementares, confere às elites dirigentes um aparato de violência propriamente simbólica, por meio do qual a dominação organizada sobre o curso da urbanização é eufemizada, dissimulada e o controle do processo de produção do espaço por instâncias

---

[13] Para uma abordagem abrangente do período, ver SEVCENKO, N. *Orfeu Extático na Metrópole: São Paulo, sociedade e cultura nos frementes anos 20*. São Paulo, Cia. das Letras, 1992.

arbitrárias, aceito como natural, autoevidente e legítimo.[14] Santos (2002:237) observa que o território adquire cada vez mais um caráter de meio técnico. Os objetos que formam o meio não são apenas objetos culturais, eles se tornam culturais e técnicos ao mesmo tempo. O espaço, como meio material, passa a ser formado do natural e do artificial. Os lugares da metrópole passam a ser distintos na medida da extensão e da densidade da substituição, neles, de objetos naturais por objetos técnicos.

Tal eficácia simbólica alcançada pelo obreirismo modernizador confere ao campo de produção uma capacidade de intervenção de proporções inéditas, ampliando sua influência e condicionamento sobre o processo de produção do espaço urbano e, por extensão, sobre o ordenamento da vida cotidiana. Com ele, o campo atinge novo patamar de sofisticação na produção de regras abstratas, qual seja, a produção de um *corpus* teórico de alcance universal com pretensões de validade científica. Em termos mais amplos, o paroxismo dessa eficácia simbólica se dá com a construção de Brasília (a demanda do século), intervenção fundante que reforça o efeito de teoria do planejamento urbano e, logo, sua legitimação como discurso e prática social pertencente à ordem natural do mundo sem surpresas. De fato, na construção de Brasília o montante de capital urbanístico institucionalizado na esfera estatal e objetivado no território é de tal ordem que, mobilizado como violência simbólica, se torna capaz de, por um lado, consagrar o arquiteto Oscar Niemayer e o urbanista Lúcio Costa como os novos sacerdotes supremos do campo urbanístico nacional e, por outro, assegurar ao governo JK um ícone concreto capaz de dar sustentação à ideologia do desenvolvimentismo como projeto de poder sobre o território e sobre a máquina administrativa federal.

Decorre dessa eficácia simbólica a ampliação dos espaços institucionais para a prática do planejamento urbano, com as instâncias burocráticas destinadas a esse fim se tornando parte da estrutura administrativas das prefeituras das principais cidades (Leme, 1999:26). Assim é que o obreirismo-modernizador passa a ocupar a posição hegemônica, o princípio dominante de dominação, na estrutura do campo de produção dado que, com ele, a arquitetura e o planejamento urbano se afirmam como práticas socialmente legitimadas. Nesse particular, como observa Nunes (2004:39) ao analisar a construção de Brasília, "a efetivação do projeto mudancista foi um fator decisivo na afirmação do 'campo'

---

[14] Recorre-se aqui à categoria violência simbólica tal como definida por Bourdieu: a violência simbólica é, para falar tão simplesmente quanto possível, essa forma de violência que se exerce sobre um agente social com a sua cumplicidade (...) Para dizer isso mais rigorosamente, os agentes sociais são agentes cognoscentes que, mesmo quando submetidos a determinismos, contribuem para produzir a eficácia daquilo que os determina. E é quase sempre nos ajustes entre os determinantes e as categorias de percepção que os constituem como tais que o efeito de dominação surge (BOURDIEU, apud BONNEWITZ, 2003:143).

arquitetônico brasileiro, nos moldes definidos por Bourdieu, ou seja, um lugar de lutas simbólicas em que a cultura como espaço de competição estética com autonomia relativa de outros 'campos', sobretudo o econômico, consolida-se enquanto prática social".

Ancorado em sólida coalizão entre ciência e Estado a partir de princípios de divisão como arcaico/moderno, atraso/progresso, racional/irracional, o campo urbanístico alcança dupla legitimação: a da ciência moderna, tida como capaz de dominar racionalmente o processo de urbanização e colocá-lo a serviço do homem; e a do Estado, como portador do monopólio da violência física e simbólica, capaz de exigir obediência às regras, bem como extrair da sociedade os recursos necessários às intervenções em escalas territoriais cada vez maiores. Essa dupla legitimação fornece pistas para a compreensão das relações entre o que ocorre no interior do campo urbanístico e na sociedade de classes; permite ainda apreender o modo como o agrupamento singular adquire, de fato, a possibilidade de assumir, por sua inserção privilegiada nas instituições do Estado, o controle do processo de produção do espaço. Sugere a existência de trocas materiais e simbólicas regulares entre o campo urbanístico – que, pela conquista do Estado, dele pode se valer para a consecução de seus próprios fins – e o campo do poder – que se vale do campo urbanístico igualmente para os seus próprios fins, quer dizer, para a implementação da dominação organizada sobre o território e para a manutenção da ordem na sociedade de classes. Mas não se deduz daí que a produção urbanística seja mero instrumento a serviço da classe dominante e nem que o Estado possa ser reduzido a simples aparelho ideológico nos moldes althusserianos.

Não obstante, pela ação do Estado, via órgãos de planejamento urbano, constituem-se formas de classificação e divisão do espaço e de ordenamento da vida cotidiana, esquemas cognitivos e práticas socioespaciais que, incorporadas e inculcadas, se tornam atos de submissão e obediência, os quais aparecem como consequências naturais da urbanização. Essa dinâmica de transposição para a esfera estatal e para a estrutura de classes de modelos cognitivos produzidos no campo corre paralelamente à codificação e homologação de regras e normas de conduta. Mediante estruturas cognitivas e avaliativas idênticas ou semelhantes geradas no campo de produção, dominantes e dominados compartilham de um conformismo lógico e moral, para utilizar a expressão de Durkheim, de um consenso pré-reflexivo, imediato sobre o sentido do mundo, "que está no princípio da experiência do mundo como mundo do senso comum" (Bourdieu, 1997:209).

A longa trajetória do obreirismo modernizador em suas várias vertentes inclui um expressivo fortalecimento durante a era Vargas (1930-45), uma ampliação de legitimidade e eficácia simbólica durante o período JK (1955-1960), justamente com a construção de Brasília, perpassando o Regime Militar (1964-85), quando o planejamento tecnoburocrático atinge seu paroxismo. Ao longo de sua trajetória, e ainda remetendo à construção de Brasília como a grande realização do obreirismo modernizador, deve-se ressaltar que ele marca um ponto de inflexão na estruturação do campo urbanístico e, por consequência, no controle do processo de produção do espaço, na medida da incorporação de novos agentes, saberes e práticas ao âmbito do campo. A reconstituição histórica da gênese e estruturação do campo singular permite afirmar, por exemplo, que o urbanista individual só pôde existir na medida da consolidação do campo de produção específico. A questão de saber em que ponto da história se passa do engenheiro-arquiteto ao urbanista é assim respondida tendo em vista que o aparecimento do urbanista só pôde se dar progressivamente na medida da constituição e estruturação de um campo urbanístico, espaço social distinto dentro do qual tem eficácia a competência cultural específica da qual é portador o urbanista e no qual faz sentido a utilização desse capital para o exercício de poder e influência. Em suma, onde o urbanista pode existir enquanto tal.

Como modelo capaz de traduzir, combinar e conectar diferentes níveis da realidade social de que é produto, o obreirismo modernizador permite a absorção seletiva de teorias, disciplinas, técnicas, materiais, profissões, métodos e instituições da modernidade, sem que seja necessário romper com as estruturas sociais tradicionais e com os mecanismos de reprodução da desigualdade que caracterizam a sociedade como um todo. Um ponto a ser sublinhado é que a diversidade de concepções que, a essa altura, pode ser observada no interior do campo, sugere, por um lado, o acirramento das disputas pelo monopólio da cultura urbanística legítima, ou seja, da definição legítima do dever-ser da metrópole, mas por outro, indica o aumento da capacidade dos agentes em controlar o processo de produção do espaço, bem como condicionar aspectos cada vez mais diversificados da vida social como transporte, saneamento, habitação, iluminação pública e outros serviços urbanos.[15]

Retomando o que ocorria na RMSP, mais especificamente na cidade de São Paulo, note-se que essa combinação de processos sociais da modernidade (capitalismo, industrialização, urbanização), ademais com características da cultura política tradicional brasileira, se torna a fórmula mágica mobilizada pelos agentes para a transformação do espaço urbano de valor de uso em valor de troca. O estabelecimento do espaço como raridade e a ampliação das possibilidades de acumulação de capital econômico no contexto de urbanização vertiginosa da sociedade, percebidos como realidade objetiva, impele os agentes

---

[15] A esse respeito, a contenda entre Prestes Maia e Anhaia Mello sobre as alternativas de intervenção urbana em São Paulo pode ser aprofundada em FISCHER, S. Op. cit.

públicos e privados à consecução de novos empreendimentos imobiliários e de infraestrutura, alimentando novos ciclos de expansão urbana. Essa transformação quantitativa, que leva a uma mudança qualitativa do espaço, irá engendrar, por exemplo, as grandes ondas de verticalização da cidade, fenômeno que não pode ser atribuído unicamente à chegada do elevador e do concreto armado à periferia do sistema capitalista, como muitas vezes se sugere. Mais plausível seria atribuir essa metamorfose urbana à hegemonia do modelo do obreirismo modernizador no campo urbanístico e a capacidade crescente deste como mediador das relações de produção na sociedade. Instaura-se assim uma dinâmica urbana orquestrada no campo, o qual realiza combinações cada vez mais eficientes dos fatores de produção para a acumulação de capital econômico, passível de ser convertido em mais capital urbanístico que, legitimado pela homologação estatal, exerce a violência simbólica do campo sobre a sociedade em geral.

É verdade que a busca de novos padrões de intervenção estatal no urbano também é estimulada por um quadro de crescimento demográfico vertiginoso, tanto por crescimento vegetativo – para o qual muito contribuíram as práticas higienistas de saneamento e de vacinação em massa – quanto por fluxos migratórios. Na década de 1970, a taxa geométrica de crescimento anual da população residente na RMSP é maior que no Brasil, no estado de São Paulo e no município, sendo que ainda na década seguinte, apesar de sensível queda, permanecerá com valores próximos aos demais. Note-se que esse crescimento populacional somente veio a se estabilizar a partir da década de 1990, mas apenas para o caso da cidade de São Paulo, mantendo-se acentuado na RMSP como um todo.

Nesse contexto, emergem no campo de produção novas combinações de técnicas e conhecimentos práticos voltados para o controle do processo de urbanização, os quais se traduzem em práticas cristalizadas em instituições e categorias profissionais, ou mesmo incorporadas a figuras emblemáticas, verdadeiros sacerdotes do obreirismo modernizador como Francisco Prestes Maia à época do Estado Novo, e Paulo Maluf, a partir do Regime Militar de 1964. Emblemáticas pois, cada um a seu modo, conseguem combinar fatores e transferir com maestria os produtos abstratos do campo de produção para a esfera estatal e política, materializando-os no espaço. Insistimos aqui que a conquista do Estado é fundamental para a consolidação e autonomização do campo urbanístico enquanto tal, pois, conservando nossa perspectiva de análise, o Estado é antes de tudo um meta-campo que regula os outros campos; é o campo do poder onde está em jogo o monopólio da violência simbólica legítima, quer dizer, o poder de constituir e impor como universalmente aplicável, dentro das fronteiras de um território, um conjunto de normas coercitivas (Bourdieu,

2005:169).[16] É nesse jogo que as personalidades proeminentes do obreirismo encarnam a figura do tocador-de-obras da "cidade que mais cresce no mundo", da "cidade que não pode parar", elaborando e refinando os elementos do populismo como padrão de conduta político-administrativa ajustada ao processo de produção do espaço em contexto de urbanização acelerada.

O padrão de intervenção obreirista modernizador caracteriza-se pelas relações objetivas que se estabelecem entre o tocador-de-obras – portador das combinações e modelizações cognitivas geradas no campo específico às quais carrega para a esfera estatal; as empreiteiras de obras públicas – organizações econômicas, meios de produção do espaço, especializados na objetivação do capital urbanístico institucionalizado no Estado – as classes dirigentes e de proprietários –, notadamente a indústria automobilística, fração dominante tanto do campo urbanístico como do campo do poder – o operariado urbano, que participa, como leigo, da produção e consumo do espaço; e a figura do pobre-carente da periferia, dos cortiços e das favelas. A dedicação ascética em combinar, compor, decompor e ordenar fatores a fim de gerar novas possibilidades cognitivas sobre o urbano será, aliás, a marca distintiva da conduta do urbanista individual (oriundos em sua maioria de escolas de engenharia, arquitetura e economia) operando em organizações especialistas com vistas ao controle de órgãos estatais, ocupação e manutenção de cargos públicos e participação em conselhos, comissões e concursos.

Assim, verificam-se diferentes níveis de interligação e relações objetivas entre agentes e instituições, configurando-se redes sociais, grupos de interesse, áreas de influência e *lobbies* em torno dos negócios relacionados à produção de infraestrutura e serviços urbanos. Tais relações objetivas mostram que a eficácia simbólica do obreirismo, entendido como modelo de dominação organizada do curso da urbanização, se dá na razão direta de sua correspondência cognitiva com as relações de produção da sociedade em geral. Essa correspondência entre estrutura cognitiva do campo e estrutura de classes colabora para que o efeito de campo possa ser expandido e difundido para os espaços públicos e, ainda, a unidade familiar. Vale dizer que a dominação organizada do curso da urbanização é, em larga medida, mediada pela estrutura cognitiva do campo de

---

[16] A esse respeito, Bourdieu (1996:99) assinala que "O Estado é resultado de um processo de concentração de diferentes tipos de capital, capital de força física ou de instrumentos de coerção (exército, polícia), capital econômico, capital cultural, ou melhor, de informação, capital simbólico, concentração que, enquanto tal, constitui o Estado como detentor de uma espécie de metacapital, com poder sobre os outros tipos de capital e sobre seus detentores... Segue-se que a construção do Estado está em pé de igualdade com a construção do *campo do poder*, entendido como o espaço de jogo no interior do qual os detentores de capital (de diferentes tipos) lutam particularmente pelo poder sobre o Estado, isto é, sobre o capital estatal que assegura o poder sobre os diferentes tipos de capital e sobre sua reprodução (notadamente por meio da instituição escolar).

produção, por meio da qual o Estado, quer dizer, a classe dominante, é capaz de exercer a violência simbólica sobre as outras classes. Isto ocorre na medida em que a ordem simbólica estruturada no campo é transposta para a sociedade em geral na forma de normas coercitivas de produção do espaço, configurando uma divisão social e territorial do trabalho de dominação.

A necessidade imperativa que o sistema produtor de mercadorias tem de, por um lado, controlar o trabalhador na fábrica e, por outro, regulamentar o espaço, o ritmo e o funcionamento da metrópole (associada ainda à extensão dessa interferência à própria vida familiar do trabalhador), constitui o amálgama que irá, ao longo do tempo, engendrar uma situação em que o campo urbanístico passa a exercer o efeito de campo para além dos aspectos objetivos, chegando mesmo ao plano subjetivo da organização da vida cotidiana da metrópole. Nesse particular, Debord (1997:111-12) talvez estivesse correto quando assinalou que "a sociedade que modela tudo que a cerca construiu uma técnica especial para agir sobre o que dá sustentação a essas tarefas: o próprio território. O urbanismo é a tomada de posse do ambiente natural e humano pelo capitalismo que, ao desenvolver sua lógica de dominação absoluta, pode e deve agora refazer a totalidade do espaço com seu próprio cenário. A necessidade capitalista satisfeita pelo urbanismo (...) pode se expressar como a predominância absoluta da 'pacífica coexistência do espaço' sobre 'o inquieto devir na sucessão do tempo'". Estamos aqui diante da transformação da própria metrópole em meio de produção que organiza outros meios de produção, inclusive aqueles meios de produção do espaço como as empreiteiras de obras de infraestrutura urbana.

Essa complementaridade espantosa entre o *campo* urbanístico e o campo do poder no contexto de industrialização do processo de produção da cidade deve ser aprofundada com a introdução de outros elementos. Ela ajuda a desvendar o processo de dominação em uma sociedade de classes em franco processo de urbanização, em que as formas tradicionais de manutenção da ordem já não podem mais ser mobilizadas com a eficácia esperada. A elucidação dessa problemática poderá ser realizada se conseguirmos apreender as relações objetivas entre os agentes e instituições nela envolvidos. O padrão de relações objetivas no *campo* e deste com o Estado e a sociedade em geral pode ser mais bem-explicitado a partir de duas vertentes peculiares: 1) as formas de vinculação das classes populares às estruturas cognitivas do campo de produção e 2) a materialização do modelo como um conjunto de objetos técnicos dispostos no território, dotados de coerência e sentido e capazes de exercer o efeito de campo propriamente dito. Passemos a elas.

A Espoliação Simbólica: Integração das Classes Populares às Estruturas Cognitivas do Campo de Produção

Giddens (1985:202) assinalou que, na modernidade, a convivência pacífica entre as classes passa a depender cada vez mais do armazenamento e controle de informações como meio de concentrar recursos políticos para a dominação. Além disso, a construção do próprio aparato estatal necessita da "pacificação interna" que reduza o recurso à violência física para a manutenção da ordem no âmbito do Estado-Nação. Nesta seção sustentaremos que o campo, por meio da produção de ordem simbólica atinente ao controle do processo de urbanização, contribui para que a manutenção da ordem social possa ser alcançada, principalmente porque, pela mediação das estruturas cognitivas nele geradas, é possível combinar um tipo de dominação (violento, espetacular, aberto) com outro (disciplinatório, monótono, dissimulado) na forma de complexos de relações coercitivas passíveis de serem atualizadas. Como assinala Giddens (1985:205), "a criação de uma necessidade pela 'lei e ordem' é o lado reverso da emergência das concepções de 'desvio' reconhecidas pelas autoridades centrais e por especialistas profissionais. Estas são intrínsecas à expansão do alcance administrativo do Estado, penetrando nas atividades diárias, e à aquisição de um monopólio efetivo da violência nas mãos das autoridades do Estado".

O autor chama a atenção para o fato de que, nos tipos anteriores de sociedade, as classes dominantes não buscaram ou exigiram a aquiescência regular da maioria da população, com exceção de critérios demasiadamente restritos de submissão material. Porém, nas sociedades complexas, o poder disciplinatório nos termos descritos por Foucault passa a incluir, além da manutenção da informação, a vigilância no sentido da supervisão direta. Nesse sentido, "passa a envolver a concentração de atividades por um período do dia, ou por um período da vida dos indivíduos, em locais especialmente construídos para isso" (Giddens, idem, ibidem). É precisamente aí que se poderia ver no campo urbanístico o *lócus* de produção material (na forma de objetos técnicos dispostos no território) e simbólica (na forma de regras abstratas codificadas), capaz de fornecer os elementos necessários à manutenção da ordem social quando esta envolver a necessidade de regras coercitivas e objetos fora do controle dos agentes privados, ou seja, o controle do espaço público.

A célebre frase de Washington Luiz, "a questão social é um caso de polícia", denota que, na vida social brasileira, quando a autoridade não se impõe mediante um ponto de vista instituído e legitimado, a ordem social é mantida pela via do arbítrio e pela expropriação simbólica dos dominados, que valida e autoriza a violência física ilegítima. É o conhecido "se não vai por bem vai por mal". Uma violência que, como observa Bourdieu, "é a ruptura com o exercício legítimo do poder como representação da força capaz de se fazer reconhecer pelo simples fato de se fazer conhecer, de se mostrar sem se exercer" (Bourdieu, 1997:116). Essas considerações nos permitem avançar na compreensão de como modelos cognitivos de metrópole são transpostos do campo específico para o Estado e daí para a sociedade em geral por meio da política urbana, como relações de sentido que se estabelecem não somente entre agentes e instituições na estrutura do campo, mas entre as classes sociais no processo de constituição da dominação legítima e da reprodução da estrutura social. A posição dominante do obreirismo na estrutura do campo urbanístico é condizente à formação de uma barreira cognitiva à entrada da questão social na agenda, impedindo de modo sistemático a constituição de agentes portadores dessa aspiração. Aqui, a pergunta que se impõe é: como podem as classes subalternas entrar em cumplicidade objetiva e cooperar para o projeto de sua própria dominação, vale dizer, como os dominantes dominam? Há razões para supor que a ordem simbólica e as estruturas cognitivas produzidas no campo, quando transpostas, ainda que de maneira deformada, suprimida, decomposta ou suplementada - para a estrutura de classes, exercem mediação ativa de modo a induzir a integração adequada das classes populares às estruturas de dominação da sociedade.

Tome-se a classificação dualista centro/periferia que, vinculada às políticas de incentivo ao espraiamento da cidade, cria essa espécie de zoneamento urbano deformado. Produto de um sistema de classificação e divisão territorial engendrado no campo específico, mas que, transposto para a estrutura de classes de maneira desfigurada, permite a explicação da expansão da metrópole com base na produção de espaços de relegação, vistos como consequência do crescimento desordenado e da ausência de planejamento. A apreensão dessa lógica de funcionamento do campo e suas trocas materiais e simbólicas com o poder administrativo do Estado nos aproxima de outros fatores explicativos das razões que levariam os dominados a não apenas aceitar a lógica do obreirismo e a ordem urbana em todas as suas formas e consequências, mas ainda a participar e serem solidários aos dominantes em seu projeto de modernização excludente.

Não se trata aqui de mera servidão voluntária. Ora, da perspectiva de uma possível escolha racional, as classes populares, estereotipadas e estigmatizadas na figura do pobre-carente, não teriam qualquer interesse na reprodução da ordem social tal como se apresenta objetivada. Mesmo porque no processo de estruturação de tal ordem urbana, a elas estaria reservado apenas o assentamento precário em territórios situados na base da hierarquia socioespacial, os espaços de relegação, desprovidos de infraestrutura, serviços e amenidades decorrentes da urbanização.

Quanto a esse ponto, uma observação a ser feita é que, para muitos dos dominados, estar nessa condição não é uma questão de escolha racional, nem resultado de cooperação espontânea ou destino imposto por forças sobrenaturais. Essa situação decorre, antes de tudo, dos ajustamentos entre as aspirações subjetivas e as possibilidades objetivas colocadas (destituição material e cultural e exclusão cognitiva-institucional), condição essa que os induz à aceitação da definição de sua própria identidade pelos produtores simbólicos vinculados às instituições dominantes, aceita de maneira pré-reflexiva, como óbvia, mediante o efeito de desconhecimento que, como diz Bourdieu (apud Bonnewitz, 2003:143) é:

> [...] o fato de reconhecer uma violência que se exerce precisamente na medida em que ela é desconhecida como violência; é o fato de aceitar esse conjunto de pressupostos fundamentais, pré-reflexivos, que os agentes sociais avalizam, pelo simples fato de tomar o mundo como óbvio, isto é, de achá-lo natural por que eles lhe aplicam as estruturas cognitivas que são originárias das próprias estruturas desse mundo. Por termos nascido num mundo social, aceitamos certo número de axiomas, que são óbvios e não requerem condicionamento. É por isso que a análise da aceitação dóxica do mundo, em razão da concordância imediata das estruturas objetivas e das estruturas cognitivas, é o verdadeiro fundamento de uma teoria realista da dominação e da política.

O desapossamento e a precariedade material e cultural, juntamente com a expropriação simbólica de sua identidade – dado que as instituições produtoras dos esquemas de percepção, classificação e divisão são monopolizadas pelos dominantes – são os elementos propícios para a elaboração discursiva da figura do pobre-carente, de seu lugar (favelas, cortiços, periferias, invasões) e sua concomitante vinculação subalterna à ordem instituída no processo de produção da metrópole moderna.

Ao terem a definição de sua identidade sujeita às classificações engendradas pelas instituições dominantes e aceitarem o conjunto de pressupostos fundamentais de modo pré-reflexivo, isto é, de achá-lo natural, pois aplicam as estruturas cognitivas que são originárias das próprias estruturas desse mundo, os dominados entram em cumplicidade ativa com o projeto de ordem urbana (modernização excludente), nos termos colocados pelo populismo, face política do obreirismo modernizador. Nessas condições, o pobre-carente se transforma ele mesmo em um pequeno tocador-de-obras quer como força de trabalho arregimentado pela indústria da urbanização, quer no seu próprio canteiro de obras doméstico: a autoconstrução da moradia. Como numa geometria fractal, o espaço urbano é tomado de um mesmo padrão de intervenção que se reproduz em diferentes escalas territoriais e temporais. Tudo leva a crer que esse tipo de coerção tacitamente consentida se deve ao fato de que as estruturas cognitivas produzidas no campo, e logo mobilizadas como violência simbólica pelo Estado, fornecem os esquemas de percepção e avaliação pelos quais os dominados percebem sua própria posição na estrutura social. Desse modo, são dadas as condições para uma concordância entre as estruturas cognitivas mobilizadas e os mecanismos de dominação, como experiência dóxica do mundo. A dominação que se origina das regras abstratas que comandam o processo de produção do espaço pode assim ser desvendada como sendo a concordância tácita da situação objetiva dos dominados com as estruturas cognitivas produzidas em instituições especializadas, quer dizer, a incorporação (capital urbanístico incorporado) de esquemas classificatórios produzidos no interior do campo específico e disseminados por meio da política urbana. Configura-se desse modo uma espoliação simbólica que, por não ser conhecida como tal, possui ainda maior grau de eficácia para a aceitação dóxica de determinada ordem. Mas se a violência simbólica só pode ser exercida com eficácia mediante a cumplicidade objetiva dos dominados, a facilidade espantosa com que ocorre a dominação e a aceitação dóxica destes com o projeto de sua própria espoliação permanecem como traços de conduta de difícil explicação. Isso porque ela não pode ser pensada como um ato consciente, deliberado e voluntário. Uma via plausível para a superação dessa aporia aponta para a noção de *habitus,* ainda dentro dos marcos teóricos definidos por Bourdieu (apud Bonnewitz 2003:87-88).

> [...] o habitus é aquilo que se deve supor para explicar o fato de que – sem ser propriamente racionais , isto é, sem organizar a sua conduta de modo a maximizar o rendimento dos meios de que dispõem, ou mais simplesmente, sem calcular, sem explicitar seus fins e sem combinar explicitamente os meios de que dispõem para atingi-los, em resumo, sem fazer combinações, planos, projetos – os agentes sociais são razoáveis, não são loucos, não cometem loucuras: os agentes sociais são muito menos extravagantes ou iludidos do que tenderíamos a acreditar espontaneamente, e isso precisamente porque eles interiorizaram, ao fim de um longo e complexo processo de condicionamento, as chances objetivas que lhes são oferecidas e porque eles sabem ler o futuro que lhes convém, que é feito para eles e para o qual eles são feitos (por oposição àquilo do qual se diz "isso não é para nós"). A dialética das esperanças subjetivas e das chances objetivas está sempre em funcionamento no mundo social e, na maior parte do tempo, ela tende a garantir o ajuste das primeiras às segundas.

Com a adesão dos dominados às estruturas cognitivas fornecidas pelo campo de produção e mobilizadas pelo Estado por meio da política urbana, a partir das condições objetivas e do ajustamento das expectativas às chances, multiplicam-se os tocadores-de-obra, os microempreiteiros e os pequenos agentes imobiliários (no qual se inserem os grileiros de terra), que, a rigor, compartilham o mesmo *habitus,* como capital urbanístico incorporado. Submetidos à mesma situação de classe e à mesma posição socioespacial, as classes subalternas transformam a periferia, as favelas e os cortiços (categorias cunhadas por agentes especializados em instituições especializadas e incorporadas pelos dominados na luta cognitiva pela classificação e hierarquização do espaço)[17] na modernidade possível aos destituídos.

Por essa via pode-se compreender por que a aceitação pelos dominados de um modelo de realidade urbana injusto, calcado na exploração dentro da fábrica, na espoliação urbana, na expropriação simbólica da sua identidade, enfim, no confinamento dos corpos a uma "subcidadania" que transforma o desfavorecido em subclasse e sua cultura em subcultura; se torna não só possível como também duradoura e naturalizada. Desvela-se aqui, no contexto do obreirismo modernizador, a participação do campo na divisão do trabalho de dominação. Enquanto espaço social estruturado de relações objetivas, o campo urbanístico, por meio da produção de modelos cognitivos de realidade urbana, exerce sobre os agentes especializados – e com muito mais eficácia sobre os leigos, isto é, as classes dominadas – uma ação pedagógica multiforme, que tem como efeito fazê-las incorporar os saberes e as práticas indispensáveis a uma inserção "adequada" na ordem urbana preconizada.[18]

Na medida em que exerce esta socialização secundária, espécie de condicionamento dos corpos e das mentes; o campo, por meio da transmissão do patrimônio cognitivo e das aquisições efetuadas pelos agentes, também proporciona uma sensação de familiaridade, de um mundo sem surpresas, fazendo com que a ordem urbana imposta arbitrariamente pelos dominantes pareça natural e autoevidente, como senso comum esclarecido e bem-fundado. Assim, os esquemas classificatórios que mediatizam a percepção da ordem urbana (centro / periferia; excluído / incluído; degradado / renovado, arruinado / revitalizado; favela / bairro; nobre / popular) se tornam comuns ao conjunto dos agentes inseridos na mesma ordem simbólica e viabilizam o acordo sobre o dever-ser da urbanização, mesmo entre agentes situados em posições opostas no campo, ou em situação de classe antagônica na sociedade.

Por essa ótica, pode-se compreender como, por exemplo, o "sonho da casa própria" fornece às classes populares a energia utópica que faz mobilizar uma rede de agentes no âmbito do projeto da autoconstrução. Por meio dessa cumplicidade objetiva, as classes populares tornam-se sujeitos instituintes do modelo periférico de crescimento urbano, e não apenas uma vítima dos desacertos da modernidade e da ganância do capital imobiliário. Assim, no

---

[17] Antes do aparecimento do termo periferia, as regiões da cidade passaram por outras classificações e divisões. Primeiramente, a cidade era dividida em área urbana e área rural, depois veio a divisão em região central, urbana, suburbana e rural. A esse respeito, ver FELDMAN, 2005.

[18] Nesse aspecto, vale lembrar que a relação entre *o habitus* e o campo é antes de tudo uma relação de condicionamento (...) mas é também uma relação de conhecimento ou de construção cognitiva: o *habitus* contribui para constituir o campo como mundo significante, dotado de sentido e de valor, no qual vale a pena investir energia (BOURDIEU, P.; WACQUANT, L. Op. cit.).

contexto do obreirismo modernizador, deve-se considerar o modelo centro/periferia como uma ordem simbólica estruturada com base na distancia social e econômica (e não geográfica), que realiza um modo de produção e distribuição de objetos técnicos no território e viabiliza o acordo entre dominantes e dominados com a intervenção do Estado e a mediação ativa do campo, ainda mais porque, como observa Kowarick (2000:62):

> [...] se o Estado favorece por intermédio de seus investimentos a acumulação do capital, que visa maximizar a extração do excedente, bem como, na trama concreta da luta pelos benefícios socioeconômicos, acaba por favorecer as camadas mais abastadas, as classes trabalhadoras não permanecem totalmente excluídas de melhorias em relação aos bens de consumo coletivo. De um lado, por que em certa medida é preciso que a força de trabalho se reproduza para o capital, o que supõe o acesso, mesmo que precário e residual, a certos serviços que são criados pelos vários escalões de governo. Por outro lado, por que o Estado precisa aparecer como "agente ecumênico", que zela pelos interesses de todos.

Então, o que ocorre de perverso não é propriamente a exclusão mecânica das classes populares dos benefícios gerados pela urbanização, mas um processo subjacente invisível e silencioso que, na medida em que desonera o orçamento público, as práticas espoliativas – favelização, encortiçamento, periferização, trabalho informal na autoconstrução, transporte precário, educação que não confere valor – geram um excedente direcionado pelo Estado à produção de obras viárias, infraestrutura e serviços urbanos em áreas seletivas, erigidas como espaços de distinção.

Desse modo, o fundo público é majoritariamente direcionado para a geração de objetos e equipamentos nos chamados bairros nobres, situados no eixo do Centro para o sudoeste da metrópole, como lugares de distinção situados no topo da hierarquia socioespacial, destinados à apropriação, consumo e fruição daqueles que possuem capital cultural e patrimônio cognitivo para a decifração e decodificação das características destes objetos, incluindo-se aí os agentes dominantes do campo urbanístico que ocupam posições homólogas na estrutura de classes.

Por isso, o padrão periférico de urbanização, a favelização e o encortiçamento não podem ser explicados pela ausência de planejamento urbano ou pelo crescimento desordenado como muitas vezes se diz, mas corresponde a um tipo de planejamento e zoneamento forçado, que tem como estratégia a máxima acumulação de capital urbanístico em espaços seletivos da metrópole em detrimento de outros. Recorrendo-se ainda aos escritos de Kowarick, essa estratégia viabiliza o assentamento de amplos contingentes populacionais em loteamentos destituídos de tudo por meio do sobretrabalho na autoconstrução e reduz ao mínimo a necessidade de investimentos em moradia e infraestrutura, seja pelo setor público, seja pelo setor privado. De resto, as redes de relações objetivas que se formam em torno de melhorias urbanas em áreas precárias é o espaço social onde se concretizam as práticas do favor e da promessa, bem como a elaboração do conformismo lógico e moral entre as classes. Ao tempo em que obstam a possibilidade de cidadania e de direitos, as políticas urbanas obreiristas se convertem em práticas de difusão da ideologia dos idealizadores do projeto de modernização. Melhorias urbanas pontuais se tornam estratégias integrativas em relação às massas populares urbanas, utilizadas como margem de manobra para direcionar e amainar as expectativas de segmentos drasticamente pauperizados. Nesse sentido, Kowarick (2000:63) observou que as políticas urbanas:

> [...] procuram gerar uma forma de hegemonia que retire das classes populares a sua iniciativa e autonomia, atomizando suas reivindicações a fim de manter o controle sobre a cidade e seus moradores: é preciso, na ótica dominante, fazer com que a obra pública apareça como uma realização do Estado, que, se assim o conseguir, realiza a fundamental tarefa de cooptação, diluindo e canalizando os conflitos das massas urbanas, que permanecem numa ilusão de participar de uma cidadania constantemente prometida e escamoteada.

A naturalização da periferia, favela e cortiço como o lugar do trabalhador precário e do pobre-carente, permite o aparecimento e a agregação ao modelo de novos agentes e interesses no campo de produção. Grileiros, invasores de lotes, burocratas, políticos demagogos e populistas, agindo no autointeresse (sempre revestido de interesse público) se vinculam à causa dos pobres e oprimidos da cidade, adotando a estratégia de prosperar no "caos" urbano. A ilegalidade consentida – o desconhecimento pelo poder público do parcelamento e da ocupação irregular do solo – transforma-se em um instrumento de intervenção urbana, uma prática socioespacial voltada para o assentamento precário das classes populares e também para a venda da legalidade por intermediários e operadores do processo de urbanização.

Essa prática fez com que, em São Paulo, a ocupação irregular do solo chegasse a ser maior do que o território ocupado de acordo com as normas urbanísticas formais. Prática recorrente que só cessará com o esgotamento do estoque de terras disponíveis para incorporação ao sistema, não sem antes levar à ocupação indiscriminada das áreas de mananciais e de fundos de vale, consubstanciando o que se passou a chamar de urbanismo de risco.

Por outro lado, o uso do excedente de modo arbitrário na produção de espaços seletivos e de modalidades de infraestrutura e serviços urbanos capazes de encarnar a modernidade urbanística, ao menos em seus aspectos estéticos e arquitetônicos, proporciona a modernização efetiva de uma parte da cidade.

Esses lugares, em que pese serem apropriados e consumidos apenas por uma classe ou fração de classe, assume o caráter de interesse geral de modernização da sociedade. A universalização da ideologia da modernização torna-se assim o motor, o principal gerador da coleção de objetos característicos do obreirismo modernizador.

A Serialização: Transposição do Modelo para o Território como uma Coleção de Objetos Técnicos

Outra possibilidade analítica para as relações do campo urbanístico com a ordem social diz respeito à apreensão das maneiras de transposição para o território na forma de coleções de objetos técnicos, dos modelos cognitivos emanados do campo. Como já mencionado, o obreirismo dará uma contribuição decisiva para a estruturação e legitimação do campo urbanístico, principalmente em função da introdução da prática do planejamento urbano, da ampliação das instituições de ensino e pesquisa voltadas para a questão urbana, da criação de órgãos públicos específicos na estrutura do Estado e do surgimento de um quadro de funcionários detentores de conhecimento especializado para a produção de normas e códigos abstratos. Argumenta-se nesta seção que a combinação desses fatores, na forma da serialização e interconexão dos objetos dispostos no território (capital urbanístico objetivado) – mormente após a legitimação do urbanista individual como agente capaz de realizar tal combinação de fatores num processo *schumpeteriano* de destruição criativa e também pelo exercício do poder de *worldmaking* (cf. Goodman, 1978) pela composição e decomposição do mundo existente e o ordenamento espaço-temporal e sequencial dos objetos técnicos – faz com que a metrópole configure um estado de coisas dotado de coerência e sentido, ao menos para aqueles dotados do patrimônio cognitivo para decifrá-los, resultado do controle, em proporções inauditas que o campo urbanístico exerce sobre o processo de urbanização, de modo que, a partir desse ponto, a ordem urbana passa, em muitos aspectos, a ser intercambiável e mesmo a se confundir com a própria ordem social.

Antes de prosseguirmos, convém notar que a transposição de modelos cognitivos de cidade para o território se dá de maneira incompleta, deformada, suprimida, decomposta ou suplementada, na medida da baixa autonomia do campo urbanístico em estabelecer e levar adiante seus desígnios independentemente do que possa ocorrer nas outras esferas sociais, principalmente quanto às demandas do campo político-administrativo e também do campo econômico. Ainda assim é possível, pela via heurística, identificar no território traços de conduta e características objetivas da intervenção de um corpo de especialistas socialmente reconhecidos como detentores da competência cultural específica necessária à produção e reprodução de modelos cognitivos de cidade, em oposição aos demais indivíduos expropriados desta condição, dados como leigos, e que reconhecem, pelo simples fato de a desconhecerem como tal, a legitimidade dessa expropriação.

Isto posto, temos que, no plano das idealizações e das realizações do obreirismo, a modernidade é apreendida e mobilizada como ideologia destinada à reprodução da desigualdade entre as classes; por outro lado, a modernização opera de modo seletivo no sentido da ampliação de espaços institucionais onde ocorre a sistematização das práticas socioespaciais (planos, projetos, estatísticas, mapas) produção abstrata que, da perspectiva dos agentes especializados, uma vez objetivada, permite o controle do nascimento, da vida e da morte dos objetos técnicos e da sua localização no tempo e no espaço.

Para maior clareza, vamos nos deter no *modus operandi* do obreirismo, correspondente a um conjunto de práticas aqui denominadas genericamente por rodoviarismo. A posição dominante do obreirismo modernizador na estrutura do campo e a percepção de realidades objetivas como a explosão populacional irá contribuir para a deflagração, sem volta, do conjunto de práticas orientadas para a problemática da circulação e dos fluxos intraurbanos, conhecidas por rodoviarismo. Com base em princípios binários de divisão como circular/estacionar ou individual/coletivo, o rodoviarismo corresponde à elevação do automóvel à categoria de objeto técnico por excelência do modo de vida na cidade e ao vertiginoso aumento do número de veículos motorizados sobre rodas, pressionando a demanda por infraestrutura viária, o que justificaria o largo espectro de intervenções orientadas à produção de vias e ao controle do tráfego.[19]

Por meio da sistematização de práticas de circulação urbana, a modernidade assume a forma característica do transporte individual sobre rodas – *vis-à-vis* à deterioração dos meios de transporte coletivos – e da produção do parque de objetos viários no bojo de planos urbanísticos totalizantes para a cidade. Transformada em um "canteiro de obras", a cidade e a própria vida urbana passam a ser concebidas como algo passível de ser pré-fabricada a partir da divisão técnica do trabalho de produção do espaço, nos moldes de uma organização fabril-taylorista. A metrópole emerge de uma espécie de linha de montagem, cuja divisão de tarefas perpassa burocracias estatais, empreiteiras de obras públicas e empresas de consultoria e assessoria, tendo como motor o

---

[19] Para uma visão aprofundada de como do planejamento urbano se passa ao planejamento de trânsito e daí ao controle do tráfego e ao ordenamento da circulação e dos fluxos viários, i.e., à chamada engenharia de tráfego, ver VASCONCELLOS, E. A. *Circular é Preciso, Viver não é Preciso. A História do Trânsito na Cidade de São Paulo*. São Paulo, Anablume/Fapesp, 1999.

capital urbanístico incorporado na força de trabalho de categorias especializadas, principalmente engenheiros, arquitetos e, agora, o urbanista propriamente dito. Essa divisão técnica do trabalho de dominação organizada sobre o processo de urbanização dá origem às instâncias administrativas, aos serviços e departamentos, secretarias e empresas propriamente urbanísticas. Assim, surgem, na gestão Figueiredo Ferraz na prefeitura de São Paulo, a Empresa Municipal de Urbanização – EMURB e, no âmbito estadual, na gestão Paulo Egydio, a Empresa Paulista de Planejamento Metropolitano – EMPLASA, as duas principais da RMSP.[20]

No setor privado consolidam-se as empreiteiras de obras públicas, organizadas para atender à demanda por infraestrutura urbana, as quais, como meios de produção do espaço, terão importância crucial para o funcionamento do *campo* urbanístico, sobretudo em seu aspecto material, já que é no interior destas que o capital urbanístico acumulado pelos agentes é novamente convertido em capital econômico em função da produção de objetos e do *modus operandi* dessas organizações no interior do campo. Eis aí mais um elo entre o campo urbanístico, o Estado e o campo econômico.

Como nota Marques (Marques, 2000), a partir da década de 1940 o Estado se retirou da provisão direta de infraestrutura, concentrando-se nas funções de planejamento, demandando às empreiteiras a execução de projetos e obras. Essa divisão de tarefas estruturou o mercado da produção e consumo do espaço com foco em infraestruturas urbanas, caracterizado por estatização da demanda, regulação estatal da concorrência e fixação de preços e taxas de lucro pelo poder público, mas principalmente pela dependência de obtenção de uma carteira contínua de obras e serviços por parte das empreiteiras, ou seja, um mercado fortemente estruturado por questões de ordem política:

> [...] assim, as relações entre as empreiteiras, os órgãos estatais e as classes políticas sempre foram muito íntimas e complexas, sendo comuns os exemplos de relação direta dos empreiteiros com os próprios chefes do executivo. Essas relações ocorrem em rede de vínculos não apenas profissionais ou de negócio, mas afetivos, políticos e familiares.

Desse modo, são dadas as condições para a produção de objetos específicos, intencionalmente concebidos e localizados para a consecução de determinadas finalidades, mormente a organização do fluxo viário em consonância com a expansão da indústria automobilística. Como assinala Santos (2002:332), "a ordem espacial assim resultante é também intencional. Frutos da ciência e da

---

[20] A Emurb é uma empresa municipal de economia mista criada pela lei municipal nº 7.670, de 24 de novembro de 1975, conforme informações do site: http://portal.prefeitura.sp.gov.br/empresas_autarquias/emurb/empresa/0002. A EMPLASA foi criada pelo Decreto Estadual nº 6.111, de 11 de maio de 1975.

tecnologia, esses objetos técnicos buscam a exatidão funcional, aspirando, desse modo, uma perfeição maior que a da própria natureza".

Logo, subjacente aos saberes, às instituições, às técnicas e às práticas socioespaciais hegemônicas do período, delineia-se um sistema de objetos cuja lógica de produção revela aspectos significativos do *ethos* do modelo, bem como do *habitus* dos agentes. Uma característica notável do modelo é a introdução da serialização de objetos – túneis, viadutos, pontes, vias expressas– *pari passu* à crescente capacidade do tripé Estado (campo do poder)/campo urbanístico/campo econômico promover a industrialização da produção do espaço urbano. Trata-se aqui da produção em série de objetos a partir de uma matriz reificada e tornada fetiche, capaz de conferir a uma ponte, túnel ou viaduto particular (o modelo) um valor universal, concedido *a priori* pelas instâncias de legitimação e consagração do campo de produção e que se torna o princípio gerador de práticas passíveis de serem replicadas no território (a série).

A serialização de objetos no espaço-tempo não é um estilo de governo ligado a determinada personalidade, campo ideológico ou partido político, mas resultado de relações objetivas entre instituições e agentes definidores de padrões cognitivos que perpassam as várias administrações, independentemente de clivagens ideológicas e partidárias. Vale dizer, a serialização é uma característica estrutural do *campo* de produção introduzida pelo obreirismo modernizador e que traz novas possibilidades de controle do espaço-tempo pelo campo e pelo Estado. Se considerarmos que os limites do campo estão situados onde cessam seus efeitos, então pode-se afirmar que a serialização proporciona a expansão do efeito de campo para limites cada vez mais amplos, dado que seus efeitos se reproduzem, como capital urbanístico objetivado, a cada objeto replicado. Em se tratando de aspectos ligados à dominação de classes, a serialização possibilita maior alcance do poder "disciplinatório", que, como assinala Giddens, é um subtipo do poder administrativo do Estado moderno.

> Devemos considerar o poder disciplinatório como um subtipo do poder administrativo em geral. É este último que provém de procedimentos disciplinatórios a partir do uso regularizado da supervisão, com o objetivo tanto de inculcar quanto de tentar manter certas peculiaridades no comportamento daqueles sujeitos a ele. [...] O poder disciplinatório é construído em torno do horário, exatamente como os outros aspectos espacialmente mais difusos de organizações modernas. Mas, nesse caso, os horários são usados para organizar a sequência de desenvolvimento de ações no tempo-espaço dentro de locais delimitados fisicamente, nos quais a regularidade das atividades pode ser imposta pela supervisão de indivíduos que, de outro modo, não o fariam (Giddens, 1985:205).

Para maior clareza, vamos nos deter um pouco mais no parque de objetos característicos do rodoviarismo na cidade de São Paulo, mais precisamente, na série de túneis da região sudoeste. Ao primeiro deles – o histórico Nove de Julho, entregue no ano de 1939 por Prestes Maia em homenagem aos ativistas da Revolução Constitucionalista de 32 – seguiu-se uma série de 15, sempre justificados com a sociodicéia (justificativa teórica que legitima a conduta dos agentes no interior do *campo*) da melhoria da circulação e do fluxo viário. Mais recentemente, iniciados na gestão do prefeito Paulo Maluf e concluídos pela administração Marta Suplicy, formou-se uma fabulosa coleção de túneis erigidos, uma vez mais, em nome do desafogamento do trânsito no vetor sudoeste da cidade. Trata-se do conjunto formado pelo Sena Madureira, Ayrton Senna, Tribunal de Justiça, Jânio Quadros e Sebastião Camargo, complementados pelos túneis da Cidade Jardim (Max Feffer) e Rebouças, situados nos cruzamentos dessas vias com Av. Faria Lima.

Em face do questionamento sobre a validade das vultosas inversões a que o Estado é levado a realizar para a consecução de tais objetos, as sucessivas gestões utilizam-se do argumento de que os recursos são provenientes da iniciativa privada, por meio das chamadas operações urbanas, outra prática socioespacial desenvolvida no campo. Porém, mesmo admitindo essa possibilidade, deve-se notar que os túneis são, de fato, máquinas urbanas, produtos das técnicas desenvolvidas no campo de produção e materializadas pelo trabalho das empreiteiras, que exigem, mesmo depois de prontos, a utilização dos recursos organizacionais e técnicos das instituições estatais para que possam manter sua funcionalidade na dominação organizada do espaço-tempo da metrópole.[21] Para que este complexo funcione adequadamente são programadas intervenções mensais nos túneis e realizadas trocas de lâmpadas, limpeza da calha, pintura, varrição, lavagem de paredes e teto, bem como a verificação nas instalações e fiações. No total, os túneis comportam 20 bombas d'água em funcionamento, sendo oito no Anhangabaú, três no Tribunal de Justiça, três no Ayrton Senna, três no Jânio Quadros e três na passagem subterrânea da Zerbini. Em que pese a existência desse aparato tecnológico de manutenção, não é incomum a ocorrência de enchentes e engarrafamentos no interior desses objetos. Nesses casos, a crença na racionalidade técnica determina que os problemas causados por falhas de planejamento devem ser resolvidos pelo emprego de mais planejamento; por outro lado, as falhas de racionalidade, técnica ou política, inerentes aos projetos, são externalizadas para o conjunto da

---

[21] A manutenção desses objetos depende de constante esforço envolvendo a utilização de tecnologias cada vez mais sofisticadas em centrais de comando e monitoramento. Os 16 túneis perfazem um total de 18 quilômetros de extensão, onde estão implantados mais de 10 mil lâmpadas, 20 painéis eletrônicos para orientar motoristas, 122 equipamentos entre exaustores e insufladores, e ainda cerca de 90 câmeras móveis e fixas de circuito fechado de televisão, que detectam carros quebrados e acidentes e apoiam a mobilização de socorro imediato.

sociedade na forma de custos indiretos.[22] Além dos já aludidos, existem, distribuídos do Centro para o vetor sudoeste da cidade, os túneis Anhangabaú, Maria Maluf, Zerbini, Tom Jobim, São Gabriel, Complexo Viário Escola de Engenharia Mackenzie, Ligação Leste-Oeste, Av. Paulista – Dr. Arnaldo e Av. Paulista, perfazendo um total de 18 km de vias subterrâneas.

Túneis da Cidade de São Paulo
Localizados do Centro para o Vetor Sudoeste

Túneis e Passagens Subterrâneas	Localização	Extensão	Ano de Construção
Passagem inferior Zerbini	Av. Lineu de Paula Machado – Av. Waldemar	420 m	1993
Túnel Sebastião Camargo	Av. Magnólia – Av. Pres. Juscelino Kubitscheck	1.170 m	1995
Túnel Jânio Quadros (Emurb)	Av. Pres. Juscelino Kubitscheck	1.900 m	1994
Túnel Tribunal de Justiça (Emurb) Ibirapuera/Marginal	Av. Pres. Juscelino Kubitscheck	824 m	1994
Túnel Tribunal de Justiça Marginal/Ibirapuera	Av. Pres. Juscelino Kubitscheck	730 m	1994
Túnel Ayrton Senna Centro/Bairro	Av. 23 de Maio – Av. Antonio Joaquim de Moura Andrade	1.700 m	1995
Túnel Ayrton Senna Bairro/Centro	Av. Antonio Joaquim de Moura Andrade – Av. Sena Madureira	1.950 m	1996
Passagem Subterrânea Sena Madureira (Emurb)	Av. 23 de Maio – Av. Sena Madureira	205 m	1996
Passagem Subterrânea Tom Jobim – Santana/Aeroporto	Av. Prestes Maia	329 m	1995
Passagem Subterrânea Tom Jobim –Aeroporto/Santana	Av. Prestes Maia	329 m	1995
Túnel Maria Maluf Imigrantes/Anchieta	Av. Pres. Tancredo Neves	1.020 m	1994
Túnel Maria Maluf Anchieta/Imigrantes	Av. Pres. Tancredo Neves	1.020 m	1994
Túnel Mackenzie	Estrada das Lágrimas	180 m	1996
Passagem Subterrânea Paulista/Dr. Arnaldo	Av. Paulista – Av. Dr. Arnaldo	360 m	1973
Passagem Subterrânea Paulista/Rebouças	Av. Paulista –Av. Rebouças	235 m	1973

---

[22] Fatores externos, como o excesso de peso dos caminhões e carretas, por exemplo, provocam fissuras que afetam as estruturas das obras. O fogo também prejudica as estruturas, provocando rachaduras. O túnel da avenida Rebouças, uma das bandeiras de campanha da prefeita Marta Suplicy (PT) e que custou R$ 97,4 milhões, vem demandando reparos constantes devido a erros na execução. Em uma das enchentes ocorridas no túnel seis carros ficaram presos em seu interior e tiveram de ser removidos por bombeiros.

Passagem Subterrânea Rebouças/Major Natanael	Av. Rebouças – Dr. Arnaldo – Av. Major Natanael	884 m	1973
Ligação Leste – Oeste (passagem sob a Praça Roosevelt)	Ligação Leste – Oeste	1.120 m	1971
Túnel São Gabriel	Av. São Gabriel – Av. Santo Amaro	393 m	1969
Túnel Daher Cutait Centro/Bairro	Av. 9 de Julho	1.045 m	1938
Túnel Daher Cutait Bairro/Centro	Av. 9 de Julho	1.060 m	1938
Túnel Anhangabaú Santana/Aeroporto	Av. Prestes Maia	582 m	1988
Túnel Anhangabaú Aeroporto/Santana	Av. Prestes Maia	544 m	1990
Jornalista Fernando Vieira de Melo (Emurb) Centro/Bairro	Av. Eusébio Matoso	580 m	2004
Jornalista Fernando Vieira de Melo – Bairro/Centro	Av. Eusébio Matoso	583 m	2004
Max Feffer (Emurb) Centro – Bairro	Av. Cidade Jardim	756 m	2004
Max Feffer – Bairro/Centro	Av. Cidade Jardim	729 m	2004

Tabela 1. *Túneis da Cidade de São Paulo. Localizados do Centro para o Vetor Sudoeste.*
Fonte: PMSP. Documento da Internet: www.prefeitura.sp.gov.br

Quem quer que se utilize desses objetos poderá observar que o argumento da melhoria do fluxo jamais se realiza do modo como é sustentado por técnicos, políticos e burocratas, ainda que em razão de consequências não previstas, não desejadas e não intencionais associadas ao seu projeto e execução. É comum ouvir de usuários que um túnel é o caminho mais curto entre dois congestionamentos. Esse fato induz a pensar que essa não seja talvez a única e nem a principal razão a justificar empreendimentos desse gênero. Uma suposição plausível é que tais objetos, a par de sua funcionalidade imediata de expansão dos efeitos de campo e do poder disciplinatório, também sejam destinados a outros usos sociais, mais dissimulados e invisíveis no controle da urbanização e na organização do espaço. Um deles seria o de distinguir e diferenciar determinadas frações do território por meio da fixação de diferentes modalidades de capital social e econômico, tornando-os raros e, logo, capazes de conferir prestígio e distinção aos grupos aptos à sua apropriação e consumo. Além disso, a fixação desses objetos proporciona o aumento da amplitude de supervisão e controle sobre determinados aspectos da vida social, na medida em que oferecem oportunidades para a rotinização, o monitoramento e a medição dos eventos que se desenrolam em suas dependências. A esse respeito, recorre-se uma vez mais a Giddens (1985:40), quando observa que determinados objetos permitem o armazenamento de informação codificada, que pode ser utilizada na supervisão das atividades de indivíduos a ela associadas e, mais além, na supervisão direta das atividades de alguns indivíduos por outros em posição de autoridade.

Essa vigilância e controle possibilita a acumulação de capital urbanístico e econômico pelas instituições e agentes envolvidos em sua realização, na medida da monopolização de atividades estatais que, por sua vez, favorece o acúmulo de lucros materiais e simbólicos em circulação no *campo* e na estrutura de classes. Tanto assim que a produção de tais objetos gera grandes embates no campo específico e na esfera política, como denotado no discurso de Paulo Maluf a respeito dos túneis mais recentes.

> Pois bem, o túnel [Ayrton Senna] começou a ser aberto e a prefeita Luiza Erundina não terminou, parou tudo. Única coisa que ela fez foi aterrar o bulevar da Juscelino Kubitschek que custou mais caro aterrar do que ter terminado... Eu, pura e simplesmente, peguei os contratos do Jânio Quadros, da Luiza Erundina e dei segmento e terminei a obra. Quer dizer, se existe alguém aqui que tem que ser elogiado, que nunca parou uma obra do seu antecessor foi Paulo Maluf. Eu não tive aí, inclusive, nenhum tipo de vaidade. Terminei o túnel Jânio Quadros, botei o nome dele.[23]

O desafio de compreender o sistema de objetos do rodoviarismo nos remete a outra série de objetos peculiar ao modelo. Trata-se de vias circulares, estruturas construídas em perímetros cada vez mais amplos com relação ao Centro histórico, conhecidas por anéis viários. Embora ainda em expansão, essa é uma das práticas em questionamento no interior do campo, como argumentam alguns urbanistas.

Desde o anel de ruas esboçado por João Teodoro, até o Rodoanel Mário Covas, ligando as rodovias do Estado, passando pelo Plano de Avenida de Prestes Maia, o modelo radial-perimetral traduz a perspectiva centralizadora e expansionista que, por não confrontar a necessidade de mudanças estruturais na sociedade, adquiriam um caráter incompleto e parcial (Campos Neto, 2000).

Tais objetos combinam soluções do planejamento urbano dito tecnocrático, com instrumentos e escalas de intervenção cada vez maiores. O exemplo mais atual desse tipo de intervenção é o Rodoanel Mário Covas, uma infraestrutura viária construída em escala regional metropolitana. Por meio desse objeto a ideologia do obreirismo rodoviário assume a forma concreta de um gigantesco anel-viário em torno da RMSP, que catapulta o montante de capital econômico necessário à sua realização para a casa dos bilhões de dólares, além de implicar

---

[23] Folha de S.Paulo, 28.12.2002.

em impactos ambientais imprevisíveis. Apresentado pelo Governo Estadual, ainda uma vez como solução para diminuir os congestionamentos na RMSP, o Rodoanel Mário Covas:

> [...] facilitará o fluxo de cargas que seguem para os países integrantes do Mercosul e para o Porto de Santos [...] Com o Rodoanel serão interligadas as 10 rodovias que convergem à Região Metropolitana – Bandeirantes, Anhanguera, Castello Branco, Raposo Tavares, Régis Bittencourt, Imigrantes, Anchieta, Dutra, Ayrton Senna e Fernão Dias – facilitando o tráfego de passagem por São Paulo [...] uma via expressa com cerca de 170 quilômetros de extensão a uma distância variável de 20 a 40 quilômetros do centro de São Paulo (Governo do Estado, 2004).

A metrópole vai se constituindo em coleção ofuscante e grotesca de objetos que, quer pela aludida funcionalidade, quer pela própria tendência compulsiva dos agentes à fabricação seriada de megaestruturas rodoviárias como próteses que direcionam o fluxo cotidiano da cidade, vão metamorfoseando a paisagem urbana. Note-se que a substituição da paisagem natural por objetos técnicos com localização e finalidades específicas não se dá ao acaso, mas é a objetivação no espaço, ainda que de maneira incompleta, deformada, suprimida, decomposta ou suplementada; de um determinado modelo cognitivo de ordem urbana produzido no âmbito de instituições específicas por agentes especializados. Ao concentrar bens e serviços raros em certos lugares, as hierarquias e posições do espaço social são transpostas para o espaço físico e, assim, as características de desigualdade existentes no espaço social assumem o caráter de exclusão física de certos agentes de determinadas áreas e lugares.

Talvez essa dinâmica explique também a produção de objetos específicos que visam a assentar em territórios delimitados - as chamadas zonas de relegação - os perdedores da luta pelo espaço. Surgem assim as áreas situadas no nível mais baixo da hierarquia socioespacial, como, por exemplo, a coleção de conjuntos habitacionais da Companhia Municipal de Habitação – Cohab, conhecidos em determinados meios como "caixas de exclusão" e erigidos nas bordas da metrópole para o assentamento da população de baixa renda transferida dos bairros centrais e das zonas de valorização imobiliária para a "hiperperiferia", como o Conjunto Habitacional Cidade Tiradentes.

> Os moradores mais antigos contam que foram "jogados" no local no início dos anos 80, logo após a construção das primeiras habitações. A região fora ocupada por uma fazenda da época da escravidão, com senzala e pelourinho. Mais recentemente, parte da antiga sede da propriedade escravocrata foi destruída para a construção de um terminal de ônibus. Os primeiros habitantes do conjunto contam que as moradias e as ruas eram absolutamente iguais. Ninguém conhecia os vizinhos. Pessoas voltavam do trabalho e se perdiam, pois não tinham referências do caminho de casa. Não havia transporte, nem comércio, nem serviços (FSP, 20.09.2003).

A produção de objetos técnicos destinados à exclusão mútua das posições na hierarquia socioespacial enseja a que o campo possa expandir seus efeitos também para as áreas de relegação, na medida em que também é convocado à produção de tais objetos. Lembrando Debord (1997:114), também poderíamos afirmar aqui que, com o aparecimento desses objetos, "uma arquitetura nova, que em cada época anterior era reservada à satisfação das classes dominantes, acha-se diretamente destinada aos pobres. A miséria formal e a extensão gigantesca dessa nova experiência de hábitat provêm ambas de seu caráter de massa, implícito tanto por sua destinação quanto pelas condições modernas de construção. A decisão autoritária, que planeja abstratamente o território como território da abstração, está bem evidente no centro dessas condições modernas de construção (...) o urbanismo mostra com nitidez a superação de um limiar no crescimento do poder material da sociedade e o atraso na dominação consciente desse poder".

Essa tendência à serialização de infraestruturas e equipamentos cada vez mais abrangentes insinua uma estratégia de ganhos associados à escala de ocupação e faz com que a ideia de metrópole passe a ser definida pela ordem de grandeza dos objetos, os quais parecem conferir sentido à própria ordem social. Termos como megacidade, megaempreendimento, megaestrutura vão compondo um novo vocabulário que exprime também a escala de dominação (ganhos de ocupação) dos agentes situados nas posições hierarquicamente superiores da estrutura do espaço social.

Estamos diante de uma estrutura física de dominação organizada do espaço, à maneira da grande malha circulatória que surge da interligação de Metrô, trens urbanos e ônibus, que fornece uma visão da metrópole como uma coleção de objetos interconectados, capazes de impor uma ordem urbana arbitrária, de modo a condicionar a própria vida cotidiana, cuja eficácia simbólica está na razão direta de sua aceitação dóxica e mesmo da colaboração das populações sobre as quais exerce seus efeitos. Note-se que serialidade não diz respeito apenas à reprodução dos objetos físicos, mas também às possibilidades de interação dos indivíduos no transcorrer da vida cotidiana. Os objetos tornam os percursos e itinerários da vida cotidiana uma sequência de ocasiões rituais que têm lugar e tempo adequados. Giddens (2003:107) assinala que o fato de todos os agentes se movimentarem em contextos localizados, dentro de totalidades mais amplas, limita o conhecimento de outros contextos, dos quais não possuem uma vivência direta. Desse modo, "todos os atores sociais conhecem muito mais do que tiveram alguma vez a possibilidade de vivenciar diretamente, em virtude da sedimentação da experiência na linguagem. Mas os agentes cujas vidas se passam num único tipo de *milieu* podem ser mais ou menos ignorantes do que acontece em outros... Assim, aqueles que pertencem a grupos de elite podem conhecer muito pouco a respeito de como vivem outros em setores menos privilegiados e vice-versa".

Vale dizer que os fatores envolvidos na apropriação e consumo desses objetos condicionam as redes de interação formadas pelas trajetórias da vida diária, semanal, mensal e total dos indivíduos em suas interações recíprocas, até certo ponto captáveis pelas pesquisas de origem/destino realizadas pela Companhia do Metrô em São Paulo. O itinerário da vida cotidiana de um indivíduo faz com que ele se acople sucessivamente a conjuntos de entidades procedentes dos cenários de interação. Essas entidades são outros agentes, instituições, objetos indivisíveis, materiais divisíveis e domínios, este último se referindo ao que Giddens chama de regionalização, a ser tratada com mais minúcias no Capítulo 7 deste estudo.

É verdade que os indivíduos não são meros corpos dotados de mobilidade, como partículas em um campo magnético, mas seres intencionais com propósitos, atitudes e projetos. No entanto, a rotinização das interações no âmbito de tais cenários sugere que a ordem sociourbana emerge como um espaço social reificado, isto é, fisicamente realizado ou objetivado que, como assinala Bourdieu (1997:161), "se apresenta, assim, como a distribuição no espaço físico de diferentes espécies de bens ou de serviços e também de agentes individuais e de grupos fisicamente localizados (enquanto corpos ligados a um lugar permanente) e dotados de oportunidades de apropriação desses bens e desses serviços mais ou menos importantes (em função de seu capital e também da distância física desses bens, que depende também de seu capital). É na relação entre a distribuição dos agentes e a distribuição dos bens no espaço que se define o valor das diferentes regiões do espaço social reificado". Assim é que a produção e consumo dos objetos técnicos, bem como sua distribuição no território estão destinados a cristalizar e legitimar as desigualdades existentes no espaço social.

Ainda em relação à transposição da ordem simbólica produzida no campo e sua fixação no território, queremos argumentar que, com o obreirismo modernizador, o processo de mimetização e assimilação de concepções urbanísticas consagradas em outras nações passa a se dar de maneira mais seletiva e instrumental. Nesse sentido, o campo de produção passa por um processo de americanização tanto no que diz respeito à disseminação de ideias e práticas como também às formas institucionais (Feldman, 2005). A prática do zoneamento como principal instrumento de controle do uso e ocupação do solo, bem como a emergência da figura do arquiteto-urbanista como protagonista do planejamento urbano ampliam e consolidam um aparato institucional e um conjunto de saberes e práticas socioespaciais que transformam o espaço urbano em palco de experimentação de agentes que reivindicam o monopólio da definição legítima do dever-ser da metrópole. A consolidação do zoneamento como prática socioespacial hegemônica caracteriza a ampliação da autonomia do campo e também a expansão do alcance e da intensidade do efeito de campo sobre áreas mais extensas do território. O zoneamento possibilita a expansão dos esquemas de percepção, dos sistemas de classificação e dos princípios de divisão para aspectos cada vez mais diversificados e abrangentes da vida social, bem como para um número cada vez maior de indivíduos, na medida em que estabelece perímetros, formas de uso e ocupação, coeficientes de aproveitamento e inúmeras outras regras de supervisão e controle do processo de urbanização. Sobre as disputas entre agentes e instituições em torno das técnicas de planejamento e de zoneamento como princípios dominantes de dominação no interior do campo no contexto do obreirismo modernizador, pode-se dizer que, como assinalou Feldman (2005:281), "o saber técnico sobre zoneamento se consolida e se constitui como saber exclusivo do setor de urbanismo da administração municipal. O zoneamento ocupa o lugar do plano enquanto saber".

O zoneamento do tempo-espaço em relação às práticas socioespaciais rotinizadas ainda será objeto de análise no Capítulo 6. Antes, todavia, devemos examinar certas evidências, tanto endógenas quanto exógenas ao *campo*, as quais apontam para uma crise de legitimação do obreirismo modernizador como modelo naturalizado de intervenção do *campo* e do Estado no urbano. Esse aspecto será desenvolvido no capítulo seguinte.

3. Crise da Ordem Simbólica e Dominação Ilegítima

Considero muito irônico que isto se declare entre nós: a regra do jogo está em vias de se alterar e não somos nós que a impomos... Outras culturas e outras metafísicas revelam-se, sem dúvida, menos abaladas por esta evolução, porque não tiveram a ambição, a exigência ou o fantasma de possuir o mundo e de o analisar para o dominar. Mas, como pretendemos dominar o conjunto dos postulados, é evidentemente o nosso sistema que nos faz avançar para a catástrofe.

J. Baudrillard

O objetivo deste capítulo é examinar a crise da ordem simbólica vigente no campo da produção urbanística no contexto da desconsagração do urbanismo modernista, mais precisamente, do modo como ele se instaura no campo na forma de modelo cognitivo de realidade urbana o qual denominamos de obreirismo modernizador. O argumento é que a crise da ordem simbólica estruturada, quer dizer, das estruturas cognitivas de apreciação e avaliação vigentes, coloca em xeque a posição do obreirismo como modelo cognitivo hegemônico na estrutura do campo de produção. Nessas condições – de desestruturação da ordem simbólica – o campo específico não tem como atender à demanda do campo do poder por bens materiais e simbólicos que possibilitem às classes dominantes cumprir seu desígnio político-ideológico de sancionar e legitimar a ordem social. Segue que, para que possa se reproduzir como instância de mediação da dominação organizada legítima dos rumos da urbanização, como acordo tácito entre dominantes e dominados, nos termos de uma cumplicidade objetiva sobre o dever-ser da metrópole, o campo específico deve proceder à atualização de seus esquemas cognitivos e de suas práticas socioespaciais. Como aproximação a essa problemática vamos nos ater a alguns fatos que, por sua relevância no contexto do período observado, são representativos, em sua forma mais pura, dos fenômenos que se quer explicar.

Há décadas a Prefeitura de São Paulo, por meio de seus órgãos de engenharia e urbanismo, promove conferências e concursos, oferecendo prêmios a arquitetos e urbanistas que apresentem as melhores propostas de solução para os graves transtornos ambientais e urbanísticos provocados pela construção do Elevado Presidente João Goulart (antes denominado Elevado Presidente Artur da Costa e Silva), popularmente conhecido como Minhocão.[24] Poluição visual e

---

[24] Por exemplo, no ano de 2006, a Secretaria Municipal de Planejamento anuncia o Prêmio Prestes Maia de Urbanismo. De acordo com a lei nº 12.443, de 27 de agosto de 1997, o Prêmio é aberto a todos os arquitetos, urbanistas e engenheiros regulamentados de acordo com as exigências do CREA – Conselho Regional de Engenharia, Arquitetura e Agronomia. Os três melhores trabalhos serão escolhidos por comissão formada por oito membros, sendo quatro representantes da Prefeitura, um da Escola Politécnica da Universidade de São Paulo, um da Faculdade de Arquitetura e Urbanismo, um do Instituto de Arquitetos do Brasil e um do Instituto de Engenharia. Aos três primeiros colocados será concedida

do ar, surgimento de doenças auditivas e respiratórias na população do entorno e desvalorização dos imóveis da região estão entre os problemas provocados pela presença deste objeto, pelo simples fato de existir. Dentre as soluções apresentadas incluem-se a demolição, a transformação em parque, o fechamento total ou parcial, a criação de uma "praia" urbana e tantas outras, sem que se chegue a uma solução definitiva para a superação do problema.

Eventos prosaicos do campo da produção urbanística como esse sugerem possibilidades variadas de análise do problema aqui investigado. Primeiro, o campo de produção possui instituições próprias, reservatórios de poder material e simbólico, que mantêm relações objetivas entre si para a formulação e solução dos problemas atinentes a ele. Vale dizer, o campo procura criar condições para se manter como estrutura autorregulável, que produz suas próprias regras de produção e reprodução. No caso, trata-se de instituições tradicionais e relevantes na constituição e desenvolvimento do campo de produção na cidade de São Paulo. Depois, o campo tem de, necessariamente, se relacionar com o Estado, espécie de meta-campo que sanciona e convalida, por meio da codificação jurídica mobilizada como violência simbólica legítima, as normas de produção e reprodução do campo específico. Terceiro, o campo de produção sempre busca patamares mais elevados de autonomia e extensão de seus efeitos, estabelecendo princípios dominantes de dominação e instâncias de consagração e legitimação capazes de assegurar sua reprodução no tempo e no espaço, incluindo a expropriação e exclusão de outros agentes e instituições concorrentes e a busca de proeminência sobre o nascimento, a vida e a morte dos objetos técnicos urbanísticos. Quarto, o campo possui um sistema de recompensas e distribuição de bens materiais e simbólicos que torna atrativo o investimento nele, quer dizer, ele opera um mercado de bens materiais e simbólicos atinentes à cultura urbanística legítima. Estas possibilidades de análise serão melhor explicitadas nos capítulos seguintes.

O aspecto mais imediato a ser aqui ressaltado é que fatos como esse sugerem que o obreirismo modernizador, em que pese sua provável sobrevivência como um simulacro de ordem urbana, vai, paulatinamente, perdendo a longa hegemonia como modelo cognitivo de dominação organizada sobre o processo de urbanização. Esta permanência e inércia das estruturas do obreirismo modernizador se dão na razão direta da incorporação de suas práticas no corpo biológico dos agentes (capital urbanístico incorporado), do armazenamento de seu escopo teórico e seu *modus operandi* em instituições (capital urbanístico institucionalizado) e da objetivação e reificação de seus princípios sobre o

---

premiação em dinheiro no valor total de R$ 50 mil, assim distribuídos: R$ 30 mil para o primeiro colocado, R$ 15 mil para o segundo e R$ 5 mil para o terceiro, conforme divulgado no site: http://www.prefeitura.sp.gov.br/portal/index.html.

território na forma de objetos (capital urbanístico objetivado). Essa continuidade e permanência de estruturas como história incorporada, institucionalizada e objetivada são tanto mais prováveis se considerarmos, com Bourdieu (1997:161), que "uma parte da inércia das estruturas do espaço social resulta do fato de que elas estão inscritas no espaço físico e que não poderiam ser modificadas senão ao preço de um trabalho de transplantação, de uma mudança das coisas e de um desenraizamento ou de deportação de pessoas, as quais suporiam transformações sociais extremamente difíceis e custosas".

Portanto, se o custo social da fixação do consenso em torno das práticas do obreirismo modernizador se tornou extremamente elevado – dado que precisa constantemente recorrer ao uso da violência física para a sua reprodução – também o é o custo de sua demolição e remoção. Essas evidências nos autorizam descartar uma interpretação descontinuista do campo urbanístico. Elas apontam na direção de que determinadas práticas socioespaciais e até modelos cognitivos inteiros podem, ainda que passem a ocupar uma posição dominada na estrutura do campo de produção, permanecer depositadas nele como acúmulo de capital urbanístico (material e simbólico) passíveis de serem recombinados com práticas emergentes, integrando assim uma formação original no espaço social e físico em um novo momento histórico. Essa inércia e permanência é expressa, por exemplo, nas práticas socioespaciais de conservação do capital urbanístico objetivado por meio do tombamento do patrimônio histórico e urbanístico, como cristalização das relações sociais nos objetos técnicos.

De modo geral, as estruturas do espaço social e físico tendem à inércia e à permanência, como história instituída nas coisas e nos corpos, e sua transformação implica na destruição, neutralização ou reconversão de partes da herança histórica. Evidências desse fato são os embates verificados a partir do final dos anos de 1980 em torno da remoção de objetos típicos do obreirismo, como o já citado Elevado Presidente João Goulart e o Viaduto Diário Popular, que corta o Parque D. Pedro II, em uma tentativa da gestão Erundina de remodelar o local. Não obstante, pode-se afirmar que a emergência de valores como a gestão democrática da cidade, a noção de cidade sustentável ou a ideia de cidade como manifestação da organização espontânea do livre mercado do espaço evidenciam a degeneração do obreirismo em práticas socioespaciais percebidas como ilegítimas por agentes da subversão simbólica do campo. Essa percepção em negativo se dá na medida em que tais práticas passam a ser associadas ao período autoritário (regime militar), refratárias à participação das camadas populares, identificadas com o recrudescimento da crise socioambiental pela qual passa a metrópole e, até mesmo, como entrave à acumulação do capital imobiliário.

No pior dos casos, as práticas obreiristas surgem associadas a organizações criminosas, dedicadas ao direcionamento de licitações públicas e ao superfaturamento de obras – um acréscimo desmesurado no custo da produção dos objetos em relação à cotação de mercado – situação conotada na expressão "rouba, mas faz"; prática que gera um excedente passível de ser apropriado de forma ilegal, como enriquecimento ilícito a ser, via de regra, direcionada ao financiamento de campanhas eleitorais consolidadas no trinômio obras públicas/propina/voto.[25] A esse respeito, é emblemática a participação recorrente de agentes do obreirismo em crimes de formação de quadrilha, corrupção passiva, lavagem de dinheiro e evasão de divisas em decorrência do modo como são licitadas e fiscalizadas as obras de infraestrutura urbana.

Esses eventos, a par de trazerem à cena figuras marginais do campo de produção (fiscais corruptos, doleiros e operadores de contas secretas em paraísos fiscais), colocam em evidência dinâmicas sociais e o tipo de conduta subjacentes à luta política e cognitiva que tem lugar no campo, mormente em períodos de crise. Mais especificamente, tais eventos podem revelar características e tendências do campo tanto no que diz respeito à sua lógica interna quanto em relação às demandas do mundo exterior que o condiciona. Por exemplo, para a análise das formas de acumulação do capital urbanístico, dos mecanismos de controle do processo de produção do espaço e das relações do campo urbanístico com campo do poder na divisão do trabalho de dominação, tais eventos deixam à livre observação a corrosão das relações de sentido baseadas nos esquemas de percepção e avaliação do obreirismo. Portanto, embora seja prematuro proclamar o seu colapso definitivo, uma vez que, como vimos, as práticas socioespaciais a ele vinculadas articulam um grande conjunto de interesses associados à produção, apropriação e consumo do espaço, os fatos aqui relatados evidenciam um crescente inconformismo lógico e moral de agentes que assumem a tarefa da subversão simbólica frente às práticas socioespaciais estabelecidas.

Em condições de crise da ordem simbólica do campo, instaura-se uma luta mais ou menos aberta entre agentes da subversão simbólica e representantes da ortodoxia como história incorporada e reificada, luta essa que carrega consigo, para o bem ou para o mal, a transplantação de pessoas bem como a remoção, destruição e reconversão de objetos. Nessa luta, agentes situados em posições dominantes na estrutura do campo de produção e, por homologia, na estrutura

---

[25] O superfaturamento, aliás, deve ser visto como uma prática de produção do espaço própria do *modus operandi*, vinculada ao *ethos* do obreirismo modernizador e incorporada ao *habitus* dos agentes como modo adequado de conduta para auferir recompensas materiais em circulação no campo de produção, não podendo ser atribuído ao mero voluntarismo ou expressão do desvio de caráter de indivíduos "sem espírito público", agindo no autointeresse.

de classes – e, logo, em posição privilegiada na hierarquia socioespacial – têm maior probabilidade de impor sua visão do mundo social. Daí que a velocidade com que tais mudanças ocorrem sempre depende dos interesses, agentes e objetos em jogo. Veja-se, por exemplo, a demolição de quarteirões inteiros e a remoção de favelas para abertura de novas avenidas efetuada pelo próprio obreirismo modernizador, quando ainda desfrutava de ampla hegemonia no campo de produção.

Por essa via, cumpre considerar as evidências que apontam para uma recombinação das características do obreirismo com aspectos de modelos emergentes, como, por exemplo, na adoção da estratégia de migração de seu *modus operandi* para outros setores de política urbana, como o tratamento de resíduos sólidos e da destinação do lixo urbano, ou ainda nas atividades de marketing urbano, em peças publicitárias que possam emprestar legitimidade e dar sobrevida ao modelo. Pode-se elencar, ainda, a prática em voga de alinhamento ao campo do *mass media* por meio da estratégia da denominação de objetos de maior expressão material e simbólica em homenagem aos magnatas desse campo, como é o caso da Avenida Roberto Marinho, antiga Águas Espraiadas, e a Ponte Octávio Frias de Oliveira, a Ponte Estaiada sobre o Rio Pinheiros, marcos recentes da produção obreirista rodoviária.[26]

Dessa perspectiva, pode-se afirmar que, como modelo cognitivo de ordem urbana, o obreirismo em si torna-se, gradativamente, incapaz de realizar com eficácia as trocas simbólicas entre dominantes e dominados necessárias a um modo de dominação organizado, duradouro e legítimo do curso da urbanização. Em termos mais concretos, a transposição dos esquemas cognitivos obreiristas do campo de produção para a sociedade de classes, via política urbana, deixou de ter a eficácia simbólica pretendida pelos dominantes. Essa ineficácia, para retomar as concepções de Bourdieu (2004:168), se traduz na perda da cumplicidade objetiva dos dominados na medida em que estes já não aceitam pensar, sentir ou agir, quer dizer, orientar sua conduta pelas categorias de percepção e avaliação obreiristas. No pior dos casos, tal perda de cumplicidade objetiva é expressa em quebra-quebras, ônibus incendiados, vandalização de equipamentos urbanos, bloqueio de vias públicas, invasões e ocupações de prédios e terrenos e toda forma de contestação popular ao modo de como é conduzido o processo de urbanização pelas camadas dominantes e agentes da ordem. Como corpos rebeldes, portadores de esquemas de percepção e

---

[26] Construída por Paulo Maluf, a Avenida Água Espraiada teve o nome mudado para Avenida Jornalista Roberto Marinho na gestão Marta Suplicy, em homenagem ao proprietário das Organizações Globo. Já a Ponte Estaiada sobre o Rio Pinheiros, projetada na gestão Marta Suplicy, foi batizada como o nome de Ponte Octávio Frias de Oliveira pelo prefeito Gilberto Kassab, em homenagem ao proprietário do Grupo Folha de S.Paulo.

apreciação, de um *habitus* que já não corresponde à realidade histórica objetivada, as classes populares ficam assim a um passo de sua arregimentação pelos agentes da subversão simbólica, que as mobilizam como capital social na luta pelas posições hegemônicas do campo.

Mas quais seriam as causas mais profundas do desmoronamento das estruturas simbólicas, das bases cognitivas e do mal-estar instaurado nas trincheiras do obreirismo? Já fizemos notar que o Estado, como detentor do monopólio da violência física e simbólica legítimas, é o meio por excelência de inculcação de princípios duráveis de visão e divisão, que os atos de submissão e obediência são atos cognitivos e que, como tais, põem em prática as estruturas cognitivas, as formas e categorias de percepção com os quais os agentes sociais constroem o mundo social. Por outro lado, argumentamos que essas estruturas cognitivas, no tocante à produção do espaço, são fornecidas por um corpo de agentes dotados de capital cultural apropriado, de competência social e técnica e por instituições especialistas da produção simbólica (estado-maior cognitivo) que, uma vez mobilizadas pelo Estado como violência simbólica, formam a base para o conformismo lógico e moral, quer dizer, para a constituição dos princípios que os agentes põem em prática na produção da ordem social.

Decorre desse argumento que as causas da crise de legitimidade do obreirismo devem ser buscadas em duas dimensões. A primeira, endógena, diz respeito à subversão simbólica operada por agentes da inovação herética por meio da produção de modelos cognitivos concorrentes, que disputam a hegemonia pelo princípio de dominação no interior do campo de produção (microcosmo). A segunda, exógena, se refere às mudanças objetivas do espaço social mais amplo (macrocosmo). Sobretudo, deve-se atentar para as interações entre essas dimensões – endógena e exógena ao *campo* urbanístico – como fatores explicativos da desorganização das relações de sentido sobre as quais se assenta a legitimidade da reivindicação obreirista e da mobilização de suas técnicas e saberes pelo Estado.

Com respeito ao macrocosmo social, é lícito supor que a evolução da questão urbana na Região Metropolitana de São Paulo no último quartel do séc. XX traz à cena atores, dinâmicas e processos socioespaciais que até então não estavam inscritos na agenda do campo de produção, os quais, em conexão com processos socioespaciais já conhecidos, irão compor um novo quadro de questões, impactando de forma indelével a percepção, as estruturas de classificação, os esquemas de avaliação e, por consequência, as práticas socioespaciais dos agentes. Cumpre explicitar melhor pelo menos quatro dimensões objetivas, dada a relação que guardam com os fenômenos aqui estudados: i) a revolução das tecnologias de informação e comunicação com seu – cada vez mais intenso – efeito de compressão espaço-tempo sobre os territórios da metrópole; ii) as formas de inserção da metrópole no mercado e na sociedade urbana global; iii) o crescimento da consciência ecológica e a construção da ideia de sustentabilidade urbana em face da crise socioambiental por que passa a metrópole; e iv) a consolidação da democracia no país e seus desdobramentos na esfera local e regional, mormente por meio dos processos de descentralização política e administrativa em torno de um novo pacto federativo.

Tomados em seu conjunto e em suas interconexões, essas dimensões impactam o campo de produção ao alterarem a dinâmica de conservação ou transformação dos padrões de percepção, concepções, princípios de divisão e classificação socioespacial, configurações institucionais, códigos, instrumentos de intervenção e práticas de produção, apropriação e consumo do espaço. Para os propósitos desse estudo, vale dizer que elas ampliam o espaço social de lutas e conflitos em torno da definição legítima do dever-ser da metrópole e dos rumos que a urbanização deve seguir, engendrando instabilidades, rupturas e descontinuidades nas estruturas simbólicas do campo urbanístico. Proporcionam o aparecimento de agentes da subversão simbólica no campo, novos pretendentes que contestam a autoridade dos já estabelecidos e instauram a oposição entre a heresia e a ortodoxia, os dominantes e dominados, a retaguarda e a vanguarda, causando transformações sensíveis nas instituições e agentes aqui considerados, principalmente no que concerne aos saberes, utopias e ideologias por eles mobilizados.

Desse ponto de vista, parte da crise de legitimação e declínio do obreirismo pode ser atribuída à sua inadequação cognitiva à realidade objetiva emergente, inadequação esta muitas vezes expressa em discursos sobre o descontrole, o caos, a degradação e a desordem da metrópole. A corrosão das bases cognitivas do modelo se faz sentir quanto mais seja o descompasso espaço-temporal de agentes e instituições, a desatualização das práticas, a defasagem da base técnica mobilizada no curso das intervenções, a obsolescência dos diplomas e a inutilidade do conhecimento internalizado nos corpos e mentes das categorias socioprofissionais envolvidas. A frase dita por um técnico da Prefeitura durante a realização de um painel diz muito sobre essa desatualização cognitiva do obreirismo: "Hoje, o difícil não é fazer a obra, mas remover as pessoas do local para iniciar as obras".

Para melhor compreensão desse estado de coisas, passamos a analisar as dimensões aqui apontadas, buscando, na medida do possível, estabelecer interconexões e interdependências entre elas.

Cidade Líquida: Revolução Tecnológica e Organização em Rede

Neste início de século XXI, a condição urbana na RMSP apresenta um quadro que, para muitos, atinge proporções de tragédia urbana ou guerra social, sendo que um dos debates mais acirrados no *campo* urbanístico se refere ao caos, à desordem e à ingovernabilidade da metrópole, a qual estaria fora de controle. Esse quadro aponta para a conformação de um período crítico, de suspensão e renegociação das bases cognitivas sobre as quais o processo de urbanização e a própria ordem social na metrópole poderiam se assentar.

Uma das vertentes dessa subversão simbólica e cognitiva é, sem sombra de dúvida, a revolução tecnológica e a emergência das novas tecnologias da informação e comunicação – NTIC, que, da noite para o dia, possibilitaram aos agentes e instituições do campo o acesso, em tempo real, a bancos de dados *on-line*, a softwares e a outras tecnologias cognitivas que provocaram mudanças substantivas no modo como é organizado o trabalho de controle do processo de urbanização. Para muitos, trata-se da emergência de um novo tipo de sociedade, precariamente denominada de sociedade informacional, pós-moderna, pós-industrial e outras tantas designações. Neste aspecto, Levy apontou que:

> [...] a noção de tempo real, inventada pelos informatas, resume bem a característica principal, o espírito da informática: a condensação no presente, na operação em andamento. O conhecimento de tipo operacional fornecido pela informática está em tempo real. Ele estaria oposto, quanto a isso, aos estilos hermenêuticos e teóricos. Por analogia com o tempo circular da oralidade primária e o tempo linear das sociedades históricas, poderíamos falar de uma espécie de implosão cronológica, de um tempo pontual instaurado pelas redes de informática (Levy, 1993:115).

Por essa via, os sistemas de simulação, as operações em tempo real e as linguagens orientadas ao objeto produzem um conhecimento que não se assemelha nem a um conhecimento teórico, nem a uma experiência prática, nem ao acúmulo de uma tradição oral. "A relação com o modelo não consiste mais em modificar certas variáveis numéricas de uma estrutura funcionalmente abstrata, ela agora equivale a agir diretamente sobre aquilo que consideramos, intuitivamente, como sendo os atores efetivos em um ambiente ou situação dados" (idem: 123).

Uma característica importante das novas possibilidades cognitivas derivadas da sofisticação das NTIC é a ampliação da organização em rede. Uma rede pode ser definida como um conjunto de agentes e instituições que compartilham interesses, normas, valores e objetivos, podendo se estabelecer no âmbito do Estado, no mercado e na sociedade civil. Segundo Fukuyama, "uma rede possui duas características importantes: ela é diferente de um mercado na medida em que as redes são definidas por suas normas e valores comuns. Isto significa que as trocas econômicas dentro de uma rede serão realizadas em bases diferentes daquelas das transações em um mercado. [...] Uma rede também é diferente de uma hierarquia por que se baseia em normas comuns informais, não numa relação formal de autoridade" (Fukuyama, 2000:210-11).

Uma noção mais rígida e tangível de rede é apontada por Santos (2001:262), ao se referir à definição de Curien, para quem uma rede é "toda infraestrutura, permitindo o transporte de matéria, de energia ou de informação, e que se inscreve sobre um território onde se caracteriza pela topologia dos seus pontos de acesso ou pontos terminais, seus arcos de transmissão, seus nós de bifurcação ou de comunicação".

Ao analisar o desenrolar da produção de infraestrutura urbana na cidade de São Paulo, Marques (2003) já havia assinalado a importância da configuração em rede na estruturação da política urbana. No estudo, o autor mostrou a complexidade das redes sociais que organizam "as esferas publica e privada no desenrolar da política, assim como os padrões de relacionamento entre grupos no interior do Estado e entre este e seu entorno imediato". Ou, como ressaltamos aqui, os usos sociocognitivos e a mobilização das redes sociais pelos agentes da subversão simbólica na busca por novas formas de controle do processo de produção do espaço e de dominação legítima da metrópole.

Um bom exemplo dos usos sociocognitivos proporcionado pelas redes no interior do campo encontra-se no desenvolvimento das redes mundiais de cidades e de seu impacto nas políticas urbanas. No caso da cidade de São Paulo, deve-se notar que a criação, em julho de 2001, durante a gestão Marta Suplicy, da Secretaria de Relações Internacionais tinha como objetivo o ingresso da cidade na Federação Mundial de Cidades Unidas – FMCU; na União Internacional de Autoridades Locais – IULA e na Rede Mercocidades. A criação da secretaria possibilitou também a participação na Rede URB-AL, que desenvolve projetos de cooperação entre cidades da Europa e América Latina, coordenando a temática da pobreza urbana. Em conjunto, essas redes passaram a se constituir em um dos principais fóruns de debate das questões pertinentes ao campo, sendo fonte de inovação das práticas e métodos de gestão no âmbito das cidades envolvidas. Dentre essas inovações cabe lembrar a criação, em 2001, da Urbis, evento internacional envolvendo uma feira mundial de cidades para exposição de novos instrumentos de gestão e um congresso de especialistas, na qual são discutidos os assuntos prementes do *campo* como a questão da violência, da pobreza urbana, da degradação ambiental e do financiamento da política urbana.[27]

A interação dessas inúmeras redes resultou na fusão da FMCU, IULA e Metrópolis, dando origem à Organização Mundial Cidades e Governos Locais Unidos, conhecida como ONU das Cidades, uma rede global de mais de 3.000 cidades de mais de 120 países. A nova organização visa ao fortalecimento da representação das instâncias locais junto à ONU e ao Banco Mundial, no sentido de maior participação dessas nas decisões sobre financiamento e encaminhamento de soluções para problemas globais como meio ambiente, moradia e transporte. Do ponto de vista organizativo, além da presidência, que teve a eleição da prefeita de São Paulo, Marta Suplicy, para o primeiro mandato, a organização possui um Conselho Mundial composto por 318 cidades, um Bureau Executivo com 118 representantes e uma Secretaria Geral com sede em Barcelona. A gestão da organização é descentralizada mediante a divisão em sete seções: Europa, África, Ásia-Pacífico, Europa Oriental, Oriente Médio, América Latina, América Central e América do Norte.[28]

As redes mundiais de cidades revelam uma característica extremamente relevante que também se verifica em outras redes que se formam no interior do campo. São instrumentos deliberadamente constituídos por grupos de agentes, voltados para a consecução de fins específicos e orientados por fins e valores comuns e, por isso, de grande importância para a constituição da ordem simbólica hegemônica no campo se comparadas à espontaneidade das redes que se formavam no passado. Assim, a organização em rede supõe uma antevisão das funções que poderão exercer no processo de produção do espaço, tanto em sua forma material como nas regras abstratas e marcos institucionais.

Além disso, é relevante dizer que, se essa conectividade se serve da revolução tecnológica, ela também é organizada pelo poder simbólico que os agentes exercem uns sobre os outros dentro da estrutura do campo e, nessa medida, o espaço social reticular se constitui em nova topologia definidora de uma sociabilidade a distância. O efeito de rede, mobilizado como poder simbólico na luta pelo monopólio da definição legítima do dever-ser da urbanização é, como assinalou Santos (2001:265), portador das normas e ordem que agentes fazem repercutir instantaneamente e imperativamente sobre os outros lugares distantes, tornando as redes nos mais eficazes transmissores do processo de globalização. A esse respeito, pode-se observar a contínua reprodução e inovação, no período recente, de práticas socioespaciais desenvolvidas mediante novos arranjos organizacionais, conformando redes cognitivas como instrumentos de

---

27 Revista Relações Internacionais, da Secretaria de Relações Internacionais da PMSP, janeiro de 2003.
28 Revista Relações Internacionais, da Secretaria de Relações Internacionais da PMSP, junho de 2004.

coordenação das práticas, em harmonização com as estruturas burocráticas características do período anterior. Nesse particular, convém notar que as redes de agentes se caracterizam por combinar atividades extremamente formais e hierarquizadas com outras informais, autoorganizadas e de estrutura horizontalizada, com supressão de níveis hierárquicos e comando de cima para baixo, aumentando a eficácia da transmissão de informações e da inovação das práticas no âmbito do *campo*.

Essa perspectiva sugere também o aumento do efeito de *campo*, seja pelo aperfeiçoamento das funções de vigilância, mormente pelas novas possibilidades de armazenamento e uso de informação codificada, seja pela possibilidade de produção de objetos em escala crescente quanto à amplitude e intensidade de controle sobre grupos humanos e territórios. Outro aspecto relevante diz respeito às novas possibilidades de produção de bens simbólicos, quer pelo acirramento da competição entre instituições e agentes, quer pelas novas formas de cooperação expressas na complexificação da divisão técnica e social do trabalho no *campo*.

Portanto, não chega a surpreender o fato de os agentes envolvidos na produção de modelos de realidade, que reivindicam tornar-se real, estarem permanentemente buscando a organização em redes cognitivas, de modo que essa estrutura organizativa adquire ampla significação na análise da reprodução e inovação do *campo* e, por conseguinte, de sua eficácia no controle da produção do espaço.

A esse respeito, diga-se que a revolução das NTIC veio se combinar com o fenômeno da globalização como um processo multidimensional envolvendo aspectos econômicos, culturais, ecológicos e institucionais – para citar algumas dimensões – que se realiza em escala planetária, como analisado por um conjunto amplo de autores (Giddens, 1991; Beck, 1999; Ianni, 1993/95/96; Castells, 1999; Santos, 2000/2002). Ao nível das ações e intenções dos indivíduos e grupos sociais, assiste-se à mundialização de novas percepções e racionalidades, de ideologias e utopias. Esses aspectos da globalização, quando combinados, engendram uma mutação nas variáveis fundamentais das sociedades: o espaço e o tempo (Harvey, 1992; Castells, 1999a; Santos, 2000). A compressão espaço-tempo proporcionada pelos meios técnicos-informacionais, fazendo com que todo o planeta possa funcionar em tempo real, é um aspecto fundamental para a compreensão da globalização como um conceito sociológico de amplas consequências (Robertson, 1992).

Importantes processos sociais da modernidade, como o trabalho, a industrialização e a urbanização, são postos de pernas para o ar, sugerindo o aparecimento de novas formações sociais precariamente denominadas pelos teóricos com termos como sociedade informacional, sociedade pós-industrial, sociedade pós-capitalista, sociedade pós-moderna, alta modernidade, segunda modernidade, modernidade reflexiva, modernidade líquida e outros. Ora, o campo, em que pese sua estrutura e lógica próprias, não está imune ao que ocorre na sociedade em geral, mas deve, para sua reprodução e eficácia, se manter profundamente vinculado à realidade social da qual é produto. De fato, as mudanças sociais apontadas repercutem, para usar a expressão de Giddens (1991), reflexivamente no campo. O sociólogo inglês argumenta que a reflexividade da vida social moderna consiste no fato de que as práticas sociais são constantemente reexaminadas e reformadas pelo conhecimento que os atores têm dela. O conhecimento reflexivamente aplicado cria a incerteza, pois não se pode ter segurança de que qualquer parte desse conhecimento não será revisado. Refere-se ainda a duas esferas de transformação decorrentes da modernidade: "Por um lado, há a difusão extensiva das instituições modernas, universalizadas por meio dos processos de globalização. Por outro, imediatamente relacionados com a primeira, estão os processos de mudança intencional, que podem ser conectados à radicalização da modernidade. Estes são processos de abandono, desincorporação e problematização da tradição".

A desterritorialização e a reterritorialização – uma reorganização das fronteiras físicas, administrativas, jurídico-políticas e epistemológicas – concorrem para que determinadas maneiras de pensar, agir e sentir se tornem universais, o que, por um lado, consolida a globalização dos mercados e a produção flexível do capitalismo atual e, por outro, contribui para a transformação das formas de sociabilidade e de solidariedade entre indivíduos e grupos, bem como da relação destes com o Estado, a sociedade e a natureza (Ianni,1993).

Bauman afirma que a fluidez ou liquidez são as metáforas mais adequadas para caracterizar o atual estágio da modernidade. Referindo-se ao que chama de modernidade líquida, e aludindo à célebre frase sobre "derreter os sólidos" do Manifesto Comunista de Marx e Engels, afirma que "os poderes de derretimento da modernidade afetaram primeiro as instituições existentes, as molduras que circunscreviam o domínio das ações-escolhas possíveis, como estamentos hereditários com sua alocação por atribuição, sem chance de apelação (Bauman, 2000:13). Essas são razões para considerar 'fluidez' ou 'liquidez' como metáforas adequadas quando queremos captar a natureza da presente fase, nova de muitas maneiras, na história da modernidade" (idem, 2000:9-10).

Giddens (1991:12) observou ainda que o universo de eventos que não compreendemos plenamente e que parecem estar fora de controle nos impõe um olhar para a natureza da própria modernidade. Uma interpretação descontinuísta da modernidade, em contraposição às teorias evolucionárias, revela um período em que "as consequências da modernidade estão se tornando mais radicalizadas e universalizadas do que antes".

Assim, os modos de vida produzidos pela modernidade "estão em descontinuidade com os tipos tradicionais de ordem social, tanto em sua extensionalidade quanto em sua intencionalidade, envolvendo o ritmo de mudança, o escopo da mudança e mesmo a natureza intrínseca das instituições modernas como, por exemplo, o Estado-Nação, as fontes de energias inanimadas e a transformação em mercadoria de produtos e trabalho assalariado" (idem, ibidem).

No dizer do autor, a alta-modernidade ou modernidade reflexiva, longe de ser o lugar feliz e seguro suposto por algumas perspectivas sociológicas clássicas, é um mundo carregado e perigoso, envolvendo confiança e risco em função da i) separação do tempo e do espaço, ii) do desencaixe dos sistemas sociais e da iii) ordenação e reordenação reflexiva das relações sociais pela contínua recombinação do conhecimento produzido e utilizado por indivíduos e grupos.

Nesse contexto, a confiança deve ser compreendida em relação ao risco, termo associado especificamente à época moderna. Giddens nota que a confiança pressupõe a consciência das circunstâncias de risco como resultados inesperados decorrentes de nossa própria decisão e não da fortuna ou destino. Advém da crença ou fé de que as coisas familiares permanecerão estáveis e podem ser tomadas pelo indivíduo como referência para considerar as alternativas para o curso da ação.

Essa característica faz com que a globalização deva ser tomada como a totalidade a partir da qual se pode deduzir a profundidade e extensão das rupturas intra e extra-urbanas, as novas configurações socioespaciais e os impactos socioambientais dela decorrentes. Como afirma Castells (1999a), espaço é a expressão da sociedade. Uma vez que nossas sociedades estão passando por transformações estruturais, surgem novas formas e processos espaciais. Harvey assinala que "concepções temporais e espaciais objetivas são necessariamente criadas por meio de práticas e processos materiais que servem pra reproduzir a vida social e que o tempo e o espaço não podem ser entendidos independentemente da ação social" (Harvey, apud Castells, 1999a).

Para Santos (2002:191), a compreensão da globalização passa pelo entendimento do papel do fenômeno técnico em suas manifestações atuais. Ele destaca a emergência de três unicidades: a da técnica, a do tempo (convergência dos momentos) e a do motor da vida econômica e social. Assim, "no início do capitalismo, havia ainda, múltiplas equações técnicas, numerosas formas de utilização e criação de recursos. As escolhas eram várias. À medida que o capitalismo se desenvolve, diminui o número de modelos técnicos, a escolha se torna mais estreita".

A partir da segunda metade do século XX, com o surgimento de uma técnica capaz de se universalizar, há um afunilamento das escolhas, ou seja, com a emergência de um conjunto de técnicas universais (unicidade das técnicas) há apenas um modelo e, a rigor, não há mais escolha. "O movimento de unificação, que corresponde à própria natureza do capitalismo, se acelera, para hoje alcançar o seu ápice, com a predominância, em toda parte, de um único sistema técnico, base material da globalização" (Santos, 2002:192). Santos (2002:193-94), argumenta que essa universalidade atual:

> [...] em primeiro lugar, não é uma tendência, mas uma realidade. Em segundo lugar, essa realidade vem fazer parte dos lugares praticamente num mesmo momento, sem defasagens notáveis. Em terceiro lugar, esse fenômeno geral dá lugar a ações que também têm um conteúdo universal. Daí a possibilidade de programas semelhantes para todos ou quase todos os países, como esses famosos planos de ajustamento do Banco Mundial do FMI, com apoio das grandes potências industriais e financeiras. Em quarto e último lugar, esses objetos técnicos semelhantes e atuais existem numa situação de interdependência funcional, igualmente universal. No começo da história, alguns objetos se universalizam, mas se dão isoladamente. Hoje, o que é universal é todo um sistema de objetos.

Santos assinala ainda que, a partir de um conjunto técnico homogeneizado, sistêmico, preenchido e comandado por relações mundializadas sistematicamente unificadas, o projeto global se torna explícito.

A segunda unicidade apontada pelo autor é a unicidade do tempo ou convergência dos momentos, que faz com que, em nossos dias, seja possível conhecer instantaneamente eventos longínquos e, assim, a possibilidade de perceber a sua simultaneidade. "O processo de convergência dos momentos corre paralelamente ao desenvolvimento das técnicas, sobretudo as técnicas da velocidade e da medida do tempo. A conquista da velocidade permite um deslocamento mais rápido das coisas dos homens e das mensagens" (idem:199).

> Os progressos técnicos que, por intermédio dos satélites, permitem a fotografia do planeta, permitem-nos, também, uma visão empírica da totalidade dos objetos instalados na face da terra. Como as fotografias se sucedem em intervalos regulares, obtemos, assim, um retrato da própria evolução do processo de ocupação da crosta terrestre. A simultaneidade retratada é fato verdadeiramente novo e revolucionário para o conhecimento do real, e, também, para o correspondente enfoque das ciências do homem, alterando-lhes, assim, os paradigmas (idem:203).

A terceira unicidade a qual se refere Santos diz respeito ao motor da vida econômica e social em todo o planeta, representada, emblematicamente, pela emergência de uma mais-valia mundial levada a efeito pelas organizações e empresas globais que comandam as técnicas hegemônicas da produção da informação e das finanças, por intermédio da qual ganham o comando do tempo hegemônico e realizam a mais-valia hegemônica, sendo que:

Esse controle tanto se dá por intermédio da produção direta, quanto através dos seus dados não estreitamente técnicos, isto é, dos aspectos políticos da produção, os quais se encontram no âmbito da circulação, da distribuição e do consumo. Esses aspectos políticos são aqui tão relevantes quanto os técnicos: política financeira, fiscal e monetária, política do comércio de mercadorias e de serviços, política do emprego, política da informação, todas essas políticas sendo hoje induzidas no nível mundial (Cf. Santos, 2002:211).

Assim, juntamente com a unicidade das técnicas e a convergência dos momentos se mundializam a produção, o produto, o dinheiro, o crédito, a dívida, o consumo, a política e a cultura. É a esse conjunto de mundializações que se reforçam e se sustentam mutuamente que se pode dar o nome de globalização. A esse conjunto de políticas apontadas por Santos, pode-se acrescentar a política de produção do espaço, ou seja, as políticas urbanas as quais objetivam conformar o território ao padrão de acumulação da mais-valia global.

Mas em que medida esses processos impactam o processo de produção do espaço urbano? As dificuldades com as quais nos defrontamos quando tentamos responder a essa indagação advêm, a nosso ver, da característica primordial associada a essas tecnologias, a saber, a natureza imaterial dos bens que são colocados em circulação no espaço social, pelo uso que os agentes delas fazem.

Diferentemente da cidade industrial, marcada por tecnologias essencialmente físicas, dispostas em sistemas como os de água, esgoto, transporte e eletricidade, os quais dão suporte aos fluxos de matéria e energia necessárias à produção e reprodução da vida urbana, o meio urbano informacional caracteriza-se por um tipo diverso de infraestrutura. Essa nova infraestrutura urbana, ainda que material, é composta por objetos técnicos interconectados em redes, as quais dão suporte a um fluxo de bens essencialmente imateriais, na forma de textos, sons, imagens, signos e códigos, passíveis de serem apropriados e mobilizados por agentes aptos a fazê-lo. Por isso, torna-se de difícil mensuração e apreensão a profundidade e abrangência de seus efeitos na configuração do espaço urbano.

Decerto que, nessa nova configuração de espaço urbano, as interações a distância, por meio da comunicação digital são tão relevantes para a produção de riqueza material quanto as interações face-a-face. Ao mesmo tempo, elas impulsionam sobremaneira a produção e circulação de bens simbólicos e imateriais, como tipo de riqueza característico resultante dessas relações. A consequência mais visível desse processo é a adaptação ou substituição da planta da cidade industrial por outra mais condizente com a função que a forma urbana deve desempenhar nesse padrão de acumulação que, desde logo, impõe a transformação dos objetos (edifícios, bairros, distritos) da fase industrial que, agora, cedem lugar a novos objetos, os quais se fixam no território como próteses, formando a infraestrutura material que dá suporte ao fluxo de bens imateriais associados às tecnologias de comunicação e informação.

Menos visível e com maior dificuldade de mensuração é o efeito que a infraestrutura urbana informacional exerce na geração de novo tipo de conhecimento, o qual comanda a geração de riqueza na forma de produtos e serviços para o mercado ou de políticas urbanas diferenciadas. É certo que as redes digitais, por suas características e propriedades, possibilitam, em grau muito maior do que a infraestrutura da era industrial, a transformação do conhecimento tácito de tempo e lugar incorporado em cada indivíduo, em conhecimento explícito – tanto em qualidade como em quantidade – a ser apropriado e mobilizado pelos agentes na forma do que poderíamos chamar de "inteligência coletiva", cuja aplicação prática sustentaria ciclos contínuos de criatividade e inovação na solução de problemas, na geração de nova riqueza e, mais adiante, na própria transformação do espaço urbano por meio da intervenção estatal e privada.

Por outro lado, o espaço urbano em sua camada desmaterializada, junto aos estoques excedentes de bens abstratos que ele possibilita colocar em circulação, conformam um novo tipo de interação social, capaz de modificar a qualificação intelectual dos indivíduos e a natureza dos contatos e vínculos sociais passíveis de serem mobilizados para determinados fins, inclusive, de modo reflexivo, para a modificação da própria base tecnológica que lhe dá suporte.

Têm-se aí possibilidades múltiplas de interação social que se desenrolam no contexto da compressão espaço-tempo geográfico, possibilitadas pela nova base tecnológica. Tais interações se vinculam ao território local, assentam-se sobre os sistemas herdados da era industrial, mas se apresentam com características e propriedades distintas – a começar pelo seu caráter global – tanto no plano da cultura, como modo de vida, quanto no da reprodução e acumulação material.

Cidade Sustentável:
Consciência Ecológica e Crise Socioambiental

Dentre os fatores exógenos condicionantes da crise do obreirismo como princípio de dominação no campo de produção, não se deve minimizar a importância da emergência da chamada consciência ecológica, cujo paroxismo leva à percepção da crise socioambiental, aumentando sobremaneira o custo de legitimação de modelos de cidade a ela associada. Tendo como veículo a própria infraestrutura de comunicação e de tecnologias da informação, bem como a intensificação do fluxo de matéria e energia correspondente aos processos de urbanização global, a percepção ambiental e práticas ecológicas se espalham rapidamente pelo planeta. Pode-se dizer aqui que uma das dimensões da globalização é a interconexão e disseminação de níveis diferenciados de consciência e de percepção da crise socioambiental e das realidades objetivas que se formam no espaço e no tempo ecológicos.

Para Viola:

> [...] trata-se da emergência de valores pós-materialistas que levam à percepção dos problemas ambientais globais e são uma causa fundamental da mundialização do movimento ambientalista (Cf. Viola, 1996).

Nesse percurso, as consequências socioambientais das intervenções obreiristas são desveladas e o modelo identificado como a causa da ordem urbana insustentável que se verifica na metrópole. No caso da RMSP, no longo prazo as intervenções obreiristas deflagram a ocupação indiscriminada dos fundos de vale pelo sistema viário (caso das vias marginais dos Rios Pinheiros e Tietê), exigindo de imediato a destruição de objetos como Parques e Jardins construídos à época do higienismo-embelezador, em uma espécie de urbanismo de risco, como ficou conhecido o conjunto das práticas obreiristas. Objetos representativos como o Parque Anhangabaú e o Parque D. Pedro II, ambos projetados pelo arquiteto francês A. Bouvard, sucumbiriam na destruição em série de toda uma coleção de objetos caros ao embelezamento urbano. Este último, erigido sobre a antiga Várzea do Carmo a partir do chamado mimetismo urbano em relação ao parque parisiense "Bois de Vincennes", viria ao longo do tempo se transformar na grande rodoviária urbana de nossos dias. Como declara a arquiteta e paisagista Rosa Kliass:

> Eu assisti à declaração de morte do Parque D. Pedro II. Foi no final da década de 60. Lembro-me de que, numa reunião comandada pelo prefeito Faria Lima, estavam presentes secretários, engenheiros etc. [...] diante do prefeito, que cobrava uma solução urbanística para o Parque D. Pedro, que excluísse a construção de viadutos, a conclusão foi de que não havia outra solução. Os viadutos, transformando o que era um dos grandes parques urbanos da cidade num nó viário, mataram a região. Foi um crime paisagístico contra a cidade. É triste.[29]

Em razão da opção pelo transporte individual e sobre rodas, como já visto no capítulo anterior, cada vez mais espaço tem de ser cedido aos automóveis, quer para a circulação quer para a construção de estacionamentos. Em sua forma privatista e mais degenerada, as intervenções obreiristas se desdobram em viadutos grotescos e praças verticais, erigidos do dia para a noite como ícones de modernidade, solapando objetos históricos e culturais, bem como o patrimônio ambiental, mormente as áreas verdes e os recursos hídricos em todo o horizonte

---

[29] Revista Urbs, n° 26, 2002.

urbano. Intervenções brutais, invasivas e, diriam alguns, irracionais como o Elevado Costa e Silva (atual Elevado João Goulart), o Minhocão, viaduto que corta o Centro da cidade interligando as zonas leste e oeste, objeto erigido como ícone do obreirismo e que agora suscita concursos de urbanismo visando à sua remoção; ou a transformação da Praça Franklin Roosevelt em uma via expressa que corta um edifício de concreto ao meio são exemplos do comprometimento da qualidade socioambiental do espaço público da cidade pelas práticas obreiristas.

Além disso, em que pese o enorme esforço direcionado ao enfrentamento da questão viária, o obreirismo, limitado pela própria capacidade de previsão e de horizonte do planejamento modernistas, quase sempre produz seus efeitos mais deletérios em pontos distantes no tempo e no espaço em relação à intervenção original. Cite-se aqui, mesmo reconhecendo serem consequências não intencionais de ações intencionais, os inúmeros pontos de enchentes e de engarrafamentos de trânsito – frutos de intervenções pontuais muitas vezes empreendidas em nome do combate às mesmas enchentes e engarrafamentos –, mas que acabam acelerando a depleção dos recursos ambientais e do parque de objetos da metrópole. Esses e outros tantos eventos tornaram evidente que, sob a ideologia do preço do progresso, tais intervenções engendram o comprometimento em larga escala do sítio natural, principalmente dos recursos hídricos e atmosféricos, mas também do patrimônio histórico-cultural e até do subsolo da cidade. O esgotamento do estoque de terras, ainda uma vez em função do comportamento especulativo que utiliza a propriedade como reserva de valor, bem como a depleção dos recursos ambientais e do parque de objetos histórico-culturais da cidade são elementos importantes da crise socioambiental na metrópole e fatores importantes para a compreensão da crise de legitimação pela qual passa o modelo obreirista.

De resto, a apreensão dessa dinâmica torna falsa a afirmação recorrente de que o centro da metrópole conheceu a degradação a partir de sua ocupação pelas classes populares. A degradação, real nas representações que extratos da classe média e alta fazem da metrópole, teve início muito antes, com as intervenções deletérias, os crimes urbanísticos, a fuga das classes abastadas para outras regiões e, principalmente, com o abandono da área pelo próprio Estado, cujas intervenções passaram a acompanhar e reforçar a criação de novas centralidades e novas áreas de valorização imobiliária, de modo a potencializar a acumulação do capital privado. A predominância de materiais sintéticos como o asfalto, o vidro, o aço, a borracha e o concreto, combinada com a transformação dos rios em rede de esgoto e o desaparecimento da vegetação; generaliza-se a percepção do espaço urbano como um meio ambiente artificial, petrificado e morto, fonte de mal estar físico e mental à qual estão condenados à adaptação forçada todos os que convivem na metrópole.

Pobreza e Marginalidade Urbanas

Que relações podem ser estabelecidas entre as práticas obreiristas e o fenômeno da pobreza urbana contemporânea? É certo que a inversão do fundo público na produção de objetos cada vez mais dispendiosos em áreas seletivas – como, por exemplo, os túneis e outros equipamentos urbanos da região sudoeste – corresponde à exclusão de outros segmentos do território do rol de prioridades orçamentárias e, por conseguinte, a um reforço da hierarquização dos espaços pela ação do Estado. O processo histórico de formação da metrópole pela intervenção do Estado em favor da segregação socioespacial (espontânea ou forçada) cria um princípio de divisão entre os que têm algum tipo de relevância ou completa irrelevância estrutural na produção da ordem urbana nos termos do binômio de contrários espaços de distinção/espaços de relegação. Na condição de irrelevância estrutural, indivíduos e grupos reagem de diferentes maneiras de acordo com as aspirações e esperanças subjetivas, face às possibilidades objetivas que se apresentem. Nesse sentido, haveria um cisma cultural no seio das classes populares quanto às formas de conduta e obediência às regras de controle sobre o território. Elas podem, por um lado, se engajar em movimentos sociais reivindicatórios, de contestação à ordem hegemônica ou, por outro lado, se inscrever no exército de reserva das redes de crime organizado que se formam na metrópole e em suas *hinterlands*. Nesse espectro de ações, observam-se desde ocupações de prédios vazios pelos movimentos de moradia, ocupação de espaços públicos como vãos de pontes e viadutos por moradores de rua ou até mesmo o controle de parcelas do território por organizações criminosas (facções e milícias), valendo-se de uma força de trabalho recrutada entre a população fora do mercado formal de trabalho.

Como fenômeno visível desse processo, a banalização da violência física, as reintegrações de posse e os despejos forçados correm em paralelo ao espetáculo da segurança privada denotada em sofisticados sistemas de blindagens de automóveis, portas inteligentes, bunkers e enclaves residenciais, guardas pessoais e outros mecanismos de proteção das classes abastadas, mas também das tradicionais cercas, grades e muros com que buscam se proteger das classes populares (Caldeira, 2000). Temos aqui de examinar em que condições pessoas e grupos se tornam irrelevantes no processo de estruturação da ordem urbana. Segundo Castells (1999a) a condição de irrelevância está associada a uma combinação de fatores, tais como: i) o trabalho se torna irrelevante quando não integrado a uma produção orientada ao mercado ou a alguma rede de suprimento, nacional ou internacional; ii) populações pobres são mercados de pouco interesse, particularmente quando o acesso a tais mercados oferecem riscos; iii) populações vinculadas à produção agrícola ou a produtos primários têm o valor de seu trabalho depreciado em comparação aos produtores de bens manufaturados e de serviços especializados.

Nesse particular, em São Paulo, no decorrer das últimas décadas, ao lado da pobreza urbana tradicional, caricaturada nos termos da mendicância e da invalidez, bairros centrais e periféricos passaram a assistir ao espetáculo da pobreza contemporânea. Trabalhadores com carteira assinada, provedores de famílias, por não mais encontrarem lugar na favela ou nos cortiços, ocupam prédios abandonados; improvisam suas casas sob pontes, viadutos, utilizando os postes de iluminação para erguer tendas ou até mesmo constroem abrigos escavando buracos no chão. Esse fenômeno pode ser facilmente observado não só em regiões periféricas, mas também nas imediações do Bom Retiro, da Bela Vista, do Brás, do Belém, do Cambuci e de outras áreas centrais ou adjacentes ao Centro. As explicações correntes que davam conta da pobreza de raízes coloniais, confinada ao campo ou no submundo dos malandros, dos preguiçosos, dos marginais, parecem não comportar esta face contemporânea da miséria (Telles, 1993).

A condição da pobreza é agravada pela degradação socioambiental sendo que, com frequência, os pobres são identificados como agentes da degradação porque a própria pobreza os leva aos ambientes mais degradados e abandonados pelo poder público e pelo capital. De fato, o modo de vida dessa camada pauperizada, a ponto de muitas vezes ser identificada como uma subclasse dentre os mais pobres, transforma objetos caros ao obreirismo (pontes, viadutos e monumentos) em local de moradia de pessoas em situação de rua.

Estudos e pesquisas acadêmicas e governamentais demonstram que, além do aumento quantitativo, estes novos pobres não são migrantes, bêbados ou loucos. Trata-se de uma força de trabalho autóctone, nascida na própria cidade, empobrecida pela dinâmica excludente e negadora de direitos subjacente à lógica do crescimento urbano e à inserção da metrópole na economia mundial. Trata-se de uma pobreza alojada no crescente isolamento institucional e cognitivo, da destituição cultural e material que não lhe permite o acesso à infraestrutura e aos serviços urbanos; e em um nível de renda abaixo do mínimo necessário à aquisição de calorias, proteínas, vestuário e outras necessidades básicas à vida na metrópole. É uma pobreza instalada nos centros dinâmicos da economia que pouco tem a ver com a pobreza "marginal" dos últimos decênios, que desloca o problema da subnutrição para as regiões industrializadas e o problema da baixa participação dos salários no produto para os ramos industriais mais modernos, pondo em xeque a ideologia do progresso através do crescimento econômico

(Telles, 2001). É notável o fato de que este tipo de pobreza esteja crescendo nas metrópoles, enquanto permanece estável nas demais cidades.

Em maio de 1991, a Secretaria Municipal de Bem-Estar Social da PMSP realizou o primeiro levantamento dos pontos de concentração da população de rua em São Paulo. Essa pesquisa foi realizada na região central da cidade e nos bairros adjacentes. Foram encontrados 329 pontos com pessoas dormindo principalmente sob marquises de prédios públicos e comerciais, em 199 ruas, 51 praças e 39 viadutos, com grande concentração na área central da cidade. Essa pesquisa concluiu que havia 5.000 pessoas dormindo nas ruas da metrópole. Em um segundo levantamento, realizado em 2001, havia 10.394 entre os que viviam na rua em tempo integral e os que buscavam albergues públicos. O levantamento mostrou ainda a alta concentração dessa população nos distritos centrais (Sé e República), mas também como ela vem se espalhando por distritos adjacentes como Liberdade, Bela Vista, Bom Retiro, Santana, Pari e Mooca. O levantamento mais recente (de 2011) elevou o número de pessoas em situação de rua para 14.478.

Estudos mais aprofundados mostraram que a população de rua (homens, mulheres, crianças, famílias inteiras) se instala nas praças, pontes e viadutos e se espalha pelas ruas e bairros da metrópole. Entidades e grupos sociais dedicados à filantropia e à caridade, na insuficiência ou mesmo ausência de políticas sociais voltadas para esses condenados do modelo de urbanização, procuram, com medidas compensatórias, atenuar o impacto de sua presença. O Fórum das Organizações, que trabalha diretamente com o "povo da rua", tem empreendido esforços na mobilização e organização desse contingente, discutindo e exigindo dos órgãos públicos a garantia dos seus direitos, no sentido de que essa população não deve continuar a viver de esmola, mas ser de fato incluída nas políticas sociais.

A população com-teto reage como pode à presença desse contingente populacional e de seu modo de vida, percebido como promiscuidade e degradação ambiental. Via de regra é utilizado o expediente da contratação de segurança privada para fazer a "limpeza do local", ou ainda, a presença desse tipo humano faz com que o próprio poder público seja acionado para "limpar o espaço" (Yazbek; Wanderlei, 1992). Assim, a retirada e a remoção dos pobres de ruas, logradouros públicos, baixios de pontes e viadutos e de terrenos privados assume a forma de um neo-higienismo, aplicado tanto pelo Estado como pela sociedade civil incluída, aos corpos dos condenados à pobreza absoluta. A mobilização dessa violência simbólica, pela negação da existência do outro, percebido como entulho a ser removido do caminho da "revitalização urbana", talvez explique a violência física pela retomada das práticas higienistas tão em voga atualmente, mobilizadas como uma espécie de via rápida para a remoção de objetos, da população em situação de rua, dos catadores de lixo reciclável, dos camelôs, dos sem-teto e de toda a classe de pessoas indesejáveis ao projeto de retomada dos espaços do centro da metrópole pelos negócios da "nova economia".

A estratégia de limpeza social, com ares de revivescência do higienismo, revela características de uma ordem urbana na qual parcelas da população vão se tornando descartáveis, inaproveitáveis, um resíduo indesejável resultante das metamorfoses pelas quais deve passar o espaço. O surgimento da arquitetura do medo – condomínios de segurança máxima com sofisticação técnica e polícia privada –, de dispositivos antimorador de rua – prédios sem marquise e com dispositivos que tornam incômoda a permanência de pessoas no local durante a noite, como esguichos de água, manchas de óleo, objetos pontiagudos –, reforçam a imagem da pobreza como ameaça (Caldeira, 2000; Frúgoli, 2000).

O paroxismo a que chegam as ações do próprio poder público – obras específicas para dificultar a sobrevivência da população de rua, como rampas de pedregulho sob os viadutos – e mesmo o não esclarecimento de crimes violentos e até assassinatos indiscriminados de pessoas em situação de rua por grupos organizados[30] bloqueiam a constituição de um espaço público aberto a reivindicações e transforma gerações inteiras em subcidadãos, em homens-lixo, vinculando o usufruto do direito à cidade a grupos sociais conectados aos setores dinâmicos da economia nos quais está concentrado o capital econômico e cultural, mobilizados para fazer valer para si a violência simbólica da lei e a ação física dos agentes estatais de repressão.

Essa pobreza contemporânea, apesar de suas peculiaridades, continua a ser tratada como natureza-paisagem ou como questão de segurança pública, em que os pobres aparecem como vetores da convulsão social e criminalidade urbana. A metrópole pós-moderna, como já a chamam alguns, vai desse modo reproduzindo a incapacidade da sociedade tradicional em universalizar direitos e enraizar a cidadania nas práticas socioespaciais. O surgimento dessa pobreza contemporânea e a depleção dos recursos ambientais são, a nosso ver, as características da metrópole que melhor definem a mudança de ordem na espoliação urbana, colocando-a em um patamar de crise socioambiental desterritorializada.

Em consonante, as políticas urbanas têm procurado traduzir, não sem grande dificuldade teórica e prática, as relações complexas que se vão estabelecendo entre pobreza contemporânea, meio ambiente e liberdade. Contudo, ainda predomina um comportamento herdado no sentido de se atribuir estatuto

---

[30] É comum o ataque a pessoas em situação de rua como, por exemplo o ocorrido no período de 19 a 22 de agosto de 2004 na região da Praça da Sé, em que 6 pessoas foram mortas e 9 internadas em estado grave.

diferenciado às questões da liberdade, da pobreza e da degradação ambiental, ainda que estejam alojados no estilo de desenvolvimento, gerador de desigualdades sociais e de degradação ambiental (Ferreira, 1998). O fato é que, no atual modelo de crescimento urbano, a população pobre cresce mais rápido do que a capacidade dos governos, do mercado ou das tecnologias em prover infraestrutura e meios institucionais de apoio.

Subjacente a essa nova pobreza há um conjunto de fatores ainda pouco conhecidos, mas cujos efeitos se fazem sentir no cotidiano da cidade. De fato, o movimento da metrópole para fora, no sentido de se conectar à sua extensão planetária causa uma ruptura com amplos contingentes populacionais internos, desconectados da economia global. A concentração do capital aparece associada ao movimento de desconcentração e automação industrial, aos avanços da microeletrônica que, por sua vez, levam à extinção de postos de trabalho e a mutações no sistema de proteção social. Por outro lado, a crise financeira do Estado, aliada a meios ineficazes de gestão, à corrupção endêmica e ao já comentado direcionamento intencional do orçamento público para a produção de objetos eletivos, o impede de se lançar em políticas públicas que possam atenuar o quadro de destituição dos despossuídos da metrópole.

As altas taxas de desemprego e de trabalho precário potencializam os conflitos sociais, sendo uma das faces visíveis do fenômeno a "guerra dos camelôs", um enfrentamento entre trabalhadores informais e agentes do Estado pelo controle de nacos de território da metrópole, cujo recrudescimento leva à interdição de ruas, ao fechamento do comércio formal e ao aumento da corrupção endêmica de fiscais e policiais responsáveis pela manutenção da ordem.

É nesse contexto de guerra social e degradação do espaço público que a apropriação e o uso da noção de sustentabilidade tornam-se talvez a principal fronteira da luta cultural e simbólica no *campo*. A luta pelo monopólio da definição legítima e da aplicabilidade do conceito advém, sobretudo, de sua energia utópica como fator teleológico, a cidade sustentável como o dever-ser da urbanização, o princípio dominante de dominação, princípio universal capaz de conferir validade ao discurso herético e às práticas singulares de frações de classe ou grupos de agentes que aspiram a um lugar distinto tanto no campo de produção como no âmbito do mercado e do Estado.

Cabe notar que o conjunto das práticas e intervenções do obreirismo modernizador, ao ser confrontado com a noção de sustentabilidade urbana, não será capaz de oferecer respostas cognitivas satisfatórias, sendo cada vez mais ele próprio associado às causas da insustentabilidade. Pode-se afirmar que, a partir da luta pela definição legítima de sustentabilidade urbana, o obreirismo perde o controle sobre a definição de sua própria identidade, que passa a ser definida por agentes situados em posições antagônicas a ele no campo, fator decisivo para a aceleração do seu declínio como modelo de cidade legitimado no campo de produção. Para melhor compreensão desse ponto, cumpre dizer que o campo urbanístico se encontra em estado de autonomia apenas relativa, sendo extremamente dependente das demandas do campo do poder e sujeito às injunções de pressupostos e regras estabelecidos no âmbito da política, da burocracia e da economia. Essa condição de dependência e baixa autonomia do campo nem sempre representa desvantagem para os agentes individuais, pois oferece oportunidades de ganhos materiais e simbólicos aos agentes, mormente pelas oportunidades de ocupar posições homólogas nos outros campos, como, por exemplo, galgar postos na administração acadêmica, em corporações privadas ou na máquina estatal por meio da nomeação para cargos em departamentos, secretarias e ministérios, o que possibilita o acúmulo de capital político, científico e econômico, a ser convertido em capital específico no campo de origem. Se o campo está sujeito às demandas das classes dirigentes, isso também significa que estas necessitam constantemente de novos produtos sociocognitivos com os quais possam exercer a violência propriamente simbólica com vistas à manutenção da ordem e da dominação silenciosa. Não é por acaso que, com frequência espantosa, a produção do campo urbanístico encontra-se direcionada ao atendimento das demandas do campo do poder. Isso faz com que, por exemplo, a produção simbólica e material do campo possa ser rotulada de esquerda ou de direita, conforme a posição do demandante no espectro ideológico. Desse modo, o conjunto de objetos seriados denominados Centros Unificados de Educação Integrada – CEUS, demanda da gestão Marta Suplicy, à época do Partido dos Trabalhadores, seria um objeto de esquerda, enquanto a série denominada Projeto Cingapura, demandado pela gestão Paulo Maluf, então do Partido Partido Progressista, um objeto de direita e assim por diante.

Retornando ao nosso ponto, será a incapacidade do obreirismo modernizador de gerar novos produtos simbólicos para o atendimento das demandas do campo do poder uma causa crucial de seu declínio. Na lógica interna do *campo* urbanístico, delineia-se uma crise da ordem simbólica, fazendo com que o obreirismo modernizador assuma a posição de ciência normal (Cf. Khun) em face de outros modelos e paradigmas de cidade preconizados por agentes portadores do discurso herético e da subversão cognitiva e simbólica. Chama a atenção o fato de que, nos anos recentes, o obreirismo tenha procurado combinar a produção de objetos típicos do modelo com outras produções de caráter mais social e inclusivo, como se depreende das declarações do próprio ex-prefeito Paulo Maluf.

Vá na Jacu Pêssego e você vai encontrar uma Faria Lima de 18 quilômetros de extensão. Entre Guarulhos, a região de Ermelino Matarazzo, São Miguel Paulista, até a região de Santo André. É uma ligação na parte leste da cidade ligando norte a sul. É quase que um anel rodoviário porque os caminhões que vem pela via Dutra não precisam mais pegar a marginal do Tietê e do Pinheiros, podem ir lá direto, se for para Santos a pegar a Anchieta e Imigrantes. Era para você conhecer isso como era antes. Era um córrego fétido, com ratos, baratas, era uma favela só. Pois bem, a Jacu Pêssego é hoje um lugar onde tem o Carrefour, o Big, o Extra, prédios de apartamento, bosques de eucalipto, ou seja, mudei a cara da zona leste com esta obra. E não faço obra para rico, ao contrário. O Cingapura não é para rico, é para pobre. O Leve Leite não era para rico, era para pobre. O PAS foi para pobre, não foi para rico, o rico tem plano de saúde. E se você olha bem o Datafolha, você vê que quem vota no Maluf é a classe D, é o pobre que vota no Maluf. Os ricos votam em outro candidato. (aplausos).[31]

Malgrado essas possibilidade de recombinação com práticas originárias de outras matrizes, os sinais de esgotamento cognitivo se tornarão mais claros após os sucessivos embates do obreirismo com utopias urbanas de caráter eminentemente social, delineadas pelos movimentos pró reforma urbana no decorrer do processo de consolidação democrática, verificados a partir da década de 80, ou as ações orientadas para o mercado, como o modelo cidade-empresa, cidade mercadológica etc., os quais serão desenvolvidos nos capítulos seguintes.

Democratização e Cisma no Campo Urbanístico

Ainda no âmbito dos fenômenos situados no macrocosmo social, devemos assinalar o impacto da democratização no declínio do obreirismo. Como já assinalado, a combinação de certas características – populismo, planejamento tecnocrático centralizado, autoritarismo, priorização do urbanismo automobilístico (rodoviarismo) por meio de grandes obras viárias voltadas para o transporte individual, com base técnica fornecida pela engenharia civil (nos seus primórdios) e depois pela arquitetura e planejamento modernista (no seu apogeu); a estruturação de grandes empreiteiras de obras públicas e produção habitacional para camadas de renda média e superior – representa causas endógenas da hegemonia que o obreirismo manteve no campo durante um longo período (Bonduki, 1998-2000; Campos Neto, 2000). Paradoxalmente, essas características também podem ser apontadas como causas do seu declínio, bem como oferecer explicações de como e por que ele passa a ser alvo da conduta de agentes da subversão simbólica, que o veem como um tipo de dominação ilegítima da metrópole.

Já vimos, para o caso do higienismo, que a utilização da força e da violência armada é indicativa de pouca eficácia simbólica e da não aceitação pacífica dos dominados de um determinado modelo de ordem urbana. Também para o caso do obreirismo se aplicaria o raciocínio segundo o qual, se a violência física

---

[31] Folha de S.Paulo, 28.12.2002.

explicita tem de, em algum momento, ser mobilizada, é porque o arbitrário das formas de controle do processo de produção do espaço subjacentes ao modelo já não pode ser dissimulado ou eufemizado. A inexistência de formas silenciosas e ocultas de dominação provoca o rompimento da cumplicidade objetiva dos dominados com a ordem instituída, que se manifesta no despertar da insatisfação, da revolta e das lutas sociais urbanas.

Com efeito, no bojo da redemocratização do país, em contraposição ao planejamento tecnocrático e ao autoritarismo, a emergência dos movimentos sociais urbanos estabelece explicitamente o conflito das classes populares com as classes dirigentes na reapropriação do capital urbanístico em circulação. A busca contínua dessas classes pela participação, com voz própria, nos embates do campo e, portanto, na direção que a urbanização deve seguir é um dos marcos do entrincheiramento das forças democráticas frente ao autoritarismo e aos mecanismos repressivos que já não podem manter a marginalização das classes populares no domínio do senso comum.

Por um lado, há a tentativa, levada a termo por frações da classe dominante, de reinscrição das classes populares na dinâmica do clientelismo, do obreirismo-populista e na reelaboração e reprodução da figura do pobre-carente, às vezes com o uso da violência física para a manutenção da ordem vigente. Por outro lado, parcelas significativas das classes dominantes – sobretudo de produtores da ordem simbólica, portadores de grande capital cultural adquirido pela inserção duradoura no sistema de ensino especializado e no trabalho em instituições afins – acumulam habilidades e competências específicas, que as tornam aptas a elaborar representações do real e percutir modelos alternativos de ordem urbana, abrindo-se disputas no interior do campo pelo monopólio da formulação legítima do dever-ser da metrópole. A combinação dos fatores acima no espaço-tempo aponta para uma transformação do quadro de forças internas ao campo. A superposição de espaços sociais e físico-territoriais, para além de uma mera ampliação da escala, configuraria um novo quadro de questões a demandar dos agentes o repensar das instituições, dos instrumentos e meios de intervenção, bem como dos mecanismos de regulação pública envolvidos nas práticas de produção do espaço. Cite-se, por exemplo, a clara divisão no interior do campo entre os defensores do Plano Estratégico da Cidade, de um lado, e do Plano Diretor Participativo de outro, como instrumentos válidos para a condução das intervenções urbanas, cisão essa que, por vezes, converge para a formulação de práticas e instrumentos híbridos como o Plano Diretor Estratégico da Cidade de São Paulo.

No âmbito da pesquisa urbana, esse movimento, já em finais da década de 1980, apontava para uma inflexão nos métodos e instrumentos de análise e no alcance explicativo de abordagens e teorias sobre o urbano. Pode-se admitir como Harvey que, constatada a existência objetiva de instabilidades e descontinuidades institucionais, de novas topologias sociais, de configurações, geometrias e hierarquias socioespaciais diferenciadas, a própria categoria "cidade", tal como utilizada na tradição científica e literária, tornou-se instável, emergindo novos sentidos e significados práticos e teóricos (Harvey, 1996).

Para a compreensão de todo esse conjunto de fatores, poderíamos formular, em complemento à hipótese lefebvriana da urbanização completa da sociedade, uma segunda hipótese totalizadora: a da formação de uma política urbana global como um conjunto de agentes, instituições e práticas sociais voltadas para a dominação e o controle das metrópoles em escala planetária, as chamadas metrópoles globais. Em uma apropriação simplificada da ideia de Marx, é como se a metrópole, na condição de força produtiva, estivesse em contradição com as relações de produção correspondentes ao padrão de acumulação global do século XXI, tornando necessária a realização de um movimento de transição para uma nova configuração socioespacial, no sentido de se adequar ao novo ciclo de acumulação, emergindo a metrópole como objeto técnico e base material para o capitalismo global, com interdependência funcional em relação às outras metrópoles globais. Mas essa transição só pode se dar via constituição de uma nova ordem social na metrópole, pela atualização da ordem simbólica que, por sua vez, só pode ser levada a efeito no curso de lutas políticas e cognitivas travadas por agentes e instituições especializadas orientadas a esse fim. Com efeito, a luta entre agentes especializados é a forma, por excelência, da luta simbólica pela conservação ou transformação da noção de metrópole e da luta pelo monopólio da definição legítima do dever-ser da urbanização. Note-se que a existência de um campo especializado de produção, neste caso o campo da produção do espaço, é pré-condição para o aparecimento da luta entre ortodoxia e heterodoxia, as quais compartilham, entretanto, da mesma *doxa*, ou seja, daquilo que é indiscutível e dá unicidade ao campo de produção.

O recorrente mal-estar no campo de produção, que é, a um só tempo, político e cognitivo, decorrente da crise da ordem simbólica vigente, sugere que o obreirismo se tornou uma forma de dominação ilegítima da metrópole, um simulacro de ordem urbana, na razão direta da emergência de modelos sociocognitivos alternativos de metrópole, produtos de uma subversão simbólica no campo, os quais caracterizaremos como novos tipos-puros de dominação organizada da metrópole. Esse argumento será desenvolvido nos capítulos seguintes.

SEGUNDA PARTE

DO MODELO DE REALIDADE
À REALIDADE DO MODELO

Já vimos que a luta política e cognitiva de agentes e instituições pelo monopólio da definição legítima do dever-ser da urbanização como capital urbanístico a ser acumulado dá origem a um espaço social relativamente autônomo: o *campo* urbanístico, lugar da produção, armazenamento e transmissão da cultura urbanística legítima. Trata-se de um microcosmo social que tem lógica e interesses próprios, direcionado à consecução de determinados fins e valores e que reivindica o controle do processo de urbanização. Para o alcance desse monopólio que, contudo, jamais é atingido, o campo urbanístico, de caráter essencialmente cultural, realiza trocas materiais e simbólicas com o campo do poder (Estado) e o campo econômico (mercado), em um complexo processo de diferenciação social por solidariedade orgânica.

**Autonomia relativa do campo urbanístico
com relação a outros campos de produção**

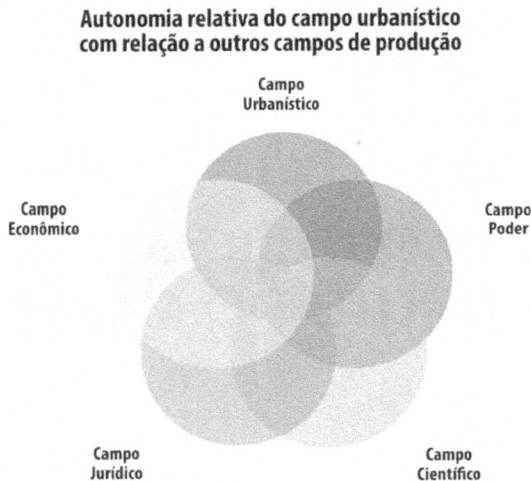

Figura 2

Figura 2. Em um complexo processo de diferenciação social por solidariedade orgânica, o campo urbanístico realiza trocas materiais e simbólicas com o campo do poder e o campo econômico.

Com base nos capítulos anteriores também se pode afirmar que modelos cognitivos de realidade urbana, do vir-a-ser da urbanização, conferem uma relação de sentido ao processo de produção do espaço na medida de sua eficácia como ordem simbólica estruturada e mobilizada para a dominação. A abordagem do higienismo embelezador e do obreirismo modernizador mostrou que modelos cognitivos de realidade urbana são historicamente condicionados tanto pelas estruturas objetivas da sociedade, as quais fornecem as possibilidades cognitivas de cada período histórico, quanto pelos aspectos subjetivos, representações, aspirações, desejos, vontades, ideologias e utopias dos agentes. A consagração desses modelos no interior do campo depende principalmente da capacidade que determinados agentes tenham de aumentar seu capital urbanístico e mobilizá-lo como violência simbólica, no sentido da universalização, para todo o campo, de um interesse particular e de uma definição arbitrária do dever-ser da metrópole. Ocorre aqui um interminável processo de conversão e reconversão de capital urbanístico incorporado em capital urbanístico institucionalizado como instrumentos de gestão do urbano, ou ainda no estado objetivado, como coleção de objetos interconectados no território.

Vale dizer que o acúmulo de outras modalidades de capital (social e econômico) nas lutas anteriores do campo permite sua conversão em capital urbanístico, de maior eficácia simbólica na busca por uma posição distinta na estrutura do campo, isto é, na divisão do trabalho de controle do processo de produção do espaço. A materialização, objetivação e reificação de modelos gerados no campo específico, ou seja, a conversão de modelos de metrópole em metrópole modelo, se dá no decorrer do processo de implementação da política urbana como um conjunto de conhecimentos práticos que organizam a violência propriamente simbólica emanada do Estado sobre o curso da urbanização. A produção de objetos funcionalmente interconectados e o controle dos meios de gestão do território se complementam, configurando um modo de dominação organizada sobre o curso da urbanização que, bem ou mal, condiciona a ordem urbana e a própria ordem social.

Caracterizado o higienismo embelezador e o obreirismo modernizador como modelos cujas energias utópicas e ideológicas se esvaíram em crises de legitimação sem volta, vale dizer, em uma incapacidade cognitiva de determinado corpo de agentes e instituições em definir, de modo legítimo, o dever-ser da urbanização, deve-se examinar como os capitais econômico, cultural e social acumulados no campo podem ser convertidos em mais capital específico na forma de novos modelos cognitivos de realidade urbana, capazes de assegurar o controle do processo de produção do espaço e a dominação organizada sobre o curso da urbanização. Estamos aqui diante das perguntas: como o campo urbanístico procede à atualização da produção simbólica e à renovação das práticas socioespaciais? Qual a participação dele na divisão do trabalho de dominação? Como a classe dominante domina fazendo uso da ordem simbólica emanada do campo e em que condições as classes populares estão dispostas a entrar em cumplicidade objetiva com determinado projeto de dominação organizada da urbanização? A resposta a essas indagações será buscada mediante a análise de duas vertentes de possibilidades de dominação organizada da produção do espaço que, até certo ponto, definem modelos cognitivos e estratégias de atuação em luta pela hegemonia no campo. Como observou Lefebvre (1999:78):

[...] sabe-se que nos países capitalistas atualmente existem duas estratégias principais: o neoliberalismo (que permite o máximo de iniciativa à empresa privada e, no que concerne ao "urbanismo", aos promotores imobiliários e aos bancos) e o neodirigismo (que acentua uma planificação, pelo menos indicativa, que, no domínio urbanístico, favorece a intervenção dos especialistas e dos tecnocratas, do capitalismo de Estado). Sabe-se também que existem compromissos: o neoliberalismo deixa algum lugar ao "setor" público e às ações concertadas dos serviços de Estado; o neodirigismo apenas prudentemente apodera-se do "setor privado". Sabe-se, enfim, que setores e estratégias diversificados podem coexistir: tendência ao dirigismo, e até à socialização na agricultura – liberalismo no imobiliário –, planificação (prudente) na indústria, controle circunspecto dos movimentos de fundos etc.

Para os objetivos deste estudo, essas duas grandes estratégias são abordadas como discursos heréticos, modelos cognitivos pretendentes a um lugar de distinção na estrutura do campo de produção, por meio da estruturação de uma nova ordem simbólica, ou seja, do estabelecimento de novo princípio dominante de dominação no écran do campo de produção. Além disso, vamos considerar que a capacidade de manter ou modificar as relações de força no campo está relacionada à posição que cada agente ocupa na sua estrutura. O acúmulo de capitais em cada posição depende de competência institucional-cognitiva dos agentes para produzir modelos de realidade urbana em um contexto de profundas transformações nas condições objetivas da sociedade em geral. É por essa via que se pode sugerir a emergência de um processo de subversão simbólica operada por agentes especializados no interior do campo.

Estrutura Típico-ideal do Campo Urbanístico na RMSP

Figura 3. Caracterização de modelos sociocognitivos em termos de sua estrutura de capital econômico e cultural, determinante de sua posição no campo de produção.

Antes de prosseguir, para melhor entendimento do que foi dito até agora e do que virá a seguir, é preciso salientar que modelos cognitivos são aqui tomados como posições no campo de forças e de lutas, que balizam a correlação de forças internas ao campo em determinado momento. No esquema abaixo (Figura 3), oferecemos uma caracterização de modelos sociocognitivos em termos de sua estrutura de capital econômico e cultural, determinante de sua posição no campo de produção. Considera-se que modelos hegemônicos no campo, podem, pela sua transposição para a estrutura de classes, ser mobilizados como violência simbólica, como sociodicéia para a dominação legítima na sociedade de classes. Com isso, é possível avançar na compreensão da influência que o agrupamento social aqui considerado exerce sobre a ordem urbana e, por extensão, sobre a própria ordem social.

Assim, torna-se imperativo para a compreensão tanto da lógica do campo de produção quanto dos modos de dominação organizada da produção do espaço a análise dos dois modelos de maior carteira de capital: o direito à cidade e a cidade mercadológica. Buscaremos caracterizá-los, tanto quanto possível, como dois tipos-puros de dominação legítima da metrópole e, por essa via, tentar compreender o curso dos eventos e as relações causais que conduziram o campo a essa configuração. A legitimidade aqui aludida não é atribuída de forma arbitrária no âmbito deste estudo, mas emana dos circuitos de consagração e legitimação do próprio campo, instâncias que, por estarem situadas em posições hegemônicas, possuem a prerrogativa de consagrar, distinguir, validar, difundir e financiar determinados modelos e práticas socioespaciais. Estas duas formas simbólicas de representação vêm disputando a hegemonia da definição legítima do dever-ser da urbanização e estão associadas às disputas políticas pelo controle das máquinas estatais municipais na região pelas correntes ideológicas de esquerda (direito à cidade) e direita (cidade mercadológica), mormente na cidade de São Paulo.

4. O Direito à Cidade como Dominação Legítima

A carta mundial do direito à cidade é um instrumento dirigido a contribuir com as lutas urbanas e com o processo de reconhecimento no sistema internacional dos direitos humanos do direito à cidade. O direito à cidade se define como o usufruto equitativo das cidades dentro dos princípios da sustentabilidade e da justiça social. Entendido como o direito coletivo dos habitantes das cidades, em especial dos grupos vulneráveis e desfavorecidos, que se conferem legitimidade de ação e de organização, baseado nos usos e costumes, com o objetivo de alcançar o pleno exercício do direito a um padrão de vida adequado.

Carta Mundial do Direito à Cidade

Sob quais condições agentes e instituições produzem, legitimam e consagram determinado modelo de realidade urbana capaz de lhes assegurar uma posição distinta na divisão do trabalho de dominação organizada, duradoura e previsível do processo de urbanização? Neste capítulo, esta questão é examinada com ênfase no processo de constituição do que denominaremos como modelo de direito à cidade. Pretende-se assim mostrar que o direito à cidade se institui com base em um sistema de fins e valores compartilhados por uma rede de agentes e instituições no espaço-tempo urbano, caracterizando uma posição distinta na estrutura do *campo de produção*.

Se em determinado momento, como já argumentamos , as camadas populares aceitam participar do jogo da produção do espaço nas condições impostas pelas classes dominantes, isto é, colaboram com o projeto de sua própria dominação (cumplicidade objetiva), é porque, no ajustamento entre aspirações subjetivas e possibilidades objetivas, essa cumplicidade propicia a elas o acesso ao mínimo de capital necessário à vida na metrópole. Isso torna possível a ocupação de determinado território, erigido em objeto para fins de moradia, bem como o usufruto de infraestrutura e serviços sociais básicos, como a possibilidade de reprodução a partir da organização familiar. Nessas condições, ainda transcorre uma luta que parece ser de cada indivíduo isolado, de Robinsons Crusoés urbanos. Como observa Kowarick (2000), cada agente individual tenta resolver os seus próprios problemas cotidianos, permanecendo em estado de desconhecimento da espoliação e não-reconhecimento das semelhanças que tem com outros indivíduos igualmente espoliados, enclausurando-se em práticas que impedem a percepção das condições objetivas da desigualdade que dão sentido às lutas coletivas.

Essa prática do indivíduo em estado isolado nas interações da vida cotidiana o deixa sem outra estratégia, a não ser a da aceitação, resignada ou revoltada, do cotidiano como destino e da construção de sua identidade pelas instituições dominantes (espoliação simbólica). Tem-se aqui algo como uma espécie de socialização forçada, mediante à qual o Estado realiza a inculcação e incorporação dos esquemas de percepção e avaliação, das formas de classificação, pensamento e ação dominantes.

Mas a resignação e aceitação da ordem urbana como cotidianidade, como destino, como coisa dada, naturalizada e autoevidente não é permanente e nem incondicional. É notável o fato de, principalmente na vigência de regras democráticas, quando se amenizavam a vigilância, o controle e os mecanismos repressivos, emergirem variadas formas de rompimento da cumplicidade objetiva que as classes populares mantêm com a ordem simbólica estabelecida. Essas manifestações objetivas pressionam as áreas de permeabilidade do Estado e do campo e ensejam novas formas de representação do urbano, novas práticas socioespaciais e estratégias de mobilização, criando instabilidade na estrutura de forças no interior do campo e na própria ordem simbólica hegemônica.

Na linha de autores como Kowarick (2000:34-35), pode-se afirmar que a tomada de posição frente aos mecanismos espoliativos e injustos subjacentes às práticas, aos ritos e aos objetos da modernização excludente obreirista deflagra movimentos sociais urbanos que se organizam em torno de uma gama variada de demandas, as quais buscam colocar em xeque uma situação secular de subalternidade, exclusão e preconceitos de várias ordens e matizes. Assim é que, em São Paulo, a partir das eleições para o governo do Estado em 1982 – nas quais os partidos de oposição ao regime autoritário obtiveram ampla vitória, culminando com a intensa mobilização em torno do movimento pelas "Diretas Já" para a presidência da República em 1984 – gesta-se um novo ideário de cidade. Mediante a combinação de lutas no local de trabalho com modalidades de protesto nos bairros, amplos contingentes das camadas populares são impregnados da utopia da gestão democrática das cidades como possibilidade objetiva e, desse modo, aumentam suas aspirações por cidades democráticas, socialmente mais justas e ambientalmente sustentáveis.

Por essa ótica, a separação entre exploração do trabalho na unidade de produção e espoliação urbana a partir da ordem urbana estabelecida é, como assinalou Kowarick (2000:35), mais analítica do que real. Várias greves operárias foram construídas e se apoiaram nas experiências de luta sedimentadas em organizações de moradores, bem como se observou que os embates operários tiveram grande repercussão nas reivindicações das associações de bairro.

A Utopia da Gestão Democrática da Cidade

Não se pode precisar exatamente quando e como nascem as utopias urbanas, mas é fato que, em algum momento do processo histórico, os agentes são tomados de determinadas maneiras de pensar e agir, de aspirações, representações e intenções com vistas à criação de uma nova ordem urbana e com base em um futuro imaginado, que nega o presente e preconiza a superação da realidade existente. O que aqui deve ser destacado é que, durante toda a era obreirista, a questão social será recorrente e sempre reposta, ensejando, ao longo das décadas de 1950 e 1960, vários protestos reivindicatórios, culminando na década de 1970 com a constituição de movimentos sociais urbanos mais organizados e articulados, portadores de uma nova utopia urbana: a gestão democrática da cidade. Assim, a crise objetiva do obreirismo modernizador proporciona, de fato, oportunidades para a atuação dos agentes da subversão herética que, por meio do trabalho de produção de novas representações do urbano, colocam a possibilidade de ruptura com as representações vigentes e com a ordem estabelecida. Trata-se aqui da subversão cognitiva, que aponta para a transformação da visão do vir-a-ser urbano, da emergência de um novo modelo cognitivo de realidade urbana que reivindica tornar-se real.

Esses protestos e movimentos, aliás, atrairão a atenção de sociólogos, geógrafos, antropólogos e advogados que, ao se debruçarem sobre a temática urbana, intensificam sua atuação no campo urbanístico, como agentes produtores de novos saberes sobre o urbano, até então monopolizado por conhecimentos derivados das áreas de engenharia, arquitetura e planejamento urbano. Essa quebra de monopólio que algumas categorias socioprofissionais possuíam sobre a definição legítima do dever-ser da metrópole equivale a uma subversão simbólica de grandes proporções no campo da produção.[32]

Esse aporte de capital cultural, na medida em que suscita novos embates pela definição legítima do dever-ser da metrópole, engendra, ao longo do tempo, a renovação das instituições e das práticas socioespaciais específicas do campo, em um influxo de energia utópica de fora para dentro. Muito desse capital cultural será, como se verá adiante, mobilizado como conhecimento prático no processo de formulação e implementação de políticas urbanas na RMSP e no país de maneira geral, conforme a inserção institucional e o modo de atuação de grupos socioprofissionais ou de indivíduos. Para os nossos propósitos, cumpre assinalar que os movimentos sociais urbanos se constituem em redes sociocognitivas com base em determinados fins e valores, tendo como alvo imediato o poder estatal municipal e as políticas urbanas obreiristas. Eles organizam e dão sentido às aspirações e reivindicações das classes populares frente às práticas consideradas excludentes e negadoras de direitos subjacentes às formas de gestão do território e aos objetos produzidos na metrópole. Esse amálgama de agentes, aspirações e

---

[32] A publicação de livros voltados para a questão social na metrópole, como a coletânea de artigos "São Paulo 1975, Crescimento e Pobreza" e a obra "A Espoliação Urbana", de Lúcio Kowarick, são marcos dessa produção.

desejos por uma nova ordem urbana está no cerne da instabilidade e das lutas por um novo equilíbrio de forças no campo urbanístico e nas políticas urbanas.

Dentre os marcos referenciais dessa luta, destaca-se como momento singular de grande relevância o processo constituinte de 1988. Este pode ser considerado o ponto de inflexão na correlação de forças internas ao campo uma vez que, no reforço mútuo entre o processo de democratização da sociedade brasileira e as aspirações dos movimentos sociais urbanos, a Constituinte possibilitou a ampliação da coalizão em torno de objetivos comuns, consolidando o direito à cidade como representação legítima do urbano e como modelo validado pelo campo de produção. Nesse sentido, a Constituinte é o momento em que a luta coletiva empreendida pelos movimentos sociais urbanos e o capital social acumulado nessas lutas se somam ao capital cultural de frações dominantes. Mediante a conversão dessas modalidades de capital em capital urbanístico no interior do campo específico, criam-se as condições objetivas necessárias para que, por um lado, as camadas populares adquiram autonomia relativa na definição da representação do urbano em conformidade a seus próprios interesses e, por outro, subsista a subversão das relações de forças e da ordem simbólica no campo.

O processo constituinte torna manifesto o cisma, que já existia de modo latente nas camadas dominantes, quanto à representação que estas faziam sobre o dever-ser da urbanização. Nessa contenda simbólica, frações da classe dominante estabelecem de maneira mais explícita uma aliança com as classes populares e os movimentos sociais organizados para a conquista de posições na estrutura do campo específico. Tal aliança proporciona a coalizão de frações dominantes, portadoras de grande capital cultural, adquiridos principalmente pela inserção duradoura no sistema educacional ou no exercício de cargos na máquina do Estado, com os movimentos sociais organizados, portadores de capital social e político acumulado nas lutas sociais. É o momento em que as classes populares, por meio dos movimentos sociais, realizam, de modo mais explícito e objetivo, a aceitação dóxica de uma dada representação de cidade originária do campo, calcada na ideia de participação e de gestão democrática da cidade. Essa correspondência cognitiva do modelo gerado no campo de produção com as aspirações das camadas populares por participação será fator decisivo na constituição do direito à cidade como modelo cognitivo de realidade urbana na estrutura do campo de produção. Apoiado em Bourdieu (1997:125), pode-se afirmar que tanto o cisma na classe dominante quanto a cumplicidade objetiva por parte dos dominados são potencializados, pois:

[...] se é verdade que os ocupantes de posições dominantes nos diferentes campos estejam unidos por uma solidariedade objetiva fundada na homologia entre tais posições, eles também se opõem, no interior do campo do poder, por relações de concorrência e de conflito, sobretudo a respeito do princípio de dominação dominante e da "taxa de câmbio" entre as diferentes espécies de capital que fundamentam as diferentes espécies de poder. Em consequência, os dominados podem sempre tirar proveito ou partido dos conflitos entre os poderosos que, com frequência, têm necessidade de sua ajuda para triunfar. Inúmeros enfrentamentos históricos considerados momentos exemplares da "luta de classes" constituíram apenas a extensão, na lógica das alianças com os dominados, de lutas entre dominantes no interior do campo de poder.

Destarte, um dos aspectos cruciais da coalizão entre agentes situados em posições diferenciadas no campo específico, no campo do poder e na estrutura de classes são as trocas materiais e simbólicas que se estabelecem, de modo a realizar a somatória ou conversão de diferentes modalidades de capital armazenado em redes de instituições e agentes. A conversão de capital cultural e social em capital urbanístico e sua posterior mobilização nas lutas políticas e cognitivas do campo está na base da constituição do direito à cidade, modelo sociocognitivo de dominação organizada do processo de urbanização. Tal coalizão é essencial e decisiva para a constituição do modelo, pois as diferentes modalidades de capital encontram-se desigualmente distribuídas entre as classes sociais, entre os diversos campos e entre os agentes de um mesmo campo. Essa distribuição desigual é o que, aliás, confere a cada agente, por exclusão mútua, uma posição singular na estrutura da sociedade de classes, na estrutura do campo de produção e, por correspondência, na hierarquia socioespacial. Em razão disso, os detentores de capital cultural e cognitivo, criadores de doxa, mormente aqueles mais identificados com os interesses dos dominados, necessitam de legitimidade social para enunciar e denunciar o arbitrário instalado como ortodoxia. Em um contexto democrático, essa legitimidade pode ser buscada no capital social e político acumulado nas redes de movimentos sociais que dão sustentação às lutas das classes populares. Por outro lado, com base em solidariedades parciais e alianças, ainda que precárias, torna-se possível a transferência de capital cultural e cognitivo aos dominados, o que permite a estes maior poder de organização, mobilização e ação coletiva contra a ordem social instituída. Há aqui, de fato, a inclusão cognitiva dos movimentos populares na estrutura do campo urbanístico, embora na condição de dominados, por homologia de sua posição na estrutura de classes.

Quanto ao capital econômico necessário a essa coalizão, cumpre dizer que se origina, em larga medida, da cooperação que esses agentes estabelecem com instituições internacionais interessadas em difundir a democracia como valor essencial no país. Esse aporte é, de início, extremamente relevante, pois, de modo geral, os agentes portadores de visões alternativas encontram-se, no espectro ideológico, à esquerda e em oposição aos governos constituídos, via de regra de direita e, portanto, sem os privilégios vinculados ao exercício do poder administrativo que dão acesso aos fundos públicos como fonte de financiamento de suas atividades. A chegada ao poder formal, que possibilita esse acesso, só pode ser pensada de maneira gradual e de modo alternado com outras forças políticas, pela via de eleições diretas para todos os níveis de governo na medida da ampliação das regras democráticas.

Nessas condições, o direito à cidade emerge como uma representação de cidade construída por uma infinidade de atos cognitivos com base em valores compartilhados por redes de instituições e agentes, constituídas nas lutas e reivindicações urbanas das últimas décadas do século XX, nas três esferas de intervenção: local, regional e nacional. Assim, se institui enquanto princípio legítimo na estrutura vigente no campo de produção, capacitando os agentes a reivindicar um papel distinto na divisão do trabalho de controle do processo de urbanização e, por extensão, na divisão do trabalho de dominação na estrutura de classes. Segundo alguns autores (Maricato, 2001:97), o marco inicial desse paradigma seriam as lutas pelas reformas de base no período pré-64, quando, em um contexto de explosão urbana vertiginosa, o Instituto dos Arquitetos do Brasil realiza o seminário Reforma Urbana, no Hotel Quitandinha, na cidade de Petrópolis. Interrompidas pelo movimento de 1964, essas lutas são retomadas pelos movimentos sociais urbanos, desembocam nas lutas pelas Diretas-Já e se desdobram no processo constituinte brasileiro. Nesse contexto, como resultado da aglutinação reticular de um espectro amplo de agentes e instituições, nasce em 1987 o Fórum Nacional de Reforma Urbana – FNRU.[33]

De acordo com as concepções do FNRU (2003; 2005), o "direito à cidade e à cidadania" é concebido como direito fundamental e concerne à participação dos habitantes das cidades na definição legítima do destino que estas devem seguir. Inclui o direito à terra, aos meios de subsistência, à moradia, ao saneamento ambiental, à saúde, à educação, ao transporte público, à alimentação, ao trabalho,

---

[33] Para que se tenha uma ideia do espectro de agentes e instituições atuantes no âmbito do FNRU, é suficiente dizer que sua coordenação nacional é composta por movimentos populares como União Nacional por Moradia Popular (UNMP), Confederação Nacional de Associações de Moradores (CONAM), Central de Movimentos Populares (CMP) e Movimento Nacional de Luta por Moradia (MNLM); entidades profissionais como Federação Nacional dos Arquitetos e Urbanistas (FNA), Associação dos Geógrafos do Brasil (AGB), Associação Brasileira de Engenheiros e Arquitetos, Federação Nacional dos Sindicatos dos Engenheiros (FISENGE, FENAE), Federação Nacional dos Servidores da Caixa Econômica Federal (FENAE) e Federação Nacional dos Estudantes de Engenharia e Arquitetura (FENEA); organizações não-governamentais como Instituto Pólis, Instituto Brasileiro de Administração Municipal (IBAM), Federação de Órgãos para Assistência Social e Educacional (FASE), Instituto Brasileiro de Análises Sociais e Econômicas (IBASE), Centro de Assessoria à Autogestão Popular (CAAP), Centro pelo Direito à Moradia contra Despejos (COHRE) e Associação Nacional de Transportes Públicos (ANTP).

ao lazer e à informação. Abrange ainda o respeito às minorias, a pluralidade étnica, sexual e cultural e o usufruto de um espaço culturalmente rico e diversificado, sem distinções de gênero, etnia, raça, linguagem e crenças. Além disso, o direito à cidade propugna a gestão democrática da cidade, entendida como a forma de planejar, produzir, operar e governar as cidades submetidas ao controle social e à participação da sociedade civil, e a função social da cidade e da propriedade, como prevalência do interesse comum sobre o direito individual de propriedade. É a ideia de uso socialmente justo do espaço urbano para que os cidadãos se apropriem do território, democratizando seus espaços de poder, de produção e de cultura dentro de parâmetros de justiça social e da criação de condições ambientalmente sustentáveis.[34]

Bem ou mal, a plataforma constitucional do direito à cidade constitui um modelo de realidade urbana, um dever-ser da cidade que – embora expresse um ponto de vista particular compartilhado por agentes situados em dada posição do campo da produção, notadamente à esquerda do espectro ideológico – transmuta-se em princípios universais ao ser sancionado pelos ritos de instituição do Estado, aquilo que realmente deve nortear e ordenar a cidade. Por isso, mesmo tendo claro que a regra jurídica, per si, não leva a uma conduta regular e que, como diria Weber (apud Bourdieu, 1991:96), "os agentes sociais obedecem à regra quando o interesse em obedecer a ela suplanta o interesse em desobedecê-la", deve-se notar que o estabelecimento da regra como princípio jurídico, consciente e intencionalmente produzido equivale a um consenso possível e a uma normatização explícita das vontades.

Como princípio constitucional, desdobra-se em um conjunto de regras, de regularidades objetivas e de condutas mais ou menos previsíveis, passíveis de serem codificadas e cristalizadas em normas e regulamentos infraconstitucionais. Como capital urbanístico institucionalizado, esse conjunto de regras jurídicas, à maneira de um jogo, se impõe a todos os que dele participam, não sendo necessária a anuência da maioria da população leiga, uma vez que, para que tenha eficácia simbólica, basta que seja produto de acordo entre agentes hegemônicos, ocupantes de posições dominantes nos diversos campos.

Uma dimensão importante desse processo é o surgimento de agentes dedicados ao desenvolvimento do direito urbanístico, meio de inovação simbólica e de transformações importantes no campo. Isso porque, na medida

---

[34] No bojo do processo constituinte, o FNRU apresenta, por meio de emenda popular com 130.000 assinaturas, a proposta que viria a se tornar a base para a inclusão do capítulo sobre a política urbana na Constituição Federal de 1988 (Art. 182 e 183). Nele, entre outros dispositivos, são consagrados os princípios da função social da cidade e da propriedade, estabelecendo-se o plano diretor como instrumento básico de política urbana e abrindo-se uma possibilidade objetiva de renegociação da ordem urbana entre as classes.

em que possui maior grau de autonomia, o campo jurídico é capaz de, pelo seu influxo e interferência no funcionamento do campo urbanístico, impor aos acontecimentos uma lógica sobre a qual nenhum agente ou instituição do campo específico detém controle. Essa sobreposição do campo jurídico ao campo urbanístico, como microcosmos sociais que se complementam e se reforçam mutuamente, é a chave para o acordo sobre a universalização de certos interesses particulares, pondo fim à guerra simbólica de todos contra todos, tanto no interior de cada campo como entre eles. Se é verdade que tal acordo mobiliza interesses individuais e até egoístas, também o é o fato de que, pela força coercitiva do mero funcionamento do campo jurídico, por meio de regras que se impõem uniformemente sobre todos os agentes, ele aponta para a instituição de práticas socioespaciais com base em valores universais como o interesse público, o bem comum, a democracia e a justiça na produção do espaço.

A Conexão Global-Local no Contexto do Direito à Cidade

No plano local, a reconquista, já em 1985, do direito ao voto para a eleição de prefeitos e vereadores das capitais abre, aos movimentos sociais urbanos, possibilidades de negociação com governos municipais progressistas comprometidos com a universalização de direitos de cidadania. É no diálogo com essas administrações, como é o caso de Luiza Erundina em São Paulo, que a FNRU e outros agentes da sociedade civil ampliam o debate sobre a função social da cidade entendida como o uso socialmente justo e ecologicamente equilibrado do espaço urbano. Por essa via pode-se entender a constituição do direito à cidade como resultado da emergência de um conjunto de novos agentes e instituições especializadas que reivindicam uma posição na divisão do trabalho de produção do espaço. O florescimento dessas instituições sugere um deslocamento do lugar geométrico da produção e difusão de saberes e práticas socioespaciais, apontando para a quebra do monopólio das instituições vinculadas ao obreirismo como lócus de maior concentração de capital material e simbólico sobre as representações de cidade. Quer dizer, intensifica-se a luta pelo monopólio do capital urbanístico entre instituições tradicionais vinculadas ao obreirismo e outras situadas mais próximas ao direito à cidade na estrutura do campo de produção. Como nota Teixeira (2003), encontram-se na linha de frente desse processo novos tipos de organização que, na sua origem, prestam assessoria aos movimentos populares, mas diversificam suas ações de acordo com as mudanças no quadro econômico, social e político do país, bem como com as possibilidades de financiamento de suas atividades. É o caso de muitas instituições da sociedade civil conhecidas pela denominação genérica de Organizações Não-Governamentais – ONGs.

A trajetória do Instituto de Assessoria e Formação em Políticas Sociais – Pólis e dos profissionais a ele vinculados é bastante representativa desse cenário e dessa nova concepção de ordem urbana. Constituído nos moldes de um *think tank* de políticas públicas, o Pólis nasceu da iniciativa de um grupo de professores universitários, técnicos de órgãos públicos, especialistas em educação popular e de outras pessoas identificadas com a necessidade da criação de uma instituição voltada para a produção de conhecimentos que apoiassem as iniciativas de democratização da gestão pública municipal e de formulação de políticas inovadoras orientadas para promover a inclusão social. Majoritariamente vinculado ao Partido dos Trabalhadores, esse grupo se compunha de pessoas com os mais diversos perfis profissionais – arquitetos, advogados, economistas, sociólogos, pedagogos, historiadores, assistentes sociais, engenheiros, tendo como objetivo central:

> [...] produzir conhecimentos e intervir no espaço público das cidades na perspectiva da democratização da sociedade e ampliação dos direitos sociais e políticos de cidadania. Os temas do urbano, das políticas públicas, das relações dos governos municipais como os movimentos sociais e entidades da sociedade civil foram, e continuam sendo, o foco que torna o Instituto Pólis uma entidade singular (Paulics; Bava, 2002:49).

Os autores mostram também que a afinidade dessa proposta com o governo de Luiza Erundina levou à absorção, por aquela gestão, de um contingente expressivo dos quadros do Instituto Pólis, sugerindo que o marco referencial do direito à cidade passava a ocupar espaços institucionais formais no âmbito do poder administrativo, mormente com a nomeação para cargos públicos de técnicos comprometidos com uma determinada visão de política urbana. Ainda de acordo com os autores, a partir de 1990, com o apoio de agências internacionais de cooperação, o próprio Instituto constitui equipe profissional e infraestrutura própria para produção sistemática de conhecimento – inclusive com a criação de um Centro de Documentação e Informação –, voltando-se para o fornecimento de serviços de assessoria e consultoria na área de política urbana às administrações municipais da RMSP. Assim, as formas de representação, um conjunto de ações e intenções, estruturas cognitivas, modos de percepção e avaliação que denominamos direito à cidade, se instituem no plano local de modo estruturado, alicerçadas em organizações especialistas capazes de formar e fornecer um contingente de agentes dotados de competência cultural específica em trabalho de tempo integral. Trata-se de um trabalho de conquista do Estado pela disseminação de novo modelo de política urbana, que alia o capital técnico e social das organizações civis ao capital burocrático em infindáveis atos de instituição, permitindo ao conjunto de agentes participar ativamente da divisão do trabalho de dominação organizada do processo de urbanização.

O fortalecimento do modelo no plano local não pode ser desvinculado das conexões que os agentes mantêm com as redes sociocognitivas globais. A ideia de direito à cidade, combinada à noção de sustentabilidade urbana, cria possibilidades para o estabelecimento de conexões espaço-temporais cada vez mais amplas, expressas na expansão da prática de constituição de redes de agentes que compartilham as mesmas formas de representação do urbano e a mesma escala de valores no plano transnacional e global. Desse modo, atores locais interpelam as instâncias globais ligadas à questão urbana e ambiental, principalmente os organismos da ONU (PNUD, PNUMA e HABITAT II), estabelecendo circuitos de legitimação em escalas socioterritoriais cada vez mais amplas. Essa estratégia se mostrou plausível porque, como observam Rolnik e Saule Jr. (1997), a partir da década de noventa a ONU, no rastro dos acontecimentos políticos contemporâneos (queda do muro de Berlim, fim da União Soviética, globalização dos mercados), optou pela realização de conferências relacionadas a temas globais emergentes, visando a uma redefinição na forma de cooperação entre as nações.

Esse contexto caracteriza-se pela incorporação ao campo específico de novos agentes sociais, sobretudo setores da sociedade civil organizada, e a utilização intensa da organização em rede para a formação de uma opinião pública internacional. Nesse cenário, a chegada da experiência brasileira, por meio da atuação das organizações vinculadas à reforma urbana, às instâncias e fóruns internacionais, difundiu e fortaleceu o modelo direito à cidade como plataforma de luta para os agentes ligados à questão urbana no plano local e regional. Os autores argumentam que o fator essencial a essa dinâmica é que, em princípio, os organismos da ONU tendem a atuar na questão urbana com base nos direitos humanitários que inspiraram a sua criação, os quais são tomados como de interesse universal, conferindo um caráter de "desenvolvimento urbano com uma face humana" às suas ações.

Dentre o ciclo de conferências sobre temas globais – a chamada agenda social da ONU[35] – pode-se destacar, pela importância e repercussão, a realização da Conferência Global das Nações Unidas sobre os Assentamentos Humanos

---

[35] Durante a década de 1990 a ONU realizou grandes conferências sobre temas globais sendo as mais importantes as seguintes: Conferência Mundial sobre Desenvolvimento e Meio Ambiente – Rio 92; Conferência Mundial sobre Direitos Humanos – Viena 93; Conferência Mundial sobre População e Desenvolvimento – Cairo 94; Conferência Mundial sobre o Desenvolvimento Social – Copenhague 95; Conferência Mundial sobre a Mulher – Pequim 95; e Conferência Mundial sobre os Assentamentos Humanos – Istambul, 96.

(Habitat II), na cidade de Istambul em 1996.[36] A apreensão mais precisa da trajetória da constituição do modelo direito à cidade, tal como preconizado pelos agentes locais, bem como sua consagração e difusão pelas instâncias globais, remete à análise, ainda que de forma breve, à preparação e à participação do Brasil nessa Conferência, na medida em que esse resgate permite trazer à cena instituições, processos organizativos e formas de atuação dos agentes envolvidos. Alves (2001) relata que, convocada a Conferência, o Comitê Nacional congregou, para a preparação brasileira, um total de 24 entidades do governo e da sociedade civil, o que dá uma indicação clara da participação expressiva que as entidades não-governamentais tiveram em todo o processo.[37] Foram então realizados seminários em diferentes cidades e, a partir das contribuições e resultados, elaborado o Relatório Nacional, posteriormente encaminhado à ONU no âmbito dos preparativos para a Conferência. A par dos procedimentos amplamente participativos em sua definição, a delegação brasileira também se caracterizou pelo seu tamanho (200 delegados) e pela participação expressiva de entidades não-governamentais e comunitárias.

A realização das Conferências da ONU e sua vinculação com a constituição de um modelo cognitivo de cidade assentado em valores e direitos formais permitem elucidar mais alguns aspectos do campo urbanístico. Nota-se, por exemplo, que a ampliação da rede de agentes, mediante a constituição de estruturas organizativas horizontalizadas, bem como os mecanismos democrático-participativos, possibilitou a ocorrência de sinergias no interior do campo, contribuindo para a ampliação da produção abstrata, agora compartilhada por uma rede de gentes no plano internacional. É o caso da Carta Mundial do Direito à Cidade. Nela, preconiza-se, por exemplo, a ampliação do tradicional enfoque sobre a melhoria da qualidade de vida das pessoas centrado na moradia e no bairro para a escala da cidade e de seu entorno rural, como um mecanismo de proteção da população que vive nas cidades ou regiões em acelerado processo e urbanização. O direito à cidade é erigido assim em direito humano, definindo-se a plataforma para o fortalecimento dos processos, reivindicações e lutas urbanas, no sentido de promover, implantar e regular as

---

36 A primeira conferência das Nações Unidas sobre assentamentos humanos (Habitat I) ocorreu em Vancouver, no Canadá, em 1976.

37 O Comitê Nacional foi integrado pelos seguintes órgãos e entidades: Ministério das Relações Exteriores, Ministério da Justiça, Ministério da Fazenda, Ministério da Agricultura, do Abastecimento e da Reforma Agrária, Ministério do Trabalho, Ministério da Saúde, Ministério das Minas e Energia, Ministério do Planejamento e Orçamento, Ministério do Meio Ambiente, dos Recursos Hídricos e da Amazônia Legal, Secretaria de Assuntos Estratégicos da Presidência da República, IBGE, IPEA, Caixa Econômica Federal, CNBB, IBAM (Associação Brasileira de Municípios), Fórum Nacional de Secretários Estaduais de Habitação, Fórum Brasileiro de Reforma Urbana, Confederação Nacional das Associações de Moradores, Câmara Brasileira da Indústria da Construção, Instituto dos Arquitetos do Brasil e Associação Nacional de Pós-Graduação e Pesquisa em Planejamento Urbano e Regional (ALVES, 2001).

práticas relativas a esse novo direito. O processo de elaboração da Carta denota a existência de um extenso circuito de legitimação que vai do local ao global, no qual são debatidos os fundamentos e as práticas socioespaciais concernentes ao modelo de urbanização a ser seguido, desde sua proposição até a consagração, difusão e execução pelas várias instâncias envolvidas. Observa-se aqui um alongamento do campo de produção, com diferentes agentes e instituições, desempenhando, por solidariedade orgânica, atribuições e competências delimitadas, embora compartilhem valores, crenças, maneiras de pensar, esquemas de percepção e avaliação que dão coerência e conferem sentido a um modelo cognitivo-institucional de realidade urbana.

Para que se tenha ideia do desenvolvimento desse amplo circuito de legitimação basta lembrar que a Carta Mundial do Direito à Cidade teve como alguns de seus antecedentes a Carta Europeia dos Direitos Humanos na Cidade, elaborada pelo Fórum das Autoridades Locais em Saint Dennis, em maio de 2000, e o Tratado por Cidades, Vilas e Povoados Justos, Democráticos e Sustentáveis (Saule Júnior, 2005). Além disso, foram necessárias as rodadas do Fórum Social das Américas, em julho de 2004 na cidade de Quito, no Equador, e do Fórum Mundial Urbano, em setembro do mesmo ano, em Barcelona, até que fosse apresentada uma proposta da Carta no V Fórum Social Mundial de Porto Alegre, em 2005.

Função Social da Cidade como Valor

Dentre os valores essenciais vinculados ao direito à cidade encontra-se a noção de função social da cidade e da propriedade urbana, móvel de luta pela definição legítima do princípio dominante de dominação no âmbito do campo de produção, ademais essencial para a compreensão de como esse ideário está estruturado. Juntamente com as noções de gestão democrática e participativa e de justiça social, a noção de função social da cidade e da propriedade forma os pilares do sistema de valores e das relações de sentido que dão coerência ao modelo. Não podendo ser objeto de uma interpretação substancialista, tal noção deve ser compreendida como construção institucional e cognitiva levada a efeito por agentes e instituições que lutam pela definição legítima do dever-ser da cidade e do curso da urbanização.

A vinculação da noção de função social da cidade e da propriedade à ideia de justiça social não pode aqui ser considerada apenas pela origem positivista do termo. Pinto (2005:173) lembra que a concepção positivista da função social da propriedade, que está na origem do modo como essa noção é utilizada no direito urbanístico, propunha a subordinação dos empresários à direção do Estado, de modo a que este mantivesse total domínio da organização produtiva, retirando dos proprietários qualquer liberdade de iniciativa. Dessa perspectiva:

[...] a doutrina da função social da propriedade não tem qualquer conotação de justiça social. O que se pretende é subordinar a propriedade privada a um rígido planejamento estatal. Esse planejamento tem por objetivo último o "progresso". Não há, no positivismo, uma preocupação específica com a distribuição de renda. Pelo contrário, a concentração da propriedade é vista com simpatia, uma vez que facilita a direção geral da economia pelo Estado. Na melhor das hipóteses, os pobres seriam beneficiários do progresso da sociedade em seu todo. Tudo leva a crer, no entanto, que a concepção da função social da propriedade tal como formulada no âmbito do direito à cidade não se cinge aos aspectos positivistas. A referência clara à noção de sustentabilidade dada pelo Relatório Bruntland e da afirmação dos valores democráticos como fator teleológico da ordem urbana denota a intenção dos agentes em ampliar a noção para além dos objetivos meramente econômicos de submissão de toda ordem produtiva ao Estado. Na Carta Mundial pelo Direito à Cidade (Instituto Pólis, 2005:3) essa escala de valores é explicitada nos seguintes termos:

[...] os espaços e bens públicos e privados da cidade e dos cidadãos devem ser utilizados priorizando o interesse social, cultural e ambiental. Todos os cidadãos têm direito a participar da propriedade do território urbano dentro de parâmetros democráticos, de justiça social e de condições ambientais sustentáveis. Na formulação e implementação de políticas urbanas deve ser promovido o uso socialmente justo e ambientalmente equilibrado do espaço e do solo urbano, em condições seguras e com equidade entre os gêneros.

Essa percepção não está presente apenas na retórica de políticos demagogos ou no debate de especialistas, mas perpassa todo o movimento de ocupação de edifícios vazios do Centro da metrópole, sendo comum, na ação desses movimentos, a noção de função social da propriedade estar relacionada à ideia de justiça redistributiva, como denotado em documentos e publicações desses movimentos.

Na questão da moradia, além de não se investir na construção de casas populares, há centenas de prédio sem nenhuma função social, que servem apenas para especulação imobiliária: são verdadeiros latifúndios improdutivos! Qualquer pessoa de bom senso não consegue deixar de se revoltar, diante desse absurdo: centenas de famílias morando em buracos, barracos, cortiços, sob viadutos, nas calçadas etc., e esses prédios fechados, sem aproveitamento! Não podemos ficar de braços cruzados. Afinal, se pensarmos bem, esse (sic) prédios pertencem ao povo, já estão pagos, com séculos de exploração em cima dos trabalhadores. Vamos tornar produtivos esses latifúndios. Vamos torná-los úteis, transformando-os em moradia popular!
Fonte: Boletim da luta por moradia. MSTC. nº 2, agosto de 2000.

É nessa medida que se pode apreender a reivindicação dos movimentos atuais pela expropriação desses objetos e sua reconversão em habitação de interesse social:

Reivindicamos:

1. Desapropriar todos os imóveis que estão fechados por mais de 3 anos, e transformá-los em moradia popular e equipamento social.
2. Incidência de imposto fortemente progressivo para imóveis vazios há mais de 1 ano.
3. Que os imóveis com débitos de IPTU passem para o controle da Prefeitura e sejam utilizados para moradia popular.
4. Medida de emergência: que todos os prédios vazios por mais de ano e dia (sic) sejam ocupados pelos sem-teto até que os projetos habitacionais para famílias de baixa renda sejam viabilizados.

Fonte: *Boletim da luta por moradia.* MSTC. nº 3, fevereiro de 2001

Consagração de Modelos e Melhores Práticas Urbanas

A dinâmica de implementação de práticas socioespaciais vinculadas ao direito à cidade é outro aspecto revelador da conduta dos agentes e do processo e institucionalização do modelo. A criação do Programa de Melhores Práticas e Liderança Local no âmbito da Habitat II, por exemplo, possibilitou a consagração de práticas e de experiências locais promovidas por governos locais brasileiros identificados com os princípios do direito à cidade, dentre elas o orçamento participativo, de grande repercussão internacional. A apresentação, na Habitat II, de práticas brasileiras bem-sucedidas em gestão urbana, expressava o sistema de valores do direito à cidade alicerçado nos conceitos de descentralização, participação popular, parceria com organizações não-governamentais e respeito ao meio ambiente. Nesse aspecto, um dos técnicos e políticos mais identificados com esse ideário, o arquiteto e vereador Nabil Bonduki (2000:26), oriundo do governo de Luiza Erundina na cidade de São Paulo, enfatiza o fortalecimento de uma nova postura, a qual denomina de "ambiental participativa", destacando nela as seguintes características:

[...] gestão descentralizada e democrática, com ênfase no papel do poder local e na articulação das políticas setoriais; criação de canais institucionais de participação popular como conselhos de gestão urbana, fórum de habitação e participação dos cidadãos nas decisões sobre as prioridades de governo, com a elaboração do orçamento participativo e acompanhamento da execução orçamentária; inversão de prioridades para garantir o direito à habitação e à cidade; parceria entre poder público e organizações não-governamentais para o desenvolvimento de programas e projetos, por meio do estímulo a processos de autogestão e de co-gestão em produção do habitat e de geração de emprego e renda; busca de barateamento da produção habitacional por novas formas de gestão, produção e pelo financiamento direto para o usuário final e reconhecimento da cidade real, por meio de regularização fundiária e urbanização das áreas ocupadas espontaneamente; compatibilização entre preservação do meio ambiente e implantação de projetos urbanos, produção habitacional e recuperação ambiental de áreas de preservação já ocupadas; busca de reaproveitamento de dejetos urbanos, pela reciclagem, visando à preservação ambiental e sua reutilização em programas públicos; prioridade para o transporte coletivo e a segurança no tráfego.

Dentre as dimensões apontadas, vamos nos deter, por sua relevância, no processo de produção de objetos relacionados à habitação de interesse social e, assim, melhor caracterizar o sistema de valores do direito à cidade. Uma das práticas urbanas brasileiras então consideradas como bem-sucedidas pela Secretaria Nacional de Política Urbana do Ministério do Orçamento e Planejamento para a apresentação no Habitat II, o Programa de Produção de Habitação por Mutirão e Autogestão desenvolvido pela gestão Luiza Erundina foi apresentado como solução para a produção de moradias de alta qualidade a baixo custo, se comparado a outros processos de edificação. Além disso, dizia-se, possibilitava a participação popular na gestão das políticas sociais. Bonduki (2000:35) mostra que os mutirões, como eram conhecidos, procuravam se diferenciar do sistema de autoconstrução uma vez que estes eram identificados como mecanismos de utilização de força de trabalho gratuita dos trabalhadores na produção de moradia. A autogestão era um processo de gestão do empreendimento habitacional em que os futuros moradores, organizados em associações ou cooperativas, administravam a construção das unidades habitacionais em todos os seus aspectos, a partir de regras e diretrizes estabelecidas pelo poder público, quando este participava do financiamento do empreendimento. Nesse sistema, a comunidade, por meio de entidades representativas, gerenciava o processo produtivo da construção das unidades habitacionais e a administração municipal implantava a infraestrutura. Embora permaneça a questão, não superada, da exploração do trabalho informal dos mutirantes na produção, uma vez que não se consegue quebrar as hierarquias resultantes da distribuição desigual dos diferentes tipos de capital (social, cultural e econômico) entre ONGs, assessorias, políticos, burocratas, movimentos sociais e demais agentes envolvidos, deve-se notar que, por meio dos mutirões, criava-se um aprendizado coletivo que induzia à superação do isolamento e do individualismo da autoconstrução e ampliava o capital social, institucional e cognitivo das classes populares que podia ser (e frequentemente o era) mobilizado para pressionar e obter maior responsabilização do poder público na produção da moradia a elas destinada.

Outro ponto levantado por Bonduki (idem, ibidem) é a divisão do trabalho e do poder no processo de produção da moradia. Quando a administração pública realizava convênio com uma cooperativa, ela efetivamente transferia uma parcela de poder à sociedade civil organizada. O Estado deixava de ser promotor do empreendimento, passando a exercer apenas um papel normatizador, fiscalizador e de controle. Por outro lado, a contratação de assessorias técnicas pelas cooperativas caracterizava a terceirização de atividades, provocando o esvaziamento das áreas da administração respectivas e reforçando a hierarquia entre os agentes. Este último aspecto denota que o influxo das regras de mercado e da implementação da utopia do Estado mínimo nas práticas urbanas imperava mesmo em meio às práticas tidas como manifestações autênticas do sistema de valores do direito à cidade. Esse é um ponto importante que será abordado com maior profundidade no capítulo seguinte. Por hora, cumpre enfatizar que, nos seus primórdios, o direito à cidade constitui sua identidade em oposição à representação e às intervenções do obreirismo e que, nesse processo, a questão da produção da habitação de interesse social se constitui em um dos mais importantes móveis de luta do *campo,* oferecendo oportunidade para a análise comparativa de soluções alternativas que competem pelo monopólio da definição legítima da produção de moradia para as camadas populares.

Um móvel de lutas é um problema do *campo* não solucionado satisfatoriamente por nenhum dos agentes e, por isso, sua definição legítima coloca em jogo grandes quantidades de capital urbanístico, quer dizer, a mobilização de grandes quantidades de agentes e instituições na busca por posições dominantes na estrutura do campo. Esse mecanismo explica por que mesmo agentes pouco identificados com o ideário do direito à cidade logo se lançam na tarefa de oferecer produtos materiais e simbólicos, visando a solucionar o problema da habitação de interesse social. Tal é o caso do Programa Cingapura de verticalização de favelas, empreendido na gestão Paulo Maluf. Difundido mundialmente como modelo no enfrentamento do problema habitacional, Cingapura, ex-colônia britânica, sofreu favelização generalizada após a II Grande Guerra.

A experiência bem-sucedida daquele país no combate à favelização, pelo menos do ponto de vista das agências propagadoras, fez com que o então prefeito decidisse importar o programa ali aplicado. Assim, foi implantado em São Paulo o Programa Cingapura de desfavelização. Com recursos do Banco Mundial e do Banco Interamericano de Desenvolvimento foram construídos, no mesmo local das favelas, prédios de até 11 andares com elevador e infraestrutura urbana. No jargão dos urbanistas, esse processo é denominado de verticalização em diferenciação à técnica de urbanização de favelas, sendo que essa diferenciação expressa tanto o estágio da luta interna ao campo de produção pela definição legítima dos termos do problema como a divisão no campo do poder. Figueiredo e Lamounier (1997:191) assinalam que o próprio prefeito costumava reproduzir um discurso no qual explanava o que entendia serem as três principais características do projeto:

> Ninguém é removido da favela. As famílias que ali moram são provisoriamente abrigadas em alojamentos no local, enquanto os barracos são derrubados para dar lugar a prédios de apartamentos com toda a infraestrutura destinada a transformar a antiga favela num bairro igual a qualquer outro. Embora a mão-de-obra dos moradores da favela seja aproveitada durante a construção, o padrão tecnológico aplicado por empresas especializadas evita desperdício de material e reduz o tempo da obra, de modo que um edifício de cinco andares fica pronto no tempo recorde de 120 dias. Não há paternalismos. As prestações são simbólicas e os prazos de pagamento dilatados, mas cada família deve adquirir o seu imóvel e nele permanecer, o que impede a criação de um mercado paralelo entre famílias de baixa renda.

Os autores lembram que, por exigência do Banco Mundial, a ação da prefeitura se prolongava no período pós-ocupação na "orientação e assistência" aos moradores. Essa assistência incluía tópicos educativos como orientar as pessoas a não "fazer sujeira, não jogar lixo nem secar roupa nas janelas, pagar as taxas de água e luz, conservar a moradia, os banheiros e os tanques" (Figueiredo; Lamounier; 1997:192). O adensamento de favelas por meio da verticalização se justificava pela realidade objetiva enfrentada pela população mais pobre da metrópole, mormente os imigrantes provenientes de áreas ainda mais carentes da região Nordeste do país. Para esse grupo social, a realidade que se apresentava era a inviabilidade da aquisição do lote urbano em função dos preços elevados e dos baixos salários; a perenidade de sua inserção na favela devido à consolidação desta como um local fixo e definitivo de moradia e não mais um lugar de espera de um lote; e, logo, a verticalização da favela como única possibilidade de acesso a serviços públicos básicos como água e luz.

Opositor contundente do modelo, o Partido dos Trabalhadores acusava a gestão malufista de não ouvir a comunidade envolvida e de implementar o Cingapura como solução única e mais cara que a habitação produzida em sistema de mutirão. O partido também criticava o fato de o modelo deixar de lado a população em cortiço, os sem-teto e os necessitados de novas moradias. As forças que se opunham ao projeto defendiam que a solução era conciliar a verticalização, a construção de novas unidades e a retomada do sistema de mutirão como uma alternativa global para o problema (Figueiredo; Lamounier; 1997:195). Desse prisma, o que faltava era uma política habitacional na qual o modelo Cingapura poderia até ser utilizado em alguns casos, onde não houvesse outra solução. A solução combinada de várias modalidades acabou sendo adotada na gestão Marta Suplicy como parte do esforço de produção de moradia de interesse social no âmbito do processo de "revitalização" do Centro de São Paulo. O objetivo era estabelecer o equilíbrio entre a mercantilização do espaço pelos agentes do mercado imobiliário com práticas de produção de habitação de interesse social e, desse modo, contra-referenciar o processo de gentrificação característico da "revitalização" do Centro das metrópoles, levado a efeito pelas instituições globais. O aprendizado e o rápido compartilhamento de práticas constituem um dos aspectos notáveis da luta política e cognitiva travada por especialistas da produção simbólica no interior do campo. Assim é que, no Programa Morar no Centro, acham-se combinados de modo coerente todos os modelos de "habitação de interesse social", como capital institucional-cognitivo acumulado e mobilizado na produção de objetos diferenciados para, ao tempo em que atrai novos investimentos, evitar o processo de expulsão da população mais pobre do Centro da cidade em função da valorização imobiliária decorrente desses mesmos investimentos.

Essa característica do funcionamento do *campo* está relacionada à constituição de redes sociocognitivas envolvendo extensões cada vez maiores do espaço-tempo, constituindo-se em fonte importante de inovação das práticas. Na experiência da revitalização do Centro na gestão Marta Suplicy, tal propriedade do campo proporcionou a combinação de práticas como a verticalização de favelas e o saneamento ambiental (Parque do Gato); reforma ou reciclagem de edifícios (Riskalah Jorge), bem como a reabilitação do patrimônio e melhoria das condições habitacionais em cortiços. Bem ou mal, são postas em movimento novas modalidades de produção e apropriação do espaço pelas classes populares que, por alguma razão, desejam permanecer no Centro da cidade. Assim, a prática da locação social permite a provisão direta de moradias a partir da reforma de prédios deteriorados; o arrendamento residencial disponibiliza imóveis com aluguéis de valor abaixo dos de mercado com opção de compra do imóvel pelo arrendatário; a bolsa aluguel subsidia famílias com parte do valor do aluguel pago pela família; a moradia transitória beneficia famílias provenientes de áreas de risco e que estão no aguardo de outras modalidades de habitação.

O quadro institucional que se forma em torno de um programa com essas características aponta para uma quebra de monopólio da definição legítima do dever-ser da urbanização pelo obreirismo e pelas forças de mercado, confrontando o processo de *gentrificação* característico das ações de revitalização urbana, que sempre é acompanhada de uma dinâmica de valorização imobiliária decorrente dos investimentos públicos. Vemos aqui os movimentos sociais adquirirem um papel institucional específico: o de colocar o seu conhecimento de tempo e circunstâncias na construção de uma ordem urbana mais conforme a seus interesses, apropriando-se do território e de parte dos recursos destinados aos projetos, inclusive daqueles provenientes de agências internacionais.

Outro aspecto a ser considerado é que, dadas as novas possibilidades de financiamento, o mercado de produção e consumo do espaço assiste ao surgimento de novos meios de produção e de produtores especializados. Exemplo expressivo é o surgimento dos laboratórios de arquitetura e urbanismo em instituição de ensino, dentre os quais o Laboratório de Urbanismo da Metrópole – LUME e o Laboratório de Habitação – LABHAB, ambos da FAU/USP, contratados para a prestação de serviços especializados de projetos urbanos de âmbito local e regional Do mesmo modo, instituições da sociedade civil como o Instituto Gaspar Garcia de Direitos Humanos são integradas aos planos e projetos urbanos com funções complementares às do Estado, como as de mobilização e esclarecimento da "população-alvo".

Pode-se afirmar ainda que, no que tange à reprodução da metrópole como meio de produção ajustado à escala global, experiências como as mencionadas acima revelam que as estratégias das instituições globais passam pelo reconhecimento e adoção dos princípios de visão, formas de percepção e escala de valores do direito à cidade. Ao promoverem mecanismos de consagração e difusão das melhores práticas na produção de moradia, equipamentos e serviços urbanos, a ONU e o Banco Mundial reivindicam, com êxito, uma posição distinta no controle do curso da urbanização. Por sua inserção na divisão do trabalho de dominação organizada da produção do espaço, constitui-se um espaço institucional que agrega as funções de consagração e financiamento de determinadas práticas socioespaciais, que passam a ser veiculadas com pretensões a validade universal pelo seu desenraizamento em relação ao local onde foram concebidas. Assim, pela ação das instituições globais, a política urbana deixa de ser um conjunto de práticas aplicáveis a determinado contexto particular e passa a ser cada vez mais um modelo arbitrário de ordem urbana emanado daquelas instituições que, não sendo reconhecido como tal pelos leigos, promove a homogeneização do espaço urbano global pela inculcação, como violência simbólica, das chamadas *"best practices"*.

Pela ação dessas instituições estrutura-se também um mercado global de bens simbólicos direcionados à requalificação ou renovação urbana onde, como observou D'arc (2004), cidades espanholas (Barcelona, Bilbao) e italianas (sobretudo Bolonha) disputam a exportação de seu *know-how* em matéria de gestão-requalificação e redes técnicas para a América Latina. Talvez estejamos aqui diante daquilo que Giddens (1991:29) denominou desencaixe das relações sociais, quer dizer, seu deslocamento de contextos locais de interação e sua reestruturação através de extensões indefinidas de tempo-espaço. Segundo o autor, nas sociedades pré-modernas espaço e tempo coincidem amplamente, pois as atividades são dominadas pelos contextos de presença, por ações desenvolvidas no local enquanto cenário físico da atividade social. O advento da modernidade arranca o espaço do tempo, fomentando relações entre ausentes, localmente distantes e sem interação face a face. O local é penetrado e moldado por influências sociais distantes, que não estão presentes na cena. A forma visível do local oculta as relações distanciadas que determinam sua natureza. "A separação entre tempo e espaço é condição para o desencaixe das instituições sociais a qual serve para abrir múltiplas possibilidades de mudança liberando das restrições dos hábitos e das práticas locais". Aqui, o desencaixe se daria por meio de mecanismos específicos que, tal como as *best practices* urbanas, funcionariam como meios de intercâmbio que prescindem das características específicas dos indivíduos ou grupos. Desse modo, elas permitem a transposição de experiências de um lugar a outro, mesmo que esses lugares não tenham qualquer característica cultural ou tradição em comum. Como informação armazenada, as *best practices* globais realizam o desencaixe das instituições e das práticas socioespaciais, contribuindo para a homogeneização do processo de urbanização em nível global. Têm-se aqui a produção serial de objetos em escala global.

A validação, legitimação e universalização de práticas vinculadas a determinada experiência particular passam a ser difundidas em circuitos diversos (feiras, congressos, fóruns), controlados por agentes que ocupam determinadas posições no *campo* e que as utilizam para amealhar capital simbólico e cognitivo a ser reinvestido em ações futuras, em lugares remotos e em realidades diversas daquela que deu origem à prática. Tais circuitos de legitimação, dos quais as Conferências Globais da ONU e as instâncias do Banco Mundial voltadas para as políticas de desenvolvimento urbano passam a ser peças-chave, engendram também a integração das instituições da sociedade civil situadas ao nível local com as instâncias transnacionais do *campo*.

Desse modo, essas experiências nos fornecem outra característica do funcionamento do *campo* urbanístico. A formação de redes sociocognitivas de agentes estatais, privados e do terceiro setor vinculados a determinada problemática do *campo*, adquire escala propriamente global em suas premissas e consequências. Daí por diante será crescente a participação de autoridades nacionais e locais em eventos globais, geralmente para reivindicar maior aporte de recursos em projetos do seu âmbito de atuação. Organizações da sociedade civil também passam a se conectar às esferas transnacionais em formação. Neste último caso, cite-se novamente o Instituto Pólis e suas vinculações às redes internacionais de produção de conhecimento relativos às respectivas áreas de atuação, como o *International Development Research Council*, do Canadá, o *Lincoln Institute* e o *United Nations Research Institute for Social Developments*, da ONU, além da participação em redes como o *Global Urban and Community Studies*, da Universidade de Toronto (Paulics; Bava; 2002:51).

Do Direito à Cidade à Sustentabilidade Urbana

Em 1991, o III Fórum Nacional de Reforma Urbana decide participar da Conferência das Nações Unidas em Defesa do Meio Ambiente e do Desenvolvimento – a Rio-92, com a proposta de debater as relações entre problemas urbanos, pobreza e questões ambientais. Essa decisão, que se fundamentou no fato de a questão urbana estar ausente dos debates oficiais e preparatórios das ONGs brasileiras, proporcionou a ampliação do leque de instituições da sociedade civil por meio dos fóruns de ONGs e movimentos sociais e levou à introdução da questão urbana na Conferência (Grazia de Grazia, 1993). A luta pela reforma urbana ganhava novos significados na medida em que se fundia e se confundia com o conceito de desenvolvimento sustentável lançado no Relatório Brundtland e consagrado na própria conferência do Rio. Coordenada pelo Instituto Pólis, a elaboração do "Tratado por Cidades, Vilas e Povoados Justos, Democráticos e Sustentáveis" discorria sobre desenvolvimento sustentável, reforma urbana, moradia e saneamento básico, cidadania, poder local e qualidade de vida, preconizando a união de antigos sujeitos e a constituição de novos em uma agenda comum de lutas pela reforma urbana (Paulics; Bava, 2002:50). Com a elaboração da Agenda 21, ainda no âmbito da Rio-92, o termo "cidades sustentáveis" ganha projeção no espaço público global, tornando-se parte da agenda da questão urbana.

Como evidência desse fato, note-se que, no período recente, nenhuma questão da agenda global foi mais internalizada pelos agentes do campo urbanístico do que a questão ambiental. Na RMSP, em meio a conferências mundiais, pressão de grupos ambientalistas, abertura democrática e chegada de partidos de oposição ao poder nos diversos níveis de governo, houve, por parte do poder estatal, não só o reconhecimento da questão ambiental urbana como de caráter público, mas também a homologação por meio de transformações institucionais com a criação de burocracias específicas, a formulação de instrumentos e a implementação de práticas socioespaciais como o Plano Diretor Estratégico e a Agenda 21 Local.

Note-se que, em determinados municípios, a questão ambiental já havia se tornado um dos fatores de maior visibilidade no espaço público e um ponto nevrálgico na luta pela definição legítima da noção de sustentabilidade urbana no interior do campo. Como consequência dessa dinâmica, já na Lei Orgânica Municipal de 1991 o município de São Paulo consagrava o princípio de que ao Estado cabe organizar "sistema de administração da qualidade ambiental, proteção, controle e desenvolvimento do meio ambiente e uso adequado dos recursos naturais, para coordenar, fiscalizar e integrar as ações de órgãos e entidades da administração pública direta e indireta, na formulação de política municipal de proteção ao meio ambiente" (Cf. Lei Orgânica Municipal, Art. 181. caput e parágrafo I.). Deve-se mencionar que a reforma administrativa proposta pela gestão Luiza Erundina criava a Secretaria do Meio Ambiente e Desenvolvimento Urbano, a qual seria "responsável pelo meio ambiente, recursos hídricos, saneamento, aproveitamento do solo urbano, edificações municipais, habitação popular, sistema viário e transporte".

Não se pretende demonstrar aqui que o mero ordenamento jurídico e legal seja suficiente para o estabelecimento da ordem urbana e para a construção de metrópoles sustentáveis. O importante a assinalar é que, ao penetrar pelas porosidades dos campos jurídico e urbanístico a questão ambiental exige a sua codificação, o que implica enfrentamento do debate para a definição das regras do jogo que possam ser compartilhadas e, assim, se chegar à concordância tácita pelos agentes dos diversos *campos*. Trata-se aqui da construção de uma ordem simbólica que estabelece as condições para a validação das práticas e que criam, per si, uma expectativa de regularidade, favorecendo assim a aquisição de um tipo de conduta e de um *habitus* pelos agentes, como nova modalidade de capital urbanístico a ser acumulado.

Nesse particular, note-se que foi na gestão de Paulo Maluf – político conservador de direita, autêntico tocador de obras, figura típica do obreirismo – que se verificaram avanços institucionais importantes na questão ambiental urbana. Em sua gestão foi constituída a almejada Secretaria Municipal do Verde e do Meio Ambiente e o Conselho Municipal de Desenvolvimento Sustentável,[38] denotando que, em meados da década de 1990, a questão ambiental urbana já havia sido universalizada e incorporada pela esfera estatal como um todo, tendo se cristalizado no *campo* do poder na forma de instituições e normas específicas. Esse fato é notável porque, no *campo* urbanístico, a identidade do direito à cidade se constrói mediante uma demarcação clara de posições e confrontos com as práticas do obreirismo na figura de seus principais sacerdotes, cujos corpos e mentes tipificariam, na visão dos profetas da sustentabilidade, um padrão de produção e gestão das cidades insustentável em termos socioambientais.

Se as classes populares, em condições de subalternidade e consideradas incapazes de agir, julgar e decidir, não participam dos destinos da metrópole, a politização da questão ambiental urbana agora fornecia a elas horizontes e possibilidades objetivas que, em seus desdobramentos, apontavam para uma superação das questões locais e particularistas rumo à negação das "práticas econômicas que tornam a cidade um objeto de lucro, que mercantilizam o solo urbano", significando a negação da não-cidade e o direito aos bens de cidadania (Silva, 1991). Pela via da inclusão de agentes até então distantes do *campo* –

---

[38] Lei Municipal nº 11.426, de 18 de outubro de 1993.

inquilinos, mutuários, posseiros, favelados, moradores de rua, catadores de lixo, sem-teto – a ideia de direito à cidade, reivindicava a criação da cidade democrática e cidadã, o combate à exclusão, a participação e a co-responsabilidade dos agentes na superação de problemas urbanos, novos ou persistentes, como a violência, a segregação, a degradação ambiental, a carência de infraestrutura e serviços e a pobreza urbana. Nesses termos, o direito à cidade não só incorpora como amplia a noção de sustentabilidade urbana. A fusão da noção de sustentabilidade e do direito à cidade tem o significado de uma subversão cognitiva e simbólica que possibilita a reapropriação coletiva, pelas camadas populares, da possibilidade de reconstrução de sua própria identidade e de outra lógica de inserção na ordem social. Na medida em que não aceitam mais serem negados ou mesmo negarem-se em suas práticas e aspirações, os agentes (mobilizados em torno da ideia de direito à cidade) conseguem pôr a nu um dos principais expedientes da classe dominante para a manutenção de uma ordem social tida como injusta e insustentável: a expropriação aos dominados da possibilidade de construção de sua própria identidade (espoliação simbólica da identidade), por via de sua relação com as autoridades detentoras da cultura urbanística legítima capaz de impor aos espoliados a aceitação dóxica e o reconhecimento de sua própria espoliação.

Direito à Cidade e Institucionalização do Campo Urbanístico

Dentre as contribuições do direito à cidade ao processo de autonomização do *campo*, pode-se assinalar o grande impacto que ele teve na codificação do capital urbanístico, quer dizer, na conversão de capital urbanístico em capital jurídico, em normas e regras de maior eficácia simbólica na conformação do espaço e da vida social, cujo paroxismo é alcançado com a aprovação do Estatuto da Cidade. Outra contribuição importante diz respeito aos avanços na institucionalização, isto é, na fixação do capital específico em órgãos governamentais permanentes, em máquinas burocráticas, postos de trabalho e instrumentos de intervenção, como é o caso, ao nível do Estado Nação, da criação do Ministério das Cidades, das Conferências e do Conselho Nacional das Cidades. Nas seções seguintes vamos nos deter em alguns desses aspectos.

O Estatuto da Cidade

A atuação do FNRU e de instituições da sociedade civil, organizada como forças vivas mobilizadas por agentes do campo, foi decisiva não apenas para a criação do capítulo sobre reforma urbana na Constituição de 1988, mas também para a sua regulamentação, treze anos depois, pela Lei Federal nº 10.257, de 10 de julho de 2001 – o Estatuto da Cidade. É preciso lembrar que a inscrição do capítulo sobre a reforma urbana na Constituição havia tido a eficácia jurídica esperada pelos agentes responsáveis pela sua aprovação, ensejando questionamentos do Supremo Tribunal Federal e de setores conservadores que atrelaram sua validade à existência de uma Lei Federal. Além disso, prefeitos eleitos após a promulgação da Constituição demandavam instrumentos que pudessem ser aplicados no atendimento aos direitos básicos da população. A ausência de regulamentação levou a que, por exemplo, o STF julgasse inconstitucional a progressividade do imposto sobre a propriedade urbana proposta pela gestão Erundina em São Paulo (Grazia de Grazia, 2003).

O FNRU avaliou que um instrumento dessa natureza, se apropriado pela população, seria uma conquista valiosa rumo à constituição de uma ordem urbana justa, democrática e sustentável nas cidades brasileiras (Bonduki, 2000; Grazia de Grazia, 2003; Ribeiro, 2003; Cardoso, 2003; Martins, 2003). Aprovado pelo Congresso Nacional e sancionado pelo Presidente da República em 10 de julho de 2001, o Estatuto da Cidade pode ser considerado o instrumento que realiza a totalização das teses do direito à cidade pela conversão do capital social e cultural, acumulado durante 20 anos de lutas do FNRU, em capital jurídico-político codificado, que estabelece nova ordem simbólica para todo o campo de produção. Ao romper a barreira do sistema político tradicional e lograr a codificação de seus pontos de vistas pelo poder administrativo, os agentes aglutinados em torno do direito à cidade finalmente transferem suas teses para o campo do poder, quer dizer, o Estado, como meio de impor e de inculcar os princípios de visão e divisão próprios do modelo como sendo o interesse geral. Desse modo, o Estatuto da Cidade exerce, enquanto norma jurídica sancionada pelo Estado, um poder de unificação e universalização e, como tal, um poder de concentração do poder simbólico em determinados agentes e instituições, passo necessário à constituição da dominação racional do processo de urbanização com base em determinados valores como ordem urbana válida e justificável.

A Criação do Ministério das Cidades

Uma consequência clara da concentração de poder simbólico e da universalização dos princípios do direito à cidade foi seu desdobramento na criação do Ministério das Cidades (MCidades) pelo Presidente Luiz Inácio Lula da Silva, que, dos candidatos presentes na disputa presidencial de 2002, se mostrou, de longe, o mais próximo dessas proposições. Trata-se de um marco importante na construção sociocognitiva do modelo como transcendental comum incorporado às instituições do Estado.[39] Esse fato adquire maior relevância quando analisado no contexto de desorganização institucional do campo urbanístico no âmbito do Governo Federal, o que vinha, há muito, inviabilizando a ação e a influência dos agentes, mormente os vinculados ao direito à cidade. Deve-se recordar que o Regime Militar chegou a formular uma Política Nacional de Desenvolvimento Urbano, coordenado pelo Serviço Federal de Habitação e Urbanismo, que administrava o Fundo de Financiamento ao Planejamento. É dessa época a disseminação da ideia de Plano Diretor que, não obstante, era elaborado de modo tecnocrático e direcionado a parcelas restritas da população e do território, desconhecendo as condições de vida das classes populares relegadas à ilegalidade e aos assentamentos precários.

Reconheça-se que o Sistema Financeiro de Habitação e o Banco Nacional da Habitação (BNH), instrumentos criados pelo regime de 1964, foram responsáveis pela construção de um número expressivo de moradias (4 milhões) e pela implantação, por meio do Plano Nacional de Saneamento Básico – PLANASA, de importantes sistemas de saneamento no país. O problema é que a maior parte dos subsídios destinados ao sistema era absorvida pela classe média, enquanto as camadas populares eram assentadas em conjuntos habitacionais grotescos, construídos em série fora do perímetro urbano e sem a infraestrutura urbana necessária. Tais conjuntos habitacionais passaram a ser símbolo da relegação e da exclusão das classes populares dos benefícios materiais e simbólicos associados à produção do espaço. Extinto o BNH em 1986, o desenho institucional da política urbana sofre total desfiguração, migrando suas funções para órgãos sem capacidade de formulação e implementação de uma política urbana condizente com a marcha frenética da urbanização no país. Essa fragilidade institucional só começa a ser revertida a partir da aprovação do Estatuto das Cidades, ainda no Governo Fernando Henrique Cardoso (Ministério das Cidades, 2004, vol. 1:12).

Com a eleição do candidato do Partido dos Trabalhadores, vista pelos agentes vinculados ao direito à cidade como uma oportunidade histórica de afirmação e de universalização de suas práticas e reivindicações, um projeto elaborado pelo Instituto Cidadania, ligado ao partido, o qual associava a solução da questão da moradia à organização institucional da política urbana, passa por uma reelaboração para dar origem ao que viria a ser o Ministério das Cidades.

---

[39] O Ministério das Cidades foi instituído em 1º de janeiro de 2003, por meio da Medida Provisória nº 103, depois convertida na Lei nº 10.683, de 28 de maio do mesmo ano. O Decreto nº 4665, de 3 de abril de 2003, aprova a Estrutura Regimental e o Quadro Demonstrativo dos Cargos em Comissão do Ministério das Cidades.

A eleição de Luiz Inácio Lula da Silva para a presidência da República abre uma possibilidade histórica extraordinária para o Brasil. Podemos concretizar mudanças sociais e políticas que permitam à sociedade brasileira romper definitivamente com seu caráter oligárquico e autoritário, construindo uma verdadeira democracia. Neste contexto deve ser compreendida a criação do Ministério das Cidades, uma das primeiras iniciativas do novo governo. A Criação do Ministério reflete dois aspectos importantes. De um lado, o fato de o novo governo assumir a questão urbana como uma das principais vertentes da questão social brasileira. De outro, a vontade de tratar de forma integrada os problemas urbanos, superando a histórica setorialização das políticas de habitação, saneamento, transporte e mobilidade (FNRU, 2003:5).

De fato, o Ministério criado para tratar da questão urbana trazia em sua estrutura as maiores preocupações presentes em todo o movimento pela reforma urbana, incluindo, além das questões relativas à gestão participativa, a incorporação da noção de sustentabilidade ambiental. Como forma organizada de dominação legítima do curso da urbanização, deve-se notar que, ao transpor a barreira institucional para se inscrever no corpo do Estado, o direito à cidade passa a ser uma forma simbólica universalizada, desvinculada dos agentes específicos que estão na sua gênese. As relações do campo urbanístico com o poder Estatal podem aqui, mais uma vez, ser percebidas como de profundo significado na produção e reprodução do próprio campo enquanto tal. Cabe notar que, como observa Bourdieu:

> Em nossas sociedades, o Estado contribui, em medida determinante, para a produção e a reprodução dos instrumentos de construção da realidade social. Enquanto estrutura organizacional e instância reguladora das práticas, ele exerce em bases permanentes uma ação formadora de disposições duráveis por meio de todas as constrições e disciplinas a que submete uniformemente o conjunto dos agentes. Ele impõe, sobretudo, na realidade e nos cérebros, todos os princípios fundamentais de classificação [...] mediante a imposição de categorias sociais [...] que constituem o produto da aplicação de "categorias" cognitivas destarte reificadas e naturalizadas; ele também constitui o princípio da eficácia simbólica de todos os ritos de instituição [...] que instaura, entre os eleitos e os eliminados, diferenças simbólicas duráveis, por vezes definitivas, e universalmente reconhecidas nos limites de seu âmbito (Bourdieu, 2001:212).

A estrutura administrativa do Ministério, um dos esquemas práticos de percepção e assimilação de determinada visão do mundo social, logo, uma das formas de apreensão da correlação de forças que dão forma e conteúdo ao poder administrativo, previa quatro secretarias finalísticas: Habitação, Saneamento Ambiental, Mobilidade e Transporte Urbano e Programas Urbanos (Ministério das Cidades, 2004, vol. 1:13). Contemplado de início apenas com cargos comissionados e profissionais terceirizados, o Ministério, ainda na gestão do Ministro Olívio Dutra, lançou mão da realização de concurso público como meio válido e legítimo para a formação de um quadro de profissionais especializados, aptos a produzir os efeitos a que se propõe a estrutura organizacional na medida de sua vinculação, por meio do cargo público, às capacidades inerentes a determinado diploma obtido no sistema escolar. O primeiro concurso público autorizado previa o provimento de cargos para diversas especialidades, cuja importância e eficácia para a consecução do direito à cidade residia na possibilidade de conversão do capital cultural internalizado nesses agentes individuais, em poder de objetivação do modelo.

Sem que tenhamos condições de, nos limites desse estudo, estabelecer correspondências entre o sistema de valores do direito à cidade e o capital urbanístico vinculado a determinado diploma, quer dizer, a determinada instituição de ensino e ao sistema escolar em geral, apresentamos, todavia, o quadro de cargos e o quantitativo de vagas para cada um deles (Tabela 2), o que fornece pistas para a compreensão da divisão técnica do trabalho em curso e do tipo de conhecimento técnico mobilizado pelas instituições do campo. Destacamos a presença de um expressivo quantitativo de analistas de sistemas, pedagogos e técnicos em comunicação social, o que pode indicar a crescente necessidade de transmissão de modelos cognitivos entre agentes do campo e leigos, por meio do desenvolvimento de atividades formativas e de difusão de práticas.[40]

A marcante presença de economistas fornece pistas sobre a importância que a racionalidade econômica adquiriu na concepção de programas e projetos urbanos, sendo esse fato de suma importância para a compreensão da cidade mercadológica, a ser analisada no capítulo seguinte. Por outro lado, a ausência de vagas para advogados no concurso para um órgão que pretende implementar o Estatuto da Cidade, pode ser explicada, em princípio, pelo fato de o campo jurídico gozar de maior autonomia, sendo irredutível a outros campos no âmbito do Estado e, desse modo, fazer valer sua própria lógica na definição de carreiras e cargos que reivindica no corpo administrativo.

---

[40] Portaria nº 90, de 28 de Abril de 2005. D.O.U., 29.04.2005.

**Quadro de profissionais previstos no concurso
público para o Ministério das Cidades**

Cargo	Vagas
Administrador	28
Analista de Sistemas	5
Arquiteto	14
Arquivista	2
Assistente Social	5
Contador	9
Economista	25
Engenheiro	23
Estatístico	1
Geógrafo	2
Geólogo	1
Jornalista	2
Médico	2
Pedagogo	6
Sociólogo	6
Técnico em Comunicação Social	5

Tabela 2. *Vagas MCidades*. Fonte: Ministério do Planejamento.

Destarte, a objetivação de modelos – a partir da implementação das políticas urbanas como um conjunto de práticas socioespaciais – implica, cada vez mais intensamente, mobilização de organizações, tecnologias e categorias socioprofissionais especializadas, capazes de traduzir, com a máxima eficácia, modelos cognitivos, representações, utopias e ideologias em condutas, em práticas sociais concretas, em rituais que consolidem a dominação organizada da produção do espaço. A conquista do Estado amplia sobremaneira as possibilidades que os agentes do campo urbanístico, pelo controle sobre o processo de produção do espaço via poder administrativo, têm de ampliar sua influência e condicionamento da conformação da própria ordem social.

Cumpre enfatizar que a institucionalização do modelo no interior do Estado fornece as condições para o desenvolvimento de rituais de mando e obediência envolvendo a incorporação do sistema de valores do direito à cidade por um corpo de funcionários responsáveis pela intermediação das relações Estado/sociedade. A retribuição material, por meio de honorários e a expectativa de realização de uma carreira no Estado, ademais tida como fonte de dignidade e prestígio social, ainda constituem os elementos fundadores dessa obediência, a despeito de toda sorte de caçadores de renda, fraudadores, corruptos e traficantes de influência que possam vir a existir nas fileiras dos quadros administrativos.

O Conselho das Cidades

À criação do MCidades seguiu-se a realização da Conferência Nacional das Cidades, em outubro de 2003, e a eleição do Conselho Nacional das Cidades. Regulamentado pelo Decreto nº 5.031, de 2 de abril de 2004, o Conselho das Cidades é um órgão colegiado de natureza deliberativa e consultiva, integrante da estrutura do Ministério das Cidades, tendo por finalidade propor diretrizes para a formulação e implementação da política nacional de desenvolvimento urbano, bem como acompanhar e avaliar a sua execução, conforme disposto no Estatuto da Cidade. Vale lembrar que os conselhos de gestão, como é o caso do Conselho das Cidades (ConCidades), conformam um tipo de arranjo institucional difundido nas três esferas federativas em função de dispositivos presentes na Constituição de 1988. São organizados com o intuito de assegurar, além da participação de agentes estatais, a participação da sociedade no controle e supervisão das políticas públicas, o que, de modo genérico, é denominado como controle social. O modelo mais bem-sucedido desse tipo de arranjo institucional é, para muitos, o Conselho Nacional de Saúde. Como observa Santos Jr., conselheiro oriundo da sociedade civil organizada e representante do Fórum Nacional de Reforma Urbana, os conselhos podem ser considerados uma inovação institucional na mediação Estado/sociedade para o processo de formulação e implementação de políticas públicas com controle social:

> Tanto pela força da sua difusão no país, como pelas diferenças com as experiências anteriores de participação, argumentamos que os Conselhos de Gestão representam uma importante inovação institucional na gestão das políticas sociais. É nesse sentido que os consideramos como canais de participação mais expressivos da emergência de um novo regime de ação pública, sobretudo no plano local, caracterizados pela abertura de novos padrões de interação entre governo e sociedade em torno da definição de políticas sociais (Santos Jr., 2005).

O ConCidades é constituído por 86 titulares – 49 representantes de segmentos da sociedade civil e 37 dos poderes públicos federal, estadual e municipal –, além de 86 suplentes, com mandato de dois anos. Inclui, ainda, nove observadores, representantes dos governos estaduais que possuírem Conselho das Cidades em sua respectiva unidade da Federação. Também integram o ConCidades representantes de entidades de movimentos populares, trabalhadores, empresários, ONGs e entidades acadêmicas e profissionais, com a missão de assessorar e propor diretrizes para o desenvolvimento urbano, políticas de habitação, saneamento ambiental, trânsito, transporte e mobilidade urbana. Inclui ainda 27 observadores, um por estado da Federação, com o objetivo de formarem o elemento de ligação entre o Conselho em nível nacional e a construção dos conselhos estaduais das cidades. Além disso, o Decreto que dispõe sobre as competências do Conselho das Cidades (Decreto nº 5.031) estabelece que o assessoramento é feito por quatro Comitês Técnicos: de Habitação; Saneamento Ambiental; Trânsito, Transporte e Mobilidade Urbana e Planejamento Territorial Urbano. Também o Regimento Interno do ConCidades fixa atribuições para os comitês, que possuem a finalidade de subsidiar os debates, promover articulação com os órgãos e entidades promotoras de estudos, propostas e tecnologias relacionadas às políticas públicas, apresentar relatórios ao plenário do ConCidades, propor regras e critérios para aplicação e distribuição dos recursos federais, entre outras. São compostos por, no máximo, 50 membros e realizam reuniões públicas. É um mecanismo institucional onde estão presentes praticamente todos os agentes e instituições relevantes do campo urbanístico nacional nas decisões sobre as políticas públicas de desenvolvimento urbano.

A composição do ConCidades foi fruto de intensa negociação sobre a classificação dos segmentos sociais a terem assento e o peso que cada um deles deveria ter. Como relata Santos Jr.:

> [...] após intensa negociação envolvendo, inclusive, o aumento do número de membros do Conselho de forma a contemplar as diversas reivindicações, chegou-se a uma composição onde o poder público – federal, estadual e municipal – ficou com 42% e a sociedade civil com 58% das vagas do Conselho, divididos entre diferentes segmentos sociais [...]. Neste processo, tanto os representantes do poder público tiveram que ceder, já que inicialmente pleiteavam 50% das vagas, quanto as lideranças do movimento popular, que reivindicavam, no mínimo, 30% das mesmas. De fato, como pode ser observado, a composição final do Conselho das Cidades utiliza uma classificação dos segmentos sociais que não é clara conceitualmente, com critérios pouco objetivos e bastante questionáveis. Assim, ocorrem divisões complicadas separando entidades da área dos trabalhadores das entidades profissionais, como se estas não pertencessem ao mesmo segmento social *trabalhadores*; as organizações não-governamentais dos movimentos populares, como se ambos não pertencessem ao segmento social *sociedade civil* ou *usuários*, e assim por diante. Ao que parece, prevaleceu uma lógica corporativa na construção da composição do Conselho. Não obstante esta contradição, o que importa é que o resultado final foi resultado da negociação e do pacto construído pelos principais sujeitos sociais ligados à política urbana, configurando um Conselho das Cidades com grande representatividade e legitimidade (Santos Jr., 2005).

Uma vez formalmente instituído o MCidades e o ConCidades, a institucionalização do campo urbanístico nacional conhece uma nova etapa com o modelo da reforma urbana e do direito à cidade se tornando posição legitimamente constituída na estrutura do campo. A estrutura institucional-cognitiva e o sistema de valores do direito à cidade adquirem a própria legitimidade do Estado, uma legitimidade que não precisa necessariamente se autoproclamar, dar ordens ou exercer coerção física. Trata-se agora de produzir um mundo social ordenado de acordo com a ordem simbólica instituída, ampliar a produção de estruturas cognitivas a partir das estruturas objetivas, incorporá-las e transformá-las em *habitus*, obtendo assim a submissão dóxica dos demais agentes. A institucionalização de determinado modelo sociocognitivo de metrópole no campo do poder estatal equivale a uma unificação do espaço social, que até então se achava disperso em diferentes campos. Pela conquista do Estado, esse efeito de universalização, neutralidade e devotamento desinteressado ao bem público confere aos agentes a possibilidade de uso dos meios de gestão pública e, em última análise, a possibilidade de fazer valer para si o monopólio da violência física e simbólica legítimas.

Finalmente, deve-se considerar que a estruturação do MCidades e do ConCidades, como último passo da institucionalização do campo em nível nacional, corresponde à criação do espaço de interlocução do Estado-Nação com as instâncias globais e com as unidades federativas subnacionais do campo urbanístico (Figura 4). A constituição desses elos, embora ainda bastante frágeis e incompletos, possibilitou que, em novembro de 2004, fosse apresentada a proposta governamental de uma Política Nacional de Desenvolvimento Urbano, delineando assim a emergência de uma nova ordem urbana sob coordenação do Estado-Nação, que, desse modo, recupera sua capacidade de produzir e difundir um modelo específico de ordem urbana.

O Campo Urbanístico: Formas Institucionais e práticas Socioespaciais de Dominação da Metrópole

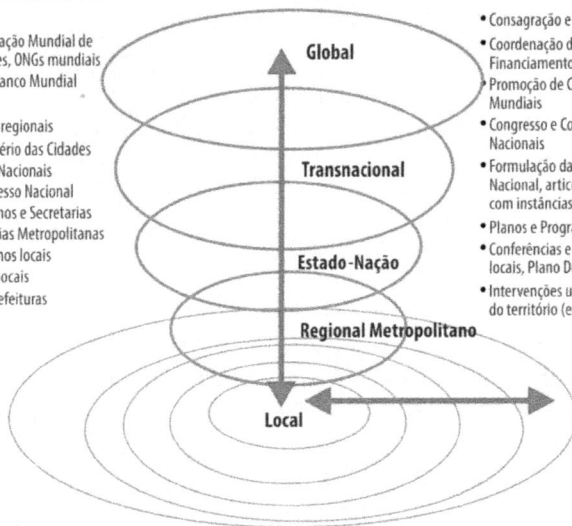

Figura 4. A institucionalização do campo em nível nacional corresponde à criação do espaço de interlocução do Estado-Nação com as instâncias globais e unidades federativas subnacionais do campo urbanístico.

Figura 4

Todavia, deve-se considerar também que a criação do MCidades constitui o último passo para que o ideário da reforma urbana e do direito à cidade se transforme em um tipo de urbanismo burocrático e ideológico, que se aloja nas instituições do Estado, gerando práticas de dominação e controle do processo de urbanização distante do ideário que lhe deu origem. A preocupação com a perda de autonomia dos movimentos sociais urbanos frente a essa burocracia já pôde ser sentida no Congresso do FNRU realizado em São Paulo em agosto de 2005. Nesse encontro, várias lideranças alertavam inclusive para a possibilidade da troca do ministro Olívio Dutra na barganha do executivo com o Congresso Nacional para a manutenção da base aliada. Essa troca acabou de fato ocorrendo, embora o FNRU tivesse feito, sem êxito, várias gestões contrárias a ela. Assumiu o MCidades o ministro Márcio Fortes, indicado pelo então presidente da Câmara, Severino Cavalcanti. O constrangimento maior, no entanto, se daria quando o próprio Severino Cavalcanti, ao renunciar à presidência da Câmara sob acusação de corrupção e falta de decoro, se instalou no MCidades, despachando e distribuindo os benefícios materiais sob controle do Ministério como se ministro fosse.

As Conferências das Cidades

Um dos instrumentos institucionais do campo para a condução dos assuntos urbanos, previsto no Capítulo IV do Estatuto das Cidades "Da Gestão Democrática da Cidade", é o processo de realização das Conferências das Cidades. Organizadas nos níveis municipal, estadual e nacional, as Conferências vêm se consolidando como espaço de interlocução, negociação e busca de consenso entre os agentes. Assim, em um processo cumulativo são realizadas Conferências Municipais, às quais elaboram propostas e elegem delegados para as Conferências Estaduais que, por sua vez, encaminham propostas e votam em delegados para a Conferência Nacional das Cidades, realizada em Brasília.

Sem pretender realizar uma descrição exaustiva desse longo processo, vamos nos deter sobre alguns aspectos da primeira Conferência, convocada por decreto da Presidência da República e regulamentada por portaria do Ministro das Cidades, Olívio Dutra.[41] Com o lema "Cidade para Todos" e o tema "Construindo uma Política Democrática e Integrada para as Cidades", o decreto de convocação da Conferência tinha como principal atribuição instalar o Conselho Nacional das Cidades e indicar a formação de seus comitês técnicos. A portaria ministerial, por sua vez, constituía a coordenação executiva da

---

[41] Decreto de 22 de maio de 2003 e Portaria nº 170, de 26 de maio de 2003.

conferência com os segmentos atuantes no campo, mediante a indicação de representantes das várias instituições habilitadas.

À Coordenação Executiva coube a elaboração do Regimento Interno da Conferência Nacional o qual, além de estabelecer regras e procedimentos para a realização das demais conferências (municipais e estaduais), agregava aos objetivos da Conferência Nacional o de "identificar os principais problemas que afligem as cidades brasileiras trazendo a voz dos vários segmentos e agentes produtores, consumidores e gestores".

No rastro da Conferência Nacional foram convocadas a 1ª Conferência Estadual pelos Governadores e as Conferências Municipais pelos Prefeitos.[42] O estado de São Paulo realizou também Conferências das Cidades Metropolitanas da Grande São Paulo, da Baixada Santista e de Campinas, conferindo uma vez mais à região metropolitana o status de escala específica de novas formas de organização da produção e de ação dos governos, como instância federativa situada entre os níveis municipal e estadual.

O que deve nos interessar mais, porém, é todo um investimento dos agentes e instituições em estruturar e organizar, codificar e sistematizar a participação de um número cada vez maior de cidadãos no processo de definição e resolução de problemas urbanos. Neste sentido, a produção de cartilhas de orientação e de materiais específicos para a realização das conferências denota o papel das Conferências como mecanismo de difusão e inculcação de normas e regras de conduta adequadas à participação das atividades específicas do campo. A análise dessas cartilhas, CDs e todo tipo de material formativo, como o kit das Cidades distribuído pelo Ministério das Cidades aos municípios, bem como a infinidade de publicações, cursos, palestras, seminários e eventos de toda a ordem levada a efeito pelos agentes, indicam claramente a ampliação do trabalho de sistematização das práticas no âmbito de um processo organizado de socialização secundária das normas e regras de conduta necessárias à entrada e permanência em um espaço social estruturado de relações objetivas, o *campo* urbanístico, o qual exerce sobre os agentes uma ação pedagógica multiforme, que tem como efeito fazê-los adquirir os saberes e as práticas indispensáveis a uma inserção "adequada" nesse espaço social. Por meio de minutas de decreto e formulários padronizados disponibilizados pelo Estado, são fixados os procedimentos a serem adotados pelos municípios, incluindo-se aí a estrutura e composição de comissões, os prazos para as atividades, a montagem de eventos e quem deve participar. Sugere-se mesmo que haja uma vinculação entre indivíduos, entidades e temas disponíveis para discussão (Habitação, Saneamento Básico, Transporte etc.). Assim, o indivíduo X, pertencente ao

---

[42] A 1ª Conferência Estadual foi convocada pelo Decreto nº 47896, de 13 de junho de 2003.

movimento social Y, se enquadra na área temática Z. São estabelecidos ainda os modelos de regimento interno para as Conferências, de modo a um efetivo enquadramento dos objetivos, do temário, do processo de eleição de delegados e dos recursos financeiros, entre outros itens.[43]

As Conferências das Cidades são bastante representativas da dinâmica de transmissão de práticas socioespaciais no interior do *campo* no período estudado. Afinal, sistematizam, naturalizam e conferem formas determinadas ao trabalho de definição legítima do dever-ser da cidade e do curso da urbanização. E, por homologia, de um dos principais aspectos da divisão do trabalho de dominação na sociedade de classes, a saber, a hierarquização dos agentes com base nos diferentes níveis federativos, no sentido do alcance de maior grau de coordenação das ações.

---

[43] Para detalhamento desses itens, ver Conferência Estadual das Cidades, Cartilha de Orientação, Governo do Estado de São Paulo (julho, 2003).

5. A Cidade Mercadológica como Dominação Legítima

De acordo como o "Consenso de Washington", o "capitalismo democrático" será logo aceito no mundo inteiro. Um livre mercado global se tornará realidade. A diversidade de sistemas e culturas econômicas que o mundo sempre comportou será supérflua. Eles se fundirão num único mercado livre.
John Gray

Este capítulo tem por objetivo explicitar a constituição de um modelo de realidade urbana formulado com base na utopia do Estado mínimo e do livre mercado global – a cidade mercadológica – mobilizado por agentes que reivindicam um papel distinto na divisão do trabalho de controle do processo de urbanização e da dominação organizada da metrópole. Com isso, pretendemos acrescentar mais uma posição dominante no campo da produção urbanística, até certo ponto antagônica à posição ocupada pelo direito à cidade que, aliás, vê a cidade mercadológica como a "cidade do pensamento único" (Arantes; Vainer; Maricato, 2000). Caracteriza-se uma vez mais a cisão nas representações da classe dominante sobre o dever-ser da urbanização, expressa em uma luta pelo monopólio da cultura urbanística legítima.

A mundialização da ideologia do livre mercado e da utopia do Estado mínimo, simbolizada na falência da União Soviética, na queda do Muro de Berlim e nas revoluções de 1989 no Leste europeu, guardam estreita correspondência com a constituição de determinado modelo sociocognitivo de ordem urbana difundido em escala global. Tomando-se o chamado Consenso de Washington – ou neoliberalismo, como passou a ser conhecido – como ideologia hegemônica, engendra-se um modelo de urbanização estruturado por esquemas de percepção e classificação oriundos do *campo* econômico, mais precisamente nas regras do livre mercado, na competição e eficiência econômica, bem como na atrofia do Estado a uma possível configuração mínima, visto ser este o único Estado moralmente legítimo. Como proclama Nozick (1991:357):

> Argumentamos que o Estado mínimo é moralmente legítimo [...] que nenhum outro Estado mais extenso poderia ser moralmente justificado, que qualquer um deles violaria (violará) os direitos do indivíduo. Vemos agora que esse Estado moralmente aprovado, o único moralmente legítimo e o único moralmente tolerável, é o que melhor realiza as aspirações utopistas de incontáveis sonhadores e visionários.

Na confluência dos processos de globalização, da revolução tecnológica e do capitalismo como sistema produtor de mercadorias se constitui um modelo cognitivo-institucional de ordem urbana alicerçado em princípios de visão e divisão (competitivo / não competitivo; eficiente / ineficiente; rentável / não rentável; flexível / rígido; produtivo / improdutivo; regulamentado / desregulamentado) próprios da doutrina do livre mercado, presentes de forma explícita ou dissimulada na agenda de instituições globais como o Banco Mundial, o Fundo Monetário Internacional, a Organização Mundial do Comércio e a Organização para a Cooperação Econômica e o Desenvolvimento. Em uma espécie de ficção bem fundada (e interessada) que se dissimula no poder de universalizar particularismos associados a uma tradição histórica singular, tornando-os irreconhecíveis como tais, conceitos e categorias do mercado (competição, desregulamentação, flexibilização e privatização) passam a ser amplamente consagrados e difundidos em fóruns e conferências mundiais sobre o vir-a-ser urbano, a exemplo do que ocorrerá na Conferência Habitat II, por intermédio de trabalho encomendado aos consultores Jordi Borja e Manuel Castells (Santos Jr., 2000; Werna, 1996; Ultramari, 2001; Compans, 2004; Wainer, 2000).

Esse trabalho de representação e teorização do urbano, como produção de modelos de realidade que precedem a própria realidade é complementado ao nível do Estado-Nação e em escala local e regional pela circulação e difusão do ideário em revistas semieruditas, colóquios, relatórios de comissões, diagnósticos de consultorias especializadas e em plataformas de organizações civis dedicadas a influenciar as políticas urbanas. Em outubro de 2001, por exemplo, a Revista Urbs fazia a seguinte recomendação à Prefeita Marta Suplicy para a revitalização do Centro de São Paulo:

> A cidade produtiva e rica precisa incorporar a cidade pobre e injusta à máquina de gerar riqueza e, assim, tornar o conjunto mais eficiente e distributivo. Isso não será possível numa perspectiva tradicional de gestão e planejamento, começando pelo aumento da carga tributária das empresas mais dinâmicas. Para deflagrar o start de um processo de desenvolvimento e inclusão social em alta escala, com resultados expressivos nos limites de seus quatro anos de mandato, a prefeita pode recorrer às operações urbanas – linha em que vem trabalhando a Secretaria Municipal de Planejamento Urbano – apoiar experiências empresariais inovadoras [...] incentivar as iniciativas populares pró-revitalização de bairros e, por fim, não menos importante, estimular a economia do Centro.[44]

Esse urbanismo econômico e mercadológico confronta tanto o planejamento urbano modernista (a cultura do plano) quanto os ritos de instituição do direito à cidade como projeto de dominação racional legal com relação a valores. Ele reivindica o controle do processo de urbanização e de dominação organizada sobre a produção do espaço com base em fins econômicos, buscando a adequação dos meios de gestão da metrópole a esses fins. Desse modo, a cidade

---

[44] BARRETO, J. "Pronta para a Largada". Artigo publicado na Revista Urbs, nº 23, 2001.

mercadológica instaura como regra válida para o ordenamento socioespacial a atuação da "mão invisível urbana". Como nota Abramo (2001:11), "as crises do urbanismo e, portanto, de uma política urbana intervencionista são múltiplas, mas tendem a rejeitar a cultura do plano e a conduzir a uma revalorização do mercado como 'o' mecanismo de coordenação das decisões de localização urbana".

Com base na utopia do livre-mercado como instituição autorregulada a metrópole é administrada, ou deveria sê-lo, nos moldes de uma empresa individual, agindo no mercado do espaço, regional e global, mediante estratégias competitivas para atração de investimentos. Aqui, o urbano e o regional são vistos como parte do mercado global do espaço cuja gestão pode ser feita por meio da racionalidade própria do instrumental de gestão do setor privado que, transpostos para a esfera estatal, dão origem a práticas socioespaciais específicas, como o planejamento estratégico e aquilo que os urbanistas chamam de *market lead city planning* (Vainer, 2000; Klink, 2001; Compans, 2004; Sanchez, 2003), ou simplesmente marketing urbano.

Subjacente à aplicação desses pressupostos encontra-se um tipo de condução dos negócios públicos e privados no âmbito do qual o espaço, a infraestrutura e os serviços urbanos assumem a forma mercadoria e os cidadãos, tomados como leigos, adquirem o status de consumidores da cidade. É nessa condição de mercantilização do espaço-tempo urbanos que a ideia de cidade, quer dizer, sua representação como modelo cognitivo de urbano, se torna mercadoria a ser posicionada no mercado de bens materiais e simbólicos sobre o urbano, estando o usufruto dos direitos de cidadania subordinados ao potencial de consumo que cada indivíduo possa ter nesse mercado (Arantes, 2000; Vainer, 2000; Sánchez, 2003). Nesse contexto, a "cidadania empresarial" assume o centro da vitrine, como subcategoria que pode realizar a transformação dos lugares.

> Entre os focos de inovação e cidadania empresarial que se espalham pela cidade estão as 1.500 confecções de vestuário do bairro central do Bom Retiro, responsáveis pela massificação de grifes refinadas e que, agora, se preparam para investir na criação de suas próprias marcas, contando com estilistas formados pelas faculdades da moda.[45]

Declara-se assim a "guerra dos lugares" descrita por Santos (2001:247), na qual certos espaços e objetos são instrumentalizados pelos critérios de eficiência e racionalidade aplicáveis ao mercado e mobilizados pelas forças hegemônicas. É aqui que o campo urbanístico é chamado a colaborar, de modo a responder às exigências de maior segurança e rentabilidade para capitais submetidos a uma

---

[45] Idem, ibidem.

competitividade sempre crescente, ficando assim sujeito às injunções e demandas próprias do campo econômico.

> Os lugares se distinguiram pela diferente capacidade de oferecer rentabilidade aos investimentos. Essa rentabilidade é maior ou menor em virtude das condições locais de ordem técnica (equipamentos, infraestrutura, acessibilidade) e organizacional (leis locais, impostos, relações trabalhistas, tradição laboral).

Assim percebida e instrumentalizada, a ideia de metrópole é associada à produção de objetos singulares, capazes de realizar a convergência do espaço-tempo no fornecimento de serviços para as corporações globais, na medida em que se conectam em tempo real a uma rede de fluxos entre infraestruturas corporativas situadas em diferentes pontos do planeta. Neste contexto, caberia ao Estado, mormente ao poder local, efetivar a "gestão estratégica" da urbanização de modo a suprir os serviços (segurança, qualidade ambiental, conectividade digital, mobilidade) necessários à cadeia produtiva global. Aqui, o Estado-Nação e as instâncias federativas subnacionais – que devem ser reduzidos à sua configuração mínima – surgem como elementos de coordenação das forças de mercado, no sentido de garantir as condições ótimas para a competição entre os agentes. Como afirma o economista Hayek (1990:60), um dos principais ideólogos do livre mercado como instituição autorregulada:

> [...] criar as condições em que a concorrência seja tão eficiente quanto possível, complementar-lhe a ação quando ela não o possa ser, fornecer os serviços que, nas palavras de Adam Smith, "embora ofereçam as maiores vantagens para a sociedade, são, contudo, de tal natureza que o lucro jamais compensaria os gastos de qualquer indivíduo ou pequeno grupo de indivíduos", são as tarefas que oferecem na verdade um campo vasto e indisputável para a atividade estatal. Em nenhum sistema racionalmente defensável seria possível o Estado ficar sem qualquer função. Um sistema eficaz de concorrência necessita, como qualquer outro, de uma estrutura legal elaborada com inteligência e sempre aperfeiçoada.

Nessa lógica, a homologação e validação de determinada prática socioespacial são dadas pelo próprio sucesso que essa prática obtenha no mercado do espaço. A metrópole surge como resultado da superposição e embricamento de diversos mercados (da terra, do trabalho, das finanças, dos objetos etc.) que convergem e têm lugar no território. Chegar-se-ia, por essa ótica, a uma ordem socioespacial espontânea, que não pode ser estabelecida por uma organização central – o Estado em suas diversas instâncias –, mas emerge como resultado da interação de indivíduos sujeitos apenas às leis que uniformemente se aplicam a todos eles, ou seja, as leis advindas do funcionamento de um mercado perfeito (Hayek, 1960: 160). A esse respeito, Fukuyama lembra que:

Foi Friedrich von Hayek que expôs o programa de estudar o que chamou de "a ordem ampliada da cooperação humana", isto é, a soma total de todas as regras, normas, valores e comportamentos comuns que permitem aos indivíduos trabalhar em conjunto numa sociedade capitalista. Embora Hayek seja famoso por suas visões antiestatistas e a favor do livre mercado, ele acreditava fortemente na necessidade de ordem, e grande parte da agenda de pesquisa que ele demonstrou envolvia compreender como a ordem poderia surgir na ausência de instituições centralizadas e hierárquicas como os estados (Fukuyama, 2000:155).

Ora, se levarmos em conta a racionalidade econômica das corporações globais, veremos que o desenvolvimento de capacitações produtivas internas a elas tem de, necessariamente, se combinar com a apropriação de vantagens vinculadas ao território de implantação, bem como com o capital sedimentado neste território em suas variadas formas: capital social (normas, regras, valores), econômico (objetos técnico-científicos), cultural (agentes dotados de competências específicas) e simbólico, quer dizer, a legitimidade com que os demais capitais podem ser mobilizados na constituição da ordem social, sendo reconhecidos sem que sejam percebidos como tais. Essa dinâmica implica numa hierarquização específica dos territórios de onde emergem novas geometrias socioespaciais condizentes com o novo padrão de acumulação, configurando a metrópole como um meio de produção cuja lógica submete o processo de urbanização à dominação organizada voltada para o alcance de uma ordem econômica racional adequada àqueles fins.

Desse modo, territórios selecionados recebem estímulos adicionais para o seu desenvolvimento, desde que assumam a contrapartida da adoção das práticas constantes do receituário das agências financiadoras dos projetos, enquanto outros são subtraídos ou menos providos desses recursos (Furtado, 2002). Esse receituário, aliás, pode incluir desde práticas de "boa-governança" (eficiência e combate à corrupção) e ações de "inclusão social", como nos projetos de reurbanização de favelas em curso nas favelas de Heliópolis e Paraisópolis – as maiores de São Paulo –, até a reconversão de objetos complexos, com a "revitalização" do Centro da metrópole (ver Capítulo 7.2).

Tais características nos informam que o modelo de cidade mercadológica e suas variantes, estão estreitamente vinculados às formas de inserção da metrópole na economia e na sociedade urbana global em formação. Essa constatação nos remete a um esforço de apreensão das relações entre o local e o global como um espaço social onde se situam instituições e agentes que reivindicam uma posição distinta na divisão do trabalho de controle do processo de urbanização, embora o processo de urbanização global seja um fenômeno complexo, que permanece, na maior parte de seus aspectos, dolorosamente contraditório e incerto, refratário e escorregadio a qualquer tentativa de análise.

A emergência da sociedade urbana global faz com que a abordagem de fenômenos situados ao nível local e regional passe a uma perspectiva de análise extra urbana e trans-escalar, ainda que assentada em dados empíricos observados em recortes menores e até em fragmentos do território. A sociedade urbana global em formação requer a produção de territórios e de objetos interconectados em escala planetária, capazes de realizar, em tempo real, a convergência do espaço e do tempo urbanos, isto é, exigem a vigência de uma ordem simbólica e material previsível e duradoura. Isto faz com que a noção de metrópole, até agora referida ao nível local e regional, e do Estado-Nação se torne, cada vez mais, um conjunto de instituições, vínculos e práticas que articulam diferentes escalas socioespaciais, que vão do local ao global. No contexto da mundialização do sistema produtor de mercadorias, a metrópole é concebida como força produtiva que organiza outras forças produtivas, uma vez que permite a reunião, combinação e harmonização da força de trabalho, das obras, dos conhecimentos e das técnicas, dos próprios meios de produção (Lefebvre, 2001:91). Sanchez (2003:40-41) argumentou que a condição urbana atual se define pela passagem do espaço-mercadoria à cidade mercadológica e que esse movimento implica na constituição e legitimação de paradigmas de urbanização em escala global.

> Novos paradigmas, mundializados, que emergem em processos de luta simbólica, são associados às condições históricas e políticas atuais da produção do espaço. Os atores que buscam ocupar posições hegemônicas na enunciação de discursos e na construção de "modelos" procuram impor determinadas categorias de leitura e representação do urbano que, por sua vez, influenciam outros atores, em relações trans-escalares, na definição de estratégias espaciais, bem como na orientação das ações voltadas à produção da cidade mercadoria.

Com a transformação qualitativa do espaço de valor de uso (espaço concreto) em valor de troca (espaço abstrato), quer dizer, espaço em sua forma mercadoria, da qual se origina o mercado do espaço, este se torna de fundamental importância na estratégia de acumulação do capital. Em seu paroxismo, o fenômeno conduz a que o processo de urbanização deva ser realizado de forma global e total. Essa estratégia vai muito além da mera venda do espaço, parcela por parcela. Ela pretende operar uma completa reorganização da produção subordinada aos centros de informação e decisão (Lefebvre, apud Sanchez, 2003:42-43). Trata-se aqui da emergência do espaço-tempo como mercadoria, ou seja, o valor de uso se define cada vez mais na convergência do espaço e do tempo para determinados objetos que devem ser operados de maneira específica para o alcance de maior produtividade. Fenômenos como a chamada reestruturação produtiva ou a revitalização de centros urbanos, por exemplo, estão estreitamente vinculados à produção do espaço-tempo como mercadoria adaptada ao padrão atual de acumulação, cuja produção requer a participação do nível local, como supervisor e executor de ações específicas no território, e do nível global. como definidor de diretrizes e difusor de práticas socioespaciais legitimadas, validadas e consagradas. A análise da atuação de instituições globais nesse processo pode fornecer pistas para o aclaramento das vinculações entre as bases cognitivas da cidade mercadológica e a ordem social na metrópole.

Instituições e Urbanização Global

O advento da rede urbana global – uma teia de territórios conectados por objetos e comandados por sistemas técnico-informacionais, as chamadas novas tecnologias da informação e comunicação (NTIC), que se comunicam em tempo real torna possível operações e decisões instantâneas envolvendo o fluxo de pessoas, bens materiais, dinheiro, imagens, signos e toda forma de energia, vale dizer, possibilita a convergência espaço-tempo, transformando as metrópoles na principal força produtiva do novo padrão de acumulação. Um dos aspectos notáveis da formação desses novos espaços metropolitanos é a sobreposição de escalas espaço-temporais (do global ao local) e a emergência de espaços institucionais correspondentes, que reivindicam para si uma posição distinta na divisão do trabalho de produção do espaço e controle da urbanização. Esses espaços institucionais caracterizam-se por serem instâncias de produção, consagração e legitimação de formações discursivas e modelos de cidade no contexto da urbanização global, além de comandarem o capital necessário à produção de objetos na escala correspondente ao padrão de acumulação propriamente planetária, como a revitalização de centros urbanos e a construção de infraestruturas globais (aeroportos internacionais, redes hoteleiras, sistemas de saneamento ambiental, de segurança etc.).

Se, como observa Bourdieu (2004:25), as oportunidades que um agente singular tem de submeter as forças do campo aos seus desígnios são proporcionais à sua força sobre o campo, isto é, à sua carteira de capital ou, mais precisamente, à sua posição na estrutura de distribuição do capital, então instituições globais como a ONU, o Banco Mundial e o FMI encontram-se, para o bem ou para o mal, em uma posição privilegiada no campo da produção urbanística, uma vez que são grandes reservatórios de capital cultural, econômico e simbólico. O fato de a própria organização territorial estar vinculada à lógica interna de determinadas instituições torna extremamente relevante a recuperação dos aspectos essenciais da atuação dessas mesmas instituições no campo, suas diretrizes, princípios e consequências para a metrópole. Essa recuperação é tanto mais importante quanto o é o fato de que a organização do espaço não se limita somente à aplicação de preceitos doutrinários, mas à submissão do processo de produção do espaço, dos territórios e dos objetos à consecução de fins práticos.

FMI, Banco Mundial e Urbanização

O FMI e o Banco Mundial surgiram durante a Segunda Guerra Mundial em decorrência da Conferência Financeira e Monetária das Nações Unidas, realizada em Bretton Woods, New Hampshire, em julho de 1944. O Banco foi criado inicialmente para prover recursos financeiros para a reconstrução das economias dos países atingidos pela Segunda Guerra Mundial e, como resultado de uma reflexão posterior, acrescentou-se o "D" (de desenvolvimento) ao nome do Banco para financiar o desenvolvimento econômico dos países considerados menos desenvolvidos no Hemisfério Sul (Stiglitz, 2002; Fergusson, 1988).[46]

A partir dos anos 80, o Banco concentrou as suas ações na promoção do financiamento de países em desenvolvimento e, conjuntamente com o FMI, na definição de suas políticas econômicas. Aos poucos, essas instituições reforçarão um modo de atuação de caráter coercitivo e doutrinário com relação às políticas urbanas, uma vez que as transferências e empréstimos do Banco a países "periféricos" seriam condicionados à adoção de uma agenda de reformas concebidas de forma centralizada em Washington.

No período estudado, instituições globais como o Banco Mundial e a ONU passaram não só a coordenar linhas de financiamento para projetos, mas também a elaborar seus próprios modelos de cidade, convertendo paulatinamente seu capital econômico em capital cognitivo e simbólico na estrutura do campo de produção do espaço e da ordem.

> De um banco de desenvolvimento, indutor de investimentos, o Banco Mundial tornou-se o guardião dos interesses dos grandes credores internacionais, responsável por assegurar o pagamento da dívida externa e por empreender a reestruturação e abertura dessas economias, adequando-as aos novos requisitos do capital globalizado (Soares, 1996:2).

Dada a dependência dos países endividados em relação aos recursos do Banco Mundial, este passou a impor uma série de condicionalidades, mediante às quais pode intervir diretamente na formulação de políticas internas e na legislação desses países. Note-se, porém que:

---

[46] O Grupo do Banco Mundial é composto pelo Banco Internacional para a Reconstrução e Desenvolvimento – BIRD, criado em 1945; a Corporação Financeira Internacional (CFI), criada em 20 de julho de 1956; a Associação Internacional de Desenvolvimento (AID), criada em 29 de setembro de 1959; o Centro Internacional de Resolução de Diferenças Relativas a Investimentos (CIRD), criado em 1966; e finalmente, a Agência Multilateral de Garantia de Investimentos (AMGI), criada em 1988.

Essa influência se dá menos em função do volume de recursos emprestados, embora este seja importante para grande número de países, do que pelo fato de os grandes capitais internacionais e o Grupo dos Sete terem transformado o Banco Mundial e o FMI nos organismos responsáveis não só pela gestão da crise de endividamento como também pela reestruturação neoliberal dos países em desenvolvimento. Assim, esse novo papel do Banco reforçou a sua capacidade de impor políticas, dado que, sem o seu aval e do FMI, todas as fontes de crédito internacional são fechadas, o que torna muito difícil a resistência de governos eventualmente insatisfeitos com a nova ordem (Cf. Soares, idem, ibidem).

Vale lembrar que o Banco Mundial é composto por um Conselho de governantes e outro Conselho de chefes e executivos para cada agência multilateral que integra o Banco (World Bank, 2000c). Os governantes representam os países-membros e as decisões do Banco são fortemente influenciadas pelo montante de contribuição de cada país, sendo que o direito a voto é proporcional às contribuições de cada país. Além disso, para tornar-se membro do Banco um país deve primeiro aderir ao FMI.

Somando-se apenas os percentuais dos cinco países mais influentes (EUA, Japão, Alemanha, Reino Unido e França), vê-se que controlam 37,55% dos votos, o que dá poder a esse grupo para controlar o resultado das decisões do Conselho. Os outros 19 membros (em grupos de países) com direito a voto, que representam todos os demais países do mundo distribuídos nestes 19 grupos de membros, dificilmente têm condições de vencer uma votação, dadas as regras de composição (Nelson, 1991). O Brasil, por exemplo, encontra-se em um grupo cujo poder de voto somado representa apenas 3% do total votante.

Os Estados Unidos sozinhos representam 17,43% dos votos, mas já tiveram poder maior em décadas anteriores. Outros países de influência significativa nas decisões do banco incluem Japão (6,18%), Alemanha (4,78%), Reino Unido (4,58%) e França (4,58%), segundo dados de 1996.

Desse modo, o Banco Mundial exerce um papel fundamental na coordenação desses empréstimos, assim como na produção e disseminação de novas políticas de investimentos por meio de publicações técnicas. Os economistas do Banco desenvolvem e publicam modelos e projeções em relação aos mercados internacionais, bem como de prospecções de crescimento através de indicadores que servem de base para o planejamento de políticas nacionais de diversos países (Cole, 1987, apud Cavalcanti, 2004). Assim, o Banco se distingue das demais agências pela natureza autorreferente de sua doutrina, pois "somente em função dos resultados das intervenções apoiadas pelo Banco, por ele analisadas e exclusivamente segundo seu ponto de vista, serão por ele reformuladas face à realidade existente" (Osmont, 1995, apud Compans, 2001, p. 127).

Esse fato reveste-se de grande importância para a compreensão sobre o que veio a acontecer nas cidades a partir da década de 90, pois o Banco Mundial se tornou, nesse período, o principal provedor de recursos para o financiamento de projetos urbanos em "países em desenvolvimento", tanto no que diz respeito a transferências quanto em relação aos empréstimos. Estima-se que a participação do Banco em projetos de habitação, infraestrutura, água e saneamento e programas de geração de emprego e renda esteja em torno de 57% (Compans, 2001:128). A coordenação dessas inversões é feita mediante a ação conjunta das cinco instituições que compõem o Banco. Além da atuação em esfera própria, o Banco também participa do Programa de Gestão Urbana coordenado pelo Habitat, considerado pelo Banco como o "veículo principal para a execução de políticas urbanas" (ibidem:129).

No que tange especificamente à ordem urbana, observa-se que desde a década de 1980 o Banco Mundial vem elaborando documentos e projetos específicos referenciados na noção de produtividade urbana. A política de desenvolvimento urbano do Banco Mundial (que, hoje sabemos, teve ampla influência nas políticas urbanas das cidades brasileiras) é explicitada em documentos como o *"Urban Policy and Economic Development: an Agenda for de 1990s"*. Em linhas gerais, esse documento defende a tese de que o equilíbrio macroeconômico está estreitamente vinculado ao desempenho da economia urbana. Preconiza a gestão racional e eficiente dos recursos sociais, econômicos e naturais visando ao equilíbrio da riqueza com equilíbrio fiscal. Cabe às políticas urbanas atuar no sentido do aumento da produtividade urbana, no combate à pobreza e no enfrentamento da questão ambiental urbana. Os meios para se alcançar estes objetivos são o aperfeiçoamento das instituições que regulam o mercado, a provisão de infraestrutura e a ampliação do nível de emprego em atividades intensivas em mão-de-obra. A crença no mercado como coordenador do desenvolvimento urbano e da provisão de bens e serviços, inclusive os de consumo coletivo, *vis-à-vis* às ineficiências do Estado − relacionadas principalmente à corrupção e aos anacronismos organizacionais − não chega a surpreender, em se tratando de uma instituição de Breton Woods.

Como vemos, a ideia de ordem urbana encontra-se referenciada na noção de equilíbrio macroeconômico do Estado-Nação e de ajuste estrutural da economia global, à qual se vincula o desempenho da economia urbana. Com base nesses documentos, pode-se afirmar que as práticas engendradas por essas instituições não são isoladas ou ocasionais. São ações intencionais codificadas por especialistas da produção simbólica, que articulam meios e fins específicos, com vistas à produção e imposição de uma determinada concepção de ordem urbana. Tome-se como exemplo o Programa *Cities Alliance*. A partir do reconhecimento pelas instituições globais da existência de partes negligenciadas de cidades, nas quais as condições de vida e moradia são espantosamente pobres (assentamentos que, embora identificados por denominações variadas − Slums, Kampungs,

Bidonvilles, Favelas, Tugúrios – partilham as mesmas condições miseráveis), o Banco Mundial e a ONU/Habitat estabeleceram parceria para:

> a) introduzir melhorias inéditas nas condições de vida de pessoas de baixa renda na zona urbana, mediante o desenvolvimento, em âmbito local e nacional, de programas de urbanização de assentamentos precários; e b) apoio aos processos de formação, em âmbito urbano, do consenso sob o qual grupos locais interessados definem sua visão da cidade e estabelecem estratégias de desenvolvimento urbano com claras prioridades de ação e investimentos (Banco Mundial/ONU, 2003).

Se considerarmos que essa leitura vale para o planeta como um todo, pode-se afirmar que o propósito de intervir nas cidades mediante uma perspectiva global e universalizante define um espaço institucional específico, que caracteriza uma posição distinta dessas instituições no campo de produção e, logo, na divisão do trabalho de dominação e controle do curso da urbanização. Desse modo, a lógica de intervenção das instituições globais remete à existência de um projeto global de desenvolvimento urbano – fundado em concepções, reflexões e pesquisas próprias, geradas no interior dessas instituições – que se traduzem em programas setoriais de operacionalização desse projeto. De acordo com essa visão, a crise socioambiental decorreria da estagnação econômica, que só pode ser vencida com o aumento da "produtividade urbana", objetivo central da política urbana. Se a degradação socioambiental é uma externalidade negativa a ser controlada, a sustentabilidade urbana depende do gerenciamento voltado ao bom funcionamento do sistema. Outra referência à visão do Banco Mundial para as cidades pode ser extraída do próprio *Cities Alliance*. O Plano de Ação de Urbanização de Assentamentos Precários preconiza como uma das principais ações:

> [...] o reforço da capacidade interna do país através da reestruturação de políticas e do arcabouço regulatório e operacional e da eliminação das restrições técnicas/legais para urbanização em larga escala, da superação de entraves institucionais; do encorajamento do compromisso e determinação locais, incluindo a compreensão política e a apropriação do conceito; e do reforço do aprendizado e do treinamento (Banco Mundial/ONU, 1999).

A relação entre a concepção de desenvolvimento e o plano operacional se dá por mediação de conceitos como o de "boa governança", segundo o qual:

> [...] a capacidade dos governos locais deve ser reforçada para que possam cumprir sua responsabilidade de uma distribuição equitativa de infraestrutura e serviços para todos os residentes urbanos, fazendo ao mesmo tempo o planejamento para um crescimento futuro. A capacidade das autoridades municipais, estaduais e nacionais deve ser reforçada para assegurar seu papel normativo crítico, de modo a estabelecer um ambiente político

facilitador e eliminar a corrupção do mercado imobiliário e da distribuição de serviços públicos (Banco Mundial/ONU, idem).

A esta altura, cumpre lembrar que tais concepções não se esgotam na utopia e na retórica, mas são amplamente postas em prática pelos governos locais mundo afora. Desenvolvido na gestão Marta Suplicy, o Programa Boa Governança e Combate à Corrupção, da Prefeitura de São Paulo, por exemplo, foi elaborado em cooperação técnica com o Instituto Banco Mundial "em função de projetos similares que este organismo tem desenvolvido em outros países, tendo adquirido técnica e metodologia para elaboração de diagnóstico na área de boa governança e transparência da administração pública" (PMSP, 2004).[47]

Para que se tenha uma ideia mais ampla da atuação dessas organizações, basta lembrar que o ex-conselheiro do governo Clinton, ganhador do Prêmio Nobel de economia e ex-economista chefe do Banco Mundial, Joseph Stiglitz, um dos inúmeros intelectuais a se dedicar à analise das consequências da atuação dessas organizações para os países em desenvolvimento, assinalou que:

> [...] em muitas situações, os benefícios da globalização têm sido menores do que seus defensores apregoaram, e o preço pago tem sido maior, já que o meio ambiente foi destruído e os processos políticos, corrompidos, além de o ritmo acelerado das mudanças não ter dado aos países tempo suficiente para uma adaptação cultural. As crises, por sua vez, que trouxeram em seu rastro o desemprego em massa, têm sido acompanhadas por problemas de desintegração social de maior prazo – desde a violência urbana na América Latina até os conflitos étnicos em outras regiões do mundo, como na Indonésia.

Stiglitz parece estar convencido de que os males da globalização são decorrentes da atuação das instituições que presidem o processo de globalização desencadeado pelo chamado Consenso de Washington, que impôs a austeridade fiscal, a privatização e a abertura dos mercados como receituário para as nações periféricas:

> [...] para compreender o que deu errado, é importante analisar as três principais instituições que controlam a globalização: o FMI, o Banco Mundial e a OMC. Além dessas, há uma série de outras que desempenham um papel específico no sistema econômico internacional – uma série de bancos regionais, irmãos menores e mais jovens do Banco Mundial, e um grande número de organizações das Nações Unidas, como o Programa das Nações Unidas para o Desenvolvimento ou a Conferência das Nações Unidas para o Comércio e Desenvolvimento (UNCTAD) (idem, ibidem).

---

[47] Informações obtidas em www.prefeitura.sp.gov.br. Acesso em: 02.02.2004.

Serviços Urbanos como Mercadoria

Do mesmo modo que o espaço físico, os serviços públicos urbanos também assumem a forma mercadoria e concorrem para o estabelecimento de hierarquias socioespaciais na medida de sua materialização no território na forma de objetos e meios de gestão. No âmbito municipal, essa afirmativa é corroborada pela implementação do Plano de Atendimento à Saúde do Município de São Paulo – PAS, durante as administrações Paulo Maluf (1993-1996) e Celso Pitta (1997-2001).

Lançado em 17 de janeiro de 1995 nos moldes de um plano privado de saúde, o PAS desconhecia o modelo de assistência à saúde implantado com a Constituição de 1988, o Sistema Único de Saúde, considerado "muito bom na teoria, mas que não funciona na prática", conforme declarou o então secretário municipal da saúde, Roberto Richter. Apesar da oposição de sindicatos de trabalhadores vinculados à questão da saúde, tradicionalmente de esquerda em sua maioria e, por isso, opositores da gestão Maluf, o PAS foi implantado com grande alarde, como um sistema eficiente do ponto de vista gerencial, na medida em que terceirizava a gestão dos recursos públicos, entregue a cooperativas de profissionais e empreendedores do setor saúde, as Cooperpas (Figueiredo; Lamounier, 1997:198-199).

Do ponto de vista organizativo, o sistema previa um Conselho de Gestão partilhada composto por cinco representantes do poder público, dois das cooperativas de nível superior, uma das cooperativas de nível médio e um representante dos usuários. A ele cabia discutir temas dos mais variados, envolvendo a ampliação de hospitais, a construção de novas instalações e os rumos da aplicação das verbas da Prefeitura, calculadas na base de 10 reais por paciente atendido (Figueiredo; Lamounier, 1997:199).

A oposição da sociedade civil e dos funcionários públicos ao sistema continuava a ser percebida como mero inconveniente, que só poderia prejudicar o próprio servidor, na medida em que este não aderisse à nova sistemática:

> [...] os médicos e funcionários podem optar ou não pelo novo sistema. O inconveniente da recusa é que a Prefeitura pode contratar profissionais de fora do quadro da administração para preencher as vagas nas novas cooperativas e transferir aqueles que preferiram o sistema antigo para locais onde não exista o PAS. Geralmente distantes do local de residência e sujeitos a sucessivas transferências, uma vez que no futuro as cooperativas serão a regra e não a exceção (Figueiredo; Lamounier, 1997:200).

A utopia de que as regras do livre mercado aplicadas ao setor simplesmente superariam todos os problemas seculares do atendimento à saúde era patente na explicação oferecida pelo Prefeito:

Nós desmontamos uma verdadeira máfia da saúde. Vínhamos gastando uma soma muito grande de dinheiro [...] enquanto os hospitais eram delapidados, para não dizer assaltados. Agora vamos gastar muito menos e atender mais pessoas. Roubavam-se remédios, superfaturavam-se equipamentos, os médicos faltavam frequentemente ao trabalho e conseguiam que seus colegas abonassem faltas. Era comum num fim de semana metade dos plantonistas simplesmente não aparecerem [...]. Com o PAS a corrupção acabou. Não é mais como no passado onde as faturas chegavam e eram pagas, mas os remédios nunca apareciam para serem distribuídos. Tudo porque quem compra os remédios não é mais a prefeitura. São as cooperativas (Figueiredo; Lamounier, 1997:201).

Em que pese sua larga projeção sobre os governos locais, não se deve considerar que o programa do Banco Mundial para as cidades seja hegemônico em todos os aspectos da ordem urbana. Não obstante, o peso financeiro do Banco e sua forte influência doutrinária e ideológica, cujos ditames contam, para a sua propagação, com a diligência de intelectuais, políticos, burocratas e consultores idealistas ou interessados, nem todos os países ou autoridades locais são igualmente influenciáveis ou aderem com a mesma intensidade à doutrina urbana por ele proposta.

Isto se deve a que, malgrado serem portadores de uma mentalidade e um *ethos* propriamente econômico e até meramente bancário direcionado a fins, as instituições globais não constituem um ator homogêneo. Outras agências multilaterais conservam variados graus de autonomia com relação à doutrina do Banco e à noção econômico-contábil da sustentabilidade propagado por aquele órgão. No entanto, cumpre observar que tal mentalidade foi amplamente consagrado e difundido no âmbito da Habitat II por intermédio do trabalho de consultorias internacionais, a exemplo do que foi apresentado pelos consultores Jordi Borja e Manuel Castells (Compans, 2004).

Cidade Mercadológica e Sustentabilidade Urbana

A transformação do espaço e dos serviços urbanos em mercadoria engendra inúmeros pontos de embate da cidade mercadológica com o paradigma direito à cidade, no que tange à definição e apropriação legítima da ideia de sustentabilidade urbana, erigida como um dos principais móveis de luta no campo. Tal embate suscita a preocupação teórica quanto à possibilidade de um consenso negociado em torno de instrumentos de política urbana entre agentes em posições opostas e mesmo antagônicas na estrutura do campo de produção. Essa preocupação é bastante clara em Ribeiro (2004):

[...] há possibilidades de nossas grandes metrópoles tornarem-se competitivas e ao mesmo tempo socialmente justas e ambientalmente sustentáveis? Será efetivamente possível construir um projeto de cidade governada por acordos e pactos negociados com todas as forças presentes nas metrópoles?

Uma das faces visíveis dessa problemática é a tentativa de compatibilizar em um mesmo modelo cognitivo noções aparentemente díspares e contraditórias como a de "cidade global", alinhada às regras de mercado e "cidade sustentável" mais coerentes com a ideia de universalização do direito à cidade. Esse debate passou a figurar com grande frequência no campo urbanístico, mobilizando o meio acadêmico e político e suscitando a análise das possibilidades objetivas de produção de territórios globais sustentáveis. Como observa Compans:

> [...] aparentemente contraditórios no nível da retórica, os dois modelos que mais têm rapidamente se propagado entre governos e organizações da sociedade civil são os de "cidades sustentáveis" e "cidades globais"" (Compans, 2001).

Como construções sociocognitivas no espaço de posições do campo urbanístico, essas formulações encerram representações distintas do dever-ser da urbanização (Emelianoff, apud Compans, 2001) e, como tais, conformam elaborações alternativas a respeito do espaço-tempo urbano e do processo de urbanização global.

> [...] enquanto o primeiro privilegia a dimensão econômica, o curto prazo e a integração a fluxos econômicos desterritorializados – já que as atividades econômicas que coesionam a rede urbana mundial tendem à desvinculação das economias regionais e nacionais –, o segundo privilegia as dimensões ecológicas e cultural, o longo prazo e a articulação de escalas espaciais – o desenvolvimento local e global – e temporais – os ritmos naturais e urbanos.

Nessa perspectiva a contradição entre cidade global e cidade sustentável seria irredutível, pois, no que se refere, por exemplo, à temporalidade:

> A supressão do tempo por tecnologias de informação, para que as trocas, comandadas centralizadamente, possam se realizar em qualquer parte do planeta em "tempo real" é a condição de competitividade das "cidades globais". A reintrodução das temporalidades naturais – cíclicas (depuração, tempo de renovação de recursos) e evolutivas (biodiversidade, dinâmicas dos espaços vegetais) – e urbanas (patrimônio, história e cultura) é a condição de durabilidade do desenvolvimento urbano (Cf. Emelianoff, apud Compans, 2001).

Assim, o modelo cidade global atenderia a uma lógica de desenvolvimento conectado a interesses planetários, quase invisíveis à percepção cotidiana, mas desconectado dos interesses da maioria local, regional e nacional, estes mais vinculados à aspiração pelo alcance da sustentabilidade socioambiental com base na organização intra urbana por um sistema de valores alinhavados pela noção de justiça social e de proteção ambiental vinculados ao direito à cidade. De outra perspectiva, esses modelos, ao invés de representarem projetos antagônicos, apareceriam como ideias complementares. A competitividade dependeria de "recursos lentos", que somente podem ser criados e renovados no médio e no longo prazo, como a competência dos trabalhadores, a confiança nas relações entre os agentes, a capacidade coletiva de dominar objetos técnico-científicos cada vez mais complicados e frágeis. Dependeria também da articulação das distintas temporalidades econômicas nas grandes metrópoles, o que se daria por meio do controle dos territórios, transformando-os em máquinas de acelerar fluxos, dando, ao mesmo tempo, acesso aos recursos lentos dos quais dependem a competitividade. De acordo com essa visão o investimento em educação, saúde, infraestrutura, formação profissional dos trabalhadores, habitação, equipamentos de consumo coletivo e até mesmo a recuperação e/ou preservação de ecossistemas fragilizados, longe de corresponderem a um projeto antagônico à busca da instantaneidade e da volatilidade nas operações comerciais e financeiras, lhes podem ser perfeitamente subsidiários (Veltz, apud Compans, 2001).

Borja e Castells, defensores da cidade mercadológica no âmbito da Habitat II, estão entre aqueles que argumentam que não há contradição entre as agendas da sustentabilidade e da competitividade urbana. Ao contrário, afirmam que uma não pode existir sem a outra, sendo a competitividade um dado da realidade, uma condição inexorável imposta às cidades pela globalização da economia. A riqueza das nações, empresas e indivíduos dependeria do movimento do capital, em cadeias de produção, distribuição e gestão que se inter-relacionam em escala planetária, tornando o território irrelevante como unidade de produção e consumo. Nessas condições, as cidades passam a depender cada vez mais das formas de articulação à economia global e, por conseguinte, a nova fronteira da gestão urbana consistiria agora em "situar a cidade em condições de enfrentar a competição global da qual depende o bem-estar de seus cidadãos" (Borja e Castells, apud Compans, 2001:112).

No paradigma tecnológico informacional desenvolvido por Castells, a competitividade dos territórios não advém da disponibilidade de recursos naturais e energéticos ou da existência de uma base industrial herdada ou da posição geográfica, mas da capacidade de criar e intensificar sinergias entre agentes econômicos, educacionais e científicos. As estratégias de desenvolvimento local devem contemplar as exigências para a inserção competitiva, principalmente no que diz respeito à infraestrutura adequada no sentido de acesso a serviços essenciais; um sistema de comunicações que assegure a conectividade do território aos fluxos globais de pessoas, informações e mercadorias; e a existência de recursos humanos capazes de produzir e gerenciar no novo sistema técnico-econômico (Borja; Castells, apud Compans, 2001:112).

Metrópoles como Protagonistas da Ordem Social Global

Se as noções de cidade global e cidade sustentável são móveis de disputas, sujeitas a uma luta entre grupos de especialistas pela definição legítima de cada um desses conceitos, não há dúvida de que eles remetem à constituição de uma nova ordem espaço-temporal que se vislumbra a partir do processo de mundialização da sociedade urbana. A ênfase que as instituições globais têm dado à produção da urbanização global denota que a metrópole se tornou o elo essencial do projeto de desenvolvimento e do modelo urbano por elas preconizado. Este fato confere às metrópoles o protagonismo no desenrolar do processo histórico mundial, sendo a forma urbana primordial a ser dominada e controlada pelos diferentes agentes. Assim, as metrópoles se tornaram portadoras da nova ordem social que se vislumbra com a emergência da sociedade urbana global. Isso após um longo período em que o Estado-nação permaneceu como o ente absoluto, cuja trajetória se confundia com os destinos das sociedades. A corroborar essa perspectiva, observe-se que em muitos projetos urbanos já vem ocorrendo uma divisão social, técnica e territorial do trabalho de controle do curso da urbanização entre instituições globais, governos nacionais e subnacionais. Estes últimos, com a contrapartida em recursos e a mobilização da máquina estatal, asseguram a aprovação e financiamento de intervenções urbanas cuja consecução, dada a magnitude dos recursos necessários e da escala espacial envolvida, seria inviável por qualquer agente privado de modo isolado. A evidência dessa intencionalidade estratégica pode ser denotada na presença, bastante frequente, dessas instituições em projetos urbanos, quer estabelecendo modelos e diretrizes para as intervenções, quer transferindo recursos financeiros, técnicos e organizacionais aos poderes nacional e local.

Placas publicitárias afixadas nos canteiros de obras passaram a trazer, além do logotipo do governo responsável, também o emblema e o dístico de instituições internacionais bem como o valor financeiro alocado no projeto. Projetos financiados por instituições multilaterais, como o Programa Bairro Legal (Prefeitura-Banco Mundial), o Projeto Integração Centro (Governo do Estado-Banco Mundial), o Programa Ação Centro (Prefeitura-Banco Interamericano de Desenvolvimento), Linha 4 do Metrô (Governo do Estado-Banco Mundial), são agora objetos de vistoria por parte dos executivos e gerentes dessas entidades como requisito para a liberação de mais verbas e a aprovação de outras obras e intervenções. A Tabela 3 mostra algumas dessas intervenções realizadas ou em andamento na RMSP.

PROJETO	INSTITUIÇÕES	CUSTO (U$ Milhões)
Ação Centro	PMSP	60
	BID	100,4
Linha 4 do Metrô	Governo do Estado	541,9
	Banco Mundial	209
	Instituições Privadas	183
Integração Centro	Governo do Estado	50
	Banco Mundial	45
Saneamento Ambiental da Bacia do Guarapiranga	Governo do Estado	487
	Banco Mundial	119
Modernização do Setor de Saneamento	Gov. Fed. / Min. Cidades	275
	Banco Mundial	25
PROSANEAR II	Gov. Fed. / Min. Cidades	11
	Banco Mundial	36

Tabela 3. *Instituições globais e intervenções urbanas.*

Retomando alguns aspectos da atuação das instituições globais em projetos urbanos na RMSP, podemos citar o Integração Centro e o Ação Centro como indicativos de que está em curso a implementação de uma estratégia de definição legítima da centralidade da metrópole mediante princípios e diretrizes emanados de instituições globais. Essa intervenção se dá por meio do financiamento da produção de objetos relacionados à infraestrutura e equipamentos críticos para a integração física de funcionalidades urbanas, tendo em vista o fornecimento de serviços de consumo coletivo em escala metropolitana, como denota o projeto de integração dos dois sistemas de trens urbanos existentes com o sistema de metrô visando a:

[...] melhorar os serviços oferecidos pela Companhia Paulista de Trens Metropolitanos (CPTM) através de uma maior participação da iniciativa privada nas suas operações e administração; e contribuir à redução da poluição sonora e ambiental associada aos transportes. O projeto tem três componentes: Investimentos em infraestrutura e equipamentos para a construção da conexão férrea entre os dois sistemas de trens da CPTM. O componente de qualidade do ar apoia a construção de um laboratório de emissões e poluição sonora, assim como os equipamentos necessários à sua operação, para desenvolver a capacidade de modelagem da qualidade do ar e investigação de emissões na CETESB. O terceiro componente de desenvolvimento institucional e de políticas apoia a concessão da CPTM, estabelecendo uma Comissão Regional de Coordenação de Transportes na Região Metropolitana de São Paulo, além de preparar uma estrutura integrada de transportes, uso do solo e qualidade do ar na RMSP (Banco Mundial).[48]

Outro projeto, o da Linha 4 do Metrô visa a, segundo o Banco, melhorar a qualidade e a sustentabilidade do transporte urbano na RMSP, através da interconexão das redes existentes de metrô, trens urbanos e ônibus. Assim:

[...] o projeto aumentará o acesso da população de baixa renda a um transporte urbano com mais segurança, mais rapidez e maior confiabilidade. A população pobre da área urbana é a maior usuária do transporte público em São Paulo. Essa população sofre com problemas como a reduzida capacidade e a consequente superlotação do sistema nos horários de pico, os longos trajetos da periferia metropolitana aos centros urbanos, e o comprometimento de mais de um quinto da renda com as tarifas. A Linha 4 do Metrô ligará a rede suburbana de trens à rede do Metrô, integrando todo o sistema ferroviário com uma grande rede de ônibus intermunicipais. A maior beneficiária do projeto será a população de baixa renda das áreas servidas pela Linha 4, esses usuários terão uma grande melhora no acesso aos centros de trabalho e a serviços de saúde e educação. O projeto promoverá uma integração modal e de tarifas entre ônibus, metrô e trens, de maneira a minimizar o custo geral do transporte (tarifa, tempo de viagem, confiabilidade e segurança) para os usuários de baixa renda do sistema (Banco Mundial).[49]

Seguindo Sanchez, poderíamos afirmar que a provisão de serviços em tal escala redimensiona o fluxo de pessoas, determinam novas espacializações, impõem modos de apropriação e comportamentos apoiados em representações que condicionam o uso do espaço, engendrando novas formas de inclusão e exclusão de grupos sociais (Sanchez, 2003:47). Tais intervenções são, em certa medida, expressões do movimento que transforma o espaço e o tempo em mercadoria, promovendo o consumo do espaço como um processo contínuo intermediado por objetos específicos que realizam, pelo seu mero

---

[48] Informação obtida em: www.obancomundial.org/index.php/content/view_projeto/517.html. Acesso em: 16.01.2005.
[49] Idem, ibidem.

funcionamento, a educação dos corpos e das mentes, dotando-os dos códigos necessários à realização desse consumo.

O já citado Programa Integrado de Transporte Metropolitano pretende ser essa coleção de objetos que interliga – e, assim, refuncionaliza e produz – o espaço metropolitano por meio do planejamento estratégico dos meios de transporte e mobilidade urbana. Aqui, a transposição do planejamento estratégico urbano, do campo específico para a esfera estatal, como produto capaz de exercer a eficácia propriamente simbólica na definição do dever-ser da metrópole, como "visão de futuro" validada e legitimada capaz de assegurar a competitividade e sustentabilidade da metrópole, pode ser vista com toda a clareza na visão de futuro prognosticada (Tabela 4):

VISÃO FUTURA DA METRÓPOLE	PITU 2020
Uma metrópole competitiva...	**Aumento da acessibilidade**
As diversidades econômicas dos municípios formam um conjunto multifuncional e eficaz. A metrópole está inserida na nova ordem mundial.	> *a mobilidade atinge 1,57 viagens/habitante recuperando as condições existentes em 1977;* > *as medidas de facilidade de acesso da população aos bens e serviços urbanos têm seu valor praticamente dobrados;* > *amplia-se o raio de alcance das viagens motorizadas;* > *a velocidade média das viagens cresce aproximadamente 20%;* > *a velocidade do trânsito no Centro expandido aumenta 16%, diminuindo os congestionamentos.*
...saudável,	**Melhoria do ambiente urbano**
O modelo de desenvolvimento é sustentável. A metrópole propicia o desenvolvimento integral do homem. Os recursos naturais são usados racionalmente.	> *dobra a mobilidade da população de baixa renda;* > *triplicam as facilidades de acesso da população de baixa renda aos bens e serviços urbanos;* > *aumenta em aproximadamente 30% a velocidade das viagens da população de baixa renda;* > *diminui em aproximadamente 35% a concentração de monóxido de carbono no Centro expandido metropolitano;* > *diminui o nível de ruído no Centro expandido, tornando as condições mais favoráveis que as de 1997.*
...equilibrada,	**Melhoria do atendimento aos polos**
Um espaço mais harmonioso. O cuidado com a	> *triplicam as facilidades de acesso aos diversos polos regionais;* > *aumenta aproximadamente em 25% a velocidade das*

cultura e os espaços públicos. O Centro metropolitano revitalizado sedia atividades de cultura e lazer.	viagens com acesso aos polos regionais; > quadruplicam as facilidades de acesso ao Centro histórico do município de São Paulo que, nas condições da estratégia mínima, encontrava-se estrangulado por congestionamentos; > aumenta em 52% o número de viagens coletivas com destino ao Centro histórico.
...responsável,	**Eficiência econômica**
Programas e metas são executados sem descontinuidade, mesmo com as mudanças administrativas.	> a sociedade ganha em tempo um valor equivalente a 40 bilhões de dólares ao longo dos próximos 30 anos.
e cidadã.	**Melhoria da qualidade de serviço**
Todos têm a oportunidade de viver com dignidade com acesso a bens e serviços. Um habitante consciente de sua cidadania e identidade metropolitana.	> reverte-se a tendência de queda da divisão modal a favor do coletivo, que chega a atingir 59,6% das viagens motorizadas; > aumenta em aproximadamente 35% a velocidade das viagens coletivas; > amplia em 38% o raio de alcance das viagens por modo coletivo; > aumentam significativamente as viagens com integração modal auto x coletivo.

Tabela 4. *A metrópole que queremos e os resultados obtidos com o PITU 2020.* Fonte: Governo do Estado de São Paulo. Secretaria dos Transportes Metropolitanos. PITU 2020.

A Cidade à Venda: Mercantilização Urbana e Produção de Objetos da Cidade Mercadológica

A produção, apropriação e consumo do espaço por meio da mobilização do capital econômico, cultural e social adquirem sua face visível na transformação da paisagem urbana por objetos distintos, resultado das estratégias de maximização de ganhos materiais e simbólicos por agentes e instituições. A utopia da autossuficiência e a construção de mundos finitos para o consumo e fruição de determinadas frações de classe, como os *shopping centers* e os condomínios de alto padrão ou a demanda de corporações multinacionais por espaços especializados adaptados ao fluxo da economia global (hotelaria, centro de convenções, tecnologias da informação, telecomunicações, segurança, aeroportos), são exemplos de processos que engendram o surgimento de novas espacialidades e descontinuidades territoriais, determinando a hierarquia socioespacial quer pelo aparecimento de novos objetos, quer pela reconversão de antigos a novas funcionalidades.

Nessa categoria de objetos produzidos pela cidade mercadológica salta aos olhos a tendência à produção em série do que Caldeira chamou de enclaves fortificados, caracterizando uma nova forma de segregação socioespacial na metrópole, ou seja, espaços destinados ao consumo de elites que recriam seu universo material e simbólico para uma diferenciação social em relação ao resto da cidade. Por trás de muros, grades, guaritas, câmeras e todo tipo de objetos destinados à manutenção da segurança privada produzem-se espaços de separação e de organização das diferenças como desigualdade. Essa separação física e material é complementada por uma elaboração simbólica de modo a transformar enclausuramento, isolamento, restrição e vigilância em símbolos de status (Caldeira, 2000:259). Os enclaves fortificados incluem conjuntos de escritórios, *shopping centers,* e outros espaços adaptados, de modo a conformar um tipo de regionalização e segregação, como escolas, hospitais, centros de lazer e parques temáticos. Segundo Caldeira:

> Todos os tipos de enclaves fortificados partilham algumas características básicas. São propriedade privada para uso coletivo e enfatizam o valor do que é privado e restrito ao mesmo tempo que desvalorizam o que é público e aberto na cidade. São fisicamente demarcados e isolados por muros, grades, espaços vazios e detalhes arquitetônicos. São voltados para o interior e não em direção à rua, cuja vida pública rejeitam explicitamente. São controlados por guardas armados e sistemas de segurança, que impõem as regras de inclusão e exclusão. São flexíveis: devido ao seu tamanho, às novas tecnologias de comunicação, organização do trabalho e aos sistemas de segurança, eles são espaços autônomos, independentes do seu entorno que podem ser situados praticamente em qualquer lugar (Caldeira, 2000: 258-59).

Quando necessitam, por fim, estabelecer laços com o meio exterior, resta a essa camada social recorrer a todo um aparato complementar que vai dos automóveis blindados aos serviços de segurança envolvidos em uma simples ida ao *shopping center* ou outro espaço exterior ao enclave, oferecido em um mercado que se desenvolve e se sofistica rapidamente. Por estar submetida à lógica da competição com outros territórios, a chamada guerra de lugares, a cidade mercadológica necessita, para seus desígnios, ser ela própria um objeto técnico que organiza outros objetos técnicos, objetos estes criados deliberadamente e voltados para a obtenção de vantagens competitivas. Nesse particular, pode-se recorrer a Santos (2002:217) quando afirma que:

> Em nenhuma outra fase da história do mundo, os objetos foram criados, como hoje, para exercer uma precisa função predeterminada, um objetivo claramente definido de antemão, mediante uma intencionalidade científica e tecnicamente produzida, que é o fundamento de sua eficácia. Da mesma forma, cada objeto é também localizado de forma adequada a que produza os resultados que dele se espera.

Outra característica da cidade mercadológica derivada das práticas competitivas é a obsolescência rápida do patrimônio urbano (capital urbanístico objetivado), que faz com que equipamentos e lugares sejam declarados ultrapassados, incapazes e obsoletos a novos usos e funcionalidades mais competitivas. Essa necessidade de competição não advém da técnica, mas da política. "Não é a técnica que exige às empresas, aos lugares serem competitivos, mas a política produzida pelos atores globais, isto é, empresas globais, bancos globais, instituições globais" (Santos, 2002:222). Evidentemente, estamos aqui diante da cultura da obsolescência planejada e do desperdício, que tem por função o estímulo a mais consumo.

Como assevera Baudrillard, "o que hoje se produz não se fabrica em função do respectivo valor de uso ou da possível duração, mas antes em função da sua morte (...) sabe-se que a ordem da produção não sobrevive a não ser ao preço de semelhante extermínio, de perpétuo 'suicídio' calculado do parque de objetos, e que tal operação se baseia na 'sabotagem' tecnológica, ou no desuso organizado sob o signo da moda" (Baudrillard, 2005:42). Eis aí mais uma pista para a decifração da crise do obreirismo, como assinalada no Capítulo 3, cujo parque de objetos é agora um estorvo à criação de outros, não restando alternativa senão a demolição, a remoção ou implosão, práticas recorrentes da cidade mercadológica para a abertura de novas frentes de produção e consumo de objetos.

Uma das práticas socioespaciais características da produção de objetos da cidade mercadológica é a chamada Operação Urbana Consorciada,[50] espécie de venda de exceção às regras de uso e ocupação do solo que, ao ser ela mesma instituída como regra, realiza a transposição dos fundamentos mercadológicos hegemônicos do *campo* para a esfera estatal, possibilitando que esses fundamentos sejam homologados, codificados e utilizados como violência simbólica em processos de "revitalização" e "requalificação" urbana. Como declara uma funcionária da Secretaria Municipal da Habitação:

---

[50] As Operações Urbanas têm origem no conceito de "solo-criado", desenvolvido por urbanistas a partir de meados da década de 70. O solo criado pressupõe a existência de um Coeficiente de Aproveitamento, de maneira a eliminar as diferenças econômicas entre regiões que o Zoneamento instituiu. A partir desse coeficiente – originalmente equivalente a uma vez a área do terreno – aquilo que fosse construído a mais seria considerado solo criado (PMSP, documento da internet: www2.prefeitura.sp.gov.br//arquivos).

A operação urbana é um instrumento de parceria e negociação estabelecido entre o poder público, a sociedade civil e a iniciativa privada previsto no Direito urbanístico e consagrado no Estatuto da Cidade [...] o Estatuto resolve o problema jurídico da necessária separação entre o direito de propriedade e o de construir. Hoje se pode alienar o direito de utilizar superfície, espaço aéreo, subterrâneos, e a operação urbana é o conjunto de ações que se pode desenvolver a partir disso.[51]

Isso significa que a operação urbana é um instrumento de produção do espaço previsto na legislação pertinente à política urbana, que assegura a participação dos agentes privados no sistema de planejamento urbano público com vistas ao aumento da eficiência econômica da cidade. Por meio dela, o capital imobiliário pode aumentar a área construída de seu imóvel para além do que é permitido na legislação urbanística (coeficiente de aproveitamento do terreno), implantar usos não previstos pelo zoneamento, anexar área remanescente de desapropriação e até obter a cessão do espaço público aéreo ou subterrâneo no perímetro definido como de influência da OP. Isso é feito mediante contrapartida financeira do setor privado a ser investido no perímetro da própria operação urbana, o que se dá pela emissão dos CEPACs (Certificado de Aumento de Potencial Construtivo) pela Prefeitura, negociados no mercado imobiliário. De acordo com a Emurb, órgão estatal responsável pela OPs no Município de São Paulo:

[...] as operações urbanas visam promover melhorias em regiões pré-determinadas da cidade através de parcerias entre o Poder Público e a iniciativa privada. Cada área, objeto de Operação Urbana, tem uma lei específica estabelecendo as metas a serem cumpridas, bem como os mecanismos de incentivos e benefícios. O perímetro de cada Operação Urbana é favorecido por leis que preveem flexibilidade quanto aos limites estabelecidos pela Lei de Zoneamento, mediante o pagamento de uma contrapartida financeira. Este dinheiro é pago à Prefeitura, e só pode ser usado em melhorias urbanas na própria região.[52]

A eficácia dessa estratégia e a permanência de sua adoção pelas diferentes gestões, independentemente de partido[53] ou orientação ideológica, repousa em vários elementos. Além de articular os capitais públicos (econômico, político e simbólico) e privados (essencialmente econômicos), ela harmoniza a produção de objetos no espaço, de modo fragmentário, mas coerente com a totalidade espacial urbana e com os fins a que servem, propiciando as condições para o controle do processo de produção do espaço pelos agentes do mercado.

---

[51] Declaração de Evangelina Pinho, diretora do Departamento de Regularização do Solo da Secretaria Municipal da Habitação e Desenvolvimento Urbano. Revista Urbs, n° 23, 2001.

[52] Informações obtidas no site http://portal.prefeitura.sp.gov.br/empresas_autarquias/emurb. Acesso em: 20.10.2004.

[53] As OPs começaram ser implementadas a partir da gestão Jânio Quadros, tendo sua utilização ampliada pelas gestões subsequentes.

Enquanto esquema de reprodução do espaço e da ordem social que se dá sob a égide do capital mediante a compra e venda de exceções à legislação urbanística, a implementação dessa estratégia necessita invariavelmente da intervenção do Estado. Isso porque, como observa Carlos (2001:113):

> [...] o fenômeno da raridade do espaço se coloca como produto do processo de reprodução do espaço sob a égide do desenvolvimento do capital, ao mesmo tempo em que constitui uma barreira a seu desenvolvimento. As estratégias capazes de superar essa contradição no processo passam, necessariamente, pela mediação do Estado, uma vez que só ele pode atuar em grandes extensões do espaço, apoiados na instância jurídica, que cria condições e legitima sua ação. Desse modo o espaço se reproduz como condição/produto da reprodução do capital, e ao mesmo tempo como instrumento político vinculado ao Estado.

Outro atributo importante dessa estratégia é a apropriação, por meio do Relatório de Impacto Ambiental, da definição legítima da noção de sustentabilidade, uma vez que o relatório legaliza, codifica e universaliza os termos da proteção ambiental, "da qualidade de vida para as presentes e futuras gerações" emanados dos agentes hegemônicos no processo de produção de determinada operação urbana. Nesse sentido, o EIA/RIMA é um instrumento de violência simbólica mobilizado por frações de classe contra aqueles que ocupam posição antagônica no campo de produção. Tática vital nessa luta é o reinvestimento do capital simbólico (conversão das representações construídas no *campo* urbanístico para a forma de capital jurídico codificado) acumulado em lutas anteriores. Assim, é enfatizada a conformidade das intervenções com a legislação vigente no Brasil, inclusive com o artigo 225 da Constituição, onde se estabelece que:

> [...] todos têm direito ao meio ambiente ecologicamente equilibrado, bem de uso comum do povo, essencial à sadia qualidade de vida, impondo-se ao poder público e à coletividade o dever de defendê-lo e preservá-lo para as presentes e futuras gerações.

Desse modo, a reificação da cidade mercadológica, ou seja, sua materialização no espaço como um conjunto de objetos, efetiva uma reforma urbana real, espécie de dominação racional com relação a fins, comandada pelo capital sob a coordenação de agentes econômicos e homologada pelo Estado. Pela conversão e reconversão de capitais, os fundamentos mercadológicos da cidade agregam o poder normativo do Estado e a capacidade que este tem de universalizar interesses particulares, bem como de impor a ordem simbólica necessária à criação de objetos coerentes com o modelo cognitivo de metrópole estruturado pelas categorias do mercado. À percepção do consumidor de espaço, a coleção de objetos assim produzida se apresenta com a coerência de uma coleção, que confere à série de objetos singulares um sentido de organização, de uma totalidade indissociável.

Avenidas, viadutos, *shoppings centers*, condomínios, parques, praças, museus, edifícios, são agora parte de uma fantástica vitrine urbana de objetos interconectados que se significam um ao outro, como superobjeto de maior complexidade, que arrasta o consumidor pelo espaço-tempo da cidade mercadológica. Voltando a Baudrillard (2005:17), pode-se dizer que o caos e a aparente desordem da cidade mercadológica simulam a indefinição nas decisões de consumo, orientando o consumidor-usuário e seu impulso de compra através da cadeia de objetos e serviços, encantando-o e levando-o, dentro da própria lógica, até ao máximo investimento e aos limites do respectivo potencial econômico. Com a unificação dos bens culturais e econômicos em um só mercado do espaço, as relações sociais na metrópole passam a ser mediatizadas pelos vínculos que cada indivíduo possa estabelecer com o parque de objetos oferecidos, de acordo com o potencial de consumo e do capital cultural adequado à sua fruição. Ao leigo, cidadão comum transformado em consumidor do espaço, é dada a possibilidade de escolha na montagem de sua cesta de consumo do espaço. Ele pode, por exemplo, decidir se utilizará a avenida A e o túnel B, passando pelo viaduto C ou D.

O que não lhe é dado é o poder de decidir quais túneis, avenidas ou viadutos existirão ou deixarão de existir, sendo essa combinação racional de objetos o resultado da reificação de modelos cognitivos como dominação organizada do curso da urbanização.

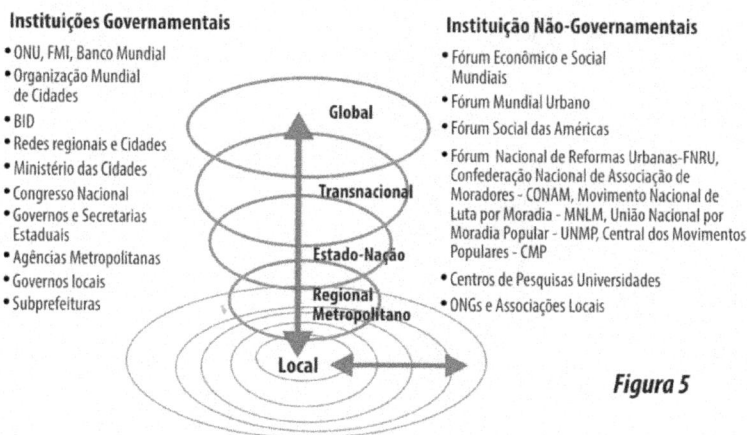

Campo Urbanístico: Circuitos de Legitimação e Divisão do Trabalho de Dominação e Controle

Figura 5. Conjunto de instituições e agentes governamentais e não-governamentais que formam os circuitos de legitimação e controle

165

Essa dominação é tão mais eficaz e abrangente quanto for invisível, desconhecida e escamoteada pela ideologia da soberania do consumidor do espaço, pois essa "soberania" está condicionada à aceitação prévia das regras da cidade mercadológica, impostas por agentes detentores de capitais suficientes para fazê-lo. Há aqui, portanto, um paradoxo entre a objetivação de modelos de realidade e a soberania do consumidor de espaço, que se resolve pela ilusão da liberdade de escolha. Reside aí a maior eficácia simbólica desse modelo de cidade em pacificar, em conduzir os dominados a aceitarem participar do projeto de sua própria dominação, pois que toda a manifestação de sua soberania – quer pelo voto, quer pelo cartão de crédito – é informação codificada emanada de um campo de produção específico e que se presta a estruturar ainda mais a vigilância e o controle sobre a cadeia de objetos que referencia seus vínculos sociais e sua "livre escolha". Esta aceitação dóxica é tanto maior quanto mais distante o cidadão leigo consumidor esteja do espaço social de produção, cuja distância o leva a desconhecer os seus fundamentos arbitrários e, portanto, reconhecê-lo como legítimo. A análise feita nesta parte do estudo nos possibilita esboçar a estrutura do campo urbanístico em termos de circuitos de legitimação e controle, como um conjunto de instituições e agentes governamentais e não-governamentais que ocupam uma posição distinta na divisão do trabalho de dominação organizada sobre o curso da urbanização. A Figura 5 identifica os agentes e instituições mais relevantes nesse sentido, fornecendo pistas para a análise dos fatores de produção, reprodução e autonomização do campo a ser feita na próxima parte do estudo.

TERCEIRA PARTE

URBANIZAÇÃO E DOMINAÇÃO SIMBÓLICA

Vimos que, no microcosmo social aqui estudado, lutas políticas e cognitivas entre instituições e agentes para a produção e imposição da cultura urbanística legítima estão na origem da construção de representações e de modelos cognitivos de ordem urbana voltados para o controle do processo de urbanização. A concentração dos meios e instrumentos de produção de modelos, representações e utopias urbanas nas mãos de um corpo de profissionais é correlata à despossessão e privação destes meios pelo cidadão comum, expropriado e transformado em leigo e consumidor no mercado do espaço. Importa agora desvelar as formas de sistematização de práticas socioespaciais, a repetição de procedimentos e ritos de instituição que conformam ciclos de atividades e garantem continuidade, regularidade e durabilidade, quer dizer, certo grau de previsão sobre os resultados do trabalho de controle do processo de produção do espaço. Com isso, quer-se acessar certas propriedades dos agentes e instituições como traços de conduta e estratégias que, levadas a efeito, condicionam a produção do espaço e, logo, caracterizam modelos de dominação organizada sobre o processo de urbanização.

Chegamos assim à problemática da (re)produção e inovação do *campo* urbanístico como elementos decisivos para a avaliação do grau de condicionamento que ele exerce sobre a produção do espaço e da ordem social na metrópole. Esse aspecto é importante, pois a dinâmica de (re)produção e inovação do *campo*, uma vez que garante sua continuidade no tempo, assegura também condições para um controle duradouro e prolongado sobre o nascimento, a vida e a morte dos objetos técnicos, ou seja, sobre o processo de urbanização pelos agentes e instituições que o institui e o constitui. Dessa perspectiva, as formas de dominação organizada sobre o processo de urbanização não são redutíveis a atos de vontade ou escolha racional de agentes como empreendimento individual. Elas devem ser compreendidas no âmbito do desenvolvimento histórico de um *campo* de forças e de lutas para conservar ou transformar a correlação de forças e estão sujeitas às coerções estruturais do campo e da própria realidade social da qual ele é produto.

Giddens (1985:37) sublinhou que toda reprodução social e, portanto, todos os sistemas de poder, são baseados na previsibilidade da rotina diária, sendo que "o caráter previsível, ou seja, regularizado da atividade diária, não é algo que simplesmente ' acontece'; em grande parte é 'provocado' por agentes inseridos nos diversos cenários da vida social". Guardadas as especificidades e os contextos às quais se refere, essa formulação é muito próxima daquela já asseverada por Weber (1996:59), segunda a qual:

> Toda empresa de dominação que reclame continuidade administrativa exige, de um lado, que a atividade dos súditos se oriente em função da obediência devida aos senhores que pretendem ser os detentores da força legítima e exige, de outro lado e em virtude daquela obediência, controle dos bens materiais que, em dado caso, se tornem necessários para aplicação da força física. Dito em outras palavras a dominação organizada necessita, por um lado, de um estado-maior administrativo e, por outro lado, dos meios materiais de gestão.

Se assim é, devemos analisar os meios e modos mobilizados para a obtenção de tal obediência e consentimento dos dominados, uma vez que, sem essa cumplicidade ativa e objetiva, estaria comprometida a relação de sentido, as formas silenciosas, dissimuladas e duradouras da dominação legítima, que tornam desnecessário o uso recorrente à violência física. Não obstante, como lembra Bourdieu (1989:10), só podemos compreender a violência simbólica sob a condição de analisar a relação entre as características objetivas das instituições que a exerce e as disposições socialmente constituídas dos agentes sobre os quais ela é exercida. Esse constrangimento tacitamente consentido ocorre necessariamente sempre que as estruturas objetivas se encontram com as estruturas mentais que as reconhecem e se põem de acordo com elas. Este argumento nos oferece novas pistas para a elucidação da indagação: como a classe dominante domina e por que os dominados aceitam colaborar no projeto da sua própria dominação? Que papel o campo específico ocupa na divisão do trabalho de dominação? Pode-se argumentar que o processo de produção do espaço produz, em seu desenvolvimento, uma espécie de conformismo lógico e moral (Cf. Durkheim), sendo que a reprodução do *campo* urbanístico – como meio de produção de sentido e organizador da ordem simbólica – assegura a reprodução e inovação das práticas socioespaciais condizentes a esse fim. É plausível supor ainda que essa produção é mediada por instituições que têm a prerrogativa de estabelecer formas de divisão e classificação, organizando esquemas de percepção e apreciação do espaço.

Dessa ótica, a lógica do *campo* deve operar no sentido de reproduzir e/ou inovar as condições sob as quais terá maior influência e controle do processo de produção do espaço, podendo essa reprodução ser simples, pela inércia das instituições e agentes, ou ampliada, com a criação de novas organizações, a entrada de novos agentes, a implementação de novos meios de gestão e a criação de novos objetos, em suma, pela criação de novos modelos cognitivos aplicáveis ao vir-a-ser da urbanização.

Nos capítulos seguintes abordaremos aspectos cruciais da organização do *campo* em redes cognitivas voltadas para a criação de novas formas de classificação e divisão, necessárias à atualização, codificação e transmissão de modelos de realidade urbana. Para tanto, devemos retornar à análise do *campo* urbanístico buscando apreender a dialética que se estabelece entre as estruturas objetivas da sociedade (estado-maior administrativo) e as estruturas cognitivas do campo (estado-maior cognitivo), explicitar os modelos cognitivos como posições ocupadas em um *campo* singular e também como disposições para aí trazidas pelos agentes. Mas essa dimensão do problema só pode ser acessada por meio da análise de práticas socioespaciais concretas, sendo este o objetivo desta parte do estudo.

6. Instituições e Formas de Classificação Socioespacial

Toda classificação implica em uma ordem hierárquica da qual nem o mundo sensível nem nossa consciência nos oferece o modelo. Deve-se, pois, perguntar onde fomos procurá-lo. As próprias expressões de que nos servimos para caracterizá-lo nos autorizam a presumir que todas essas noções lógicas são de origem extra-lógica.
E. Durkheim; M. Mauss

Este capítulo tem por objetivo aprofundar a compreensão da dinâmica de reprodução e inovação do *campo* urbanístico para melhor avaliar a extensão e profundidade de sua influência sobre o processo de produção do espaço e, por consequência, sua influência no condicionamento da ordem urbana. Isto será feito por meio da análise de um aspecto essencial da conduta dos agentes: a mobilização dos saberes e das instituições para impor os princípios de classificação e de divisão, isto é, a representação legítima do dever-ser da metrópole como base cognitiva da dominação organizada sobre o curso da urbanização. Nessa luta entre modelos de realidade que aspiram tornarem-se reais, entre formas arbitrárias que reivindicam a validade universal, o que está em jogo não é pouco. Como dimensão eufemizada e dissimulada da luta de classes, ela assegura aos vencedores o exercício da violência simbólica nos embates pela hegemonia no interior do *campo*. Transposta para a estrutura social como ordem simbólica legitimada assegura, no momento mesmo da produção do espaço, a reprodução ou transformação das relações sociais entre dominantes e dominados. Como afirma Bourdieu (1991:167):

> [...] a luta das classificações é uma dimensão fundamental da luta de classes. O poder de impor uma visão das divisões, isto é, o poder de tornar visíveis, explícitas, as divisões sociais implícitas, é o poder político por excelência: é o poder de fazer grupos, de manipular a estrutura objetiva da sociedade [...] o poder performativo de designação, de nominação, faz existir no Estado instituído, constituído, isto é, enquanto *corporate body*, corpo constituído enquanto *corporatio* [...] o que até então existia apenas como *collectio personarum plurium*, coleção de pessoas múltiplas, série puramente aditiva de indivíduos simplesmente justapostos.

Tais princípios de visão e de divisão, uma vez instituídos como ortodoxia no campo, reproduzem e naturalizam as formas arbitrárias de conhecimento do espaço (representações, teorias, planos, projetos), as hierarquias socioespaciais e a disposição dos objetos (regiões, lugares, centralidades, periferias, espaços de relegação, espaços de distinção, redes territoriais), sua significação atual e a direção que devem seguir. Eles podem assim serem transpostos para a sociedade de classes na forma de produtos simbólicos mediante os quais é possível estabelecer o senso comum.[54] A título de exemplo, se referindo à guerra dos mapas, Bauman (1999:38) nos lembra que um aspecto decisivo do processo modernizador foi:

> [...] a prolongada guerra travada em nome da reorganização do espaço, da subordinação do espaço social a um e apenas um mapa oficialmente aprovado e apoiado pelo Estado – esforço conjugado e apoiado pela desqualificação de todos os outros mapas ou interpretações alternativas de espaço, assim como com o desmantelamento ou desativamento de todas as instituições e esforços cartográficos além daqueles estabelecidos pelo Estado, licenciados ou financiados pelo Estado (Bauman, 1999:38).

Dessa perspectiva, a produção, legitimação e transmissão de modelos de realidade urbana na forma de produtos simbólicos requerem a mobilização de um estado-maior cognitivo, capaz de traduzir modelos heurísticos, utopias e ideologias em práticas socioespaciais institucionalizadas, em condutas mais ou menos previsíveis e codificadas. Por outro lado a transposição da produção simbólica do campo específico para a esfera do poder requer a mobilização de um estado-maior administrativo, fator essencial da passagem, com a máxima eficácia, da representação da realidade à realidade da representação; do modelo de realidade a realidade do modelo, objetivado no território como uma coleção de objetos interconectados, práticas socioespaciais incorporadas e internalizadas como *habitus* pelos agentes especializados, pelas classes ou frações de classe que dispõem de capital cultural para decifrá-las e, mais ainda, pelos leigos, que reconhecem a legitimidade do estado de coisas pelo fato de desconhecê-lo como arbitrário.

Nessas condições, a dinâmica de reprodução e inovação das práticas socioespaciais se vincula à capacidade dos agentes em mobilizar, dentro e fora do Estado, um conjunto de instituições que, pelo acúmulo de poder material e simbólico, tem a prerrogativa de ordenar o mundo natural e social por meio da produção organizada de representações e modelos cognitivos do urbano.

---

[54] A noção de senso comum é utilizada, na acepção de Bourdieu, como sendo "um fundo de evidências partilhadas por todos que garante, nos limites de um universo social, um consenso primordial sobre o sentido do mundo, um conjunto de lugares comuns (em sentido amplo), tacitamente aceitos, que tornam possíveis o confronto, o diálogo, a concorrência, até mesmo o conflito, e entre os quais cumpre dar um lugar à parte aos princípios de classificação, tais como as grandes oposições que estruturam a percepção do mundo (BOURDIEU, 2001:118-119).

Instituições, Produção do Espaço e Produção de Sentido

Toda ordem social repousa em esquemas de classificação impostos por meio das lutas anteriores nos diversos campos de produção que, sendo ajustadas às classificações incorporadas pelos agentes, produzem as formas de reconhecimento dessa ordem. Giddens (1985:35) observou que todos os sistemas sociais de qualquer duração envolvem uma mediação institucional. Isso quer dizer que a dominação é expressa na e pelas instituições que representam as continuidades mais arraigadas da vida social. Mas no contexto de qualquer coletividade, associação ou organização, a dominação é expressa como modo de controle, por onde alguns agentes procuram adquirir e manter o consentimento de outros. Extrapolando essas considerações para o campo de produção, pode-se intuir as razões pelas quais o trabalho de formulação e de objetivação de modelos cognitivos de realidade urbana, demandados por governos, ONGs e empresas em escalas que vão do local ao global, engendra um leque de atividades levadas a efeito por organizações especializadas na produção de conhecimento perito, bem como por categorias profissionais nas quais se encontram mais ou menos internalizadas como *habitus* maneiras de pensar, agir e sentir condizentes ao trabalho de reprodução e inovação de práticas socioespaciais.

No processo de constituição desse Estado-maior cognitivo, frações da classe dominante se enfrentam para impor seu ponto de vista particular como ponto de vista universal, como base para o consenso sobre um conjunto de evidências a serem partilhadas como de senso comum. E isso a começar pelas noções de tempo e espaço que, como sustenta Durkheim (2000:XXIV), têm origem social e:

> [...] representam as relações mais gerais que existem entre as coisas; sobrepondo-se a todas as outras ideias em extensão, dominam todos os pormenores da nossa vida intelectual. Se os homens não acreditam nessas ideias essenciais em qualquer circunstância, se não têm as mesmas concepções de tempo, espaço, causa, número etc., todo o contato entre os seus pensamentos é impossível e, com isso, toda a vida em conjunto. No entanto, a sociedade não pode abandonar as categorias à escolha livre do indivíduo sem se abandonar a si própria. Existe um mínimo de conformidade lógica para além da qual não pode ir. Por esta razão, usa toda a sua autoridade sobre os membros para prevenir tais dissidências.

Então, para que a sociedade se reproduza é necessário não apenas um mínimo de conformismo moral, mas também um mínimo de conformismo lógico e cognitivo, sem o qual ela também não pode existir. Por esta razão, no dizer de Durkheim (idem:XXV), ela pesa com toda a sua autoridade sobre os membros a fim de prevenir as dissidências.

> A necessidade com que as categorias se impõem a nós não é, portanto, o efeito de simples hábitos, de cujo domínio poderíamos nos desvencilhar com pouco de esforço; nem é uma necessidade física ou metafísica, uma vez que as categorias mudam conforme os lugares e as épocas; é uma espécie particular de necessidade moral que está para a vida intelectual, assim como a obrigação moral está para a vontade.

No que diz respeito à nossa problemática, a imposição desse conformismo lógico e moral se dá pela mediação de organizações especializadas e categorias profissionais dotadas de competência cultural específica na forma de capital urbanístico incorporado e institucionalizado, que são a base para o desenvolvimento da divisão do trabalho de controle do processo de produção do espaço. A demanda por esse trabalho de mediação enseja o surgimento de organizações distintas situadas no âmbito do Estado, do mercado e da sociedade civil como posições distintas na estrutura do campo. Trata-se, talvez, do que Giddens (1995:30) caracteriza como sistemas peritos, isto é, sistemas de excelência técnica ou competência profissional que organizam grandes áreas dos ambientes material e social em que vivemos.

Consideremos, por exemplo, o desenvolvimento da prática da regionalização, tal como concebida por Giddens (2003:140). Amplamente mobilizada pelos agentes, essa prática não se refere à simples demarcação de fronteiras territoriais em mapas, embora as fronteiras entre uma região e outra sejam sinalizadas por indicadores físicos ou simbólicos. Ela remete ao zoneamento do tempo-espaço em relação às práticas sociais rotinizadas.

Assim, as ruas e avenidas, por exemplo, constituem regiões onde ocorre um vasto conjunto de interações no decorrer de um dia típico. São compartimentadas em zonas com significados e usos específicos e regionalizadas em pistas, paradas de ônibus, semáforos, faixas de pedestres, calçadas, radares, postos de vigilância e apropriadas por determinadas camadas sociais em diferentes momentos do dia, da semana e do ano. Pensa-se, por exemplo, no sistema de rodízio de veículos da cidade de São Paulo, medida de gestão do território voltada para o controle do tráfego. Em determinada região, denominada minianel viário, a circulação de veículos é controlada pelo final da placa e por faixas de horário. No perímetro considerado, são fixados postos de vigilância e controle por meio do qual se exercem a fiscalização, a aplicação de multas e outras sanções aos desvios de conduta observados.[55]

---

[55] O minianel viário é formado pelas marginais Tietê e Pinheiros, pelas avenidas dos Bandeirantes, Afonso D'Escragnole Taunay, pelo complexo viário Maria Maluf, pelas avenidas Tancredo Neves e Juntas Provisórias, pelo viaduto Grande São Paulo e pelas avenidas Professor Luís Inácio de Anhaia Melo e Salim Farah Maluf. A operação restringe a circulação de veículos no chamado minianel viário nos horários de pico: das 7h às 10h e das 17h às 20h. O rodízio afeta dois finais de placa por dia útil da semana. Transitar em locais e horários não permitidos pela regulamentação prevista no Código de Trânsito Brasileiro implica

Retomando Giddens (1985:205), a principal característica da regionalização é, portanto, assegurar o exercício do poder disciplinar. Como em outros tipos de organização moderna, na organização do espaço o poder disciplinar é construído de maneira a coordenar a sequência de ações no tempo-espaço dentro de locais delimitados fisicamente, nos quais a regularidade das atividades pode ser imposta. Por meio da supervisão, obtém-se a aquiescência dos indivíduos que, de outro modo, não ocorreria.

Assim definida, a regionalização pode abranger grande variação em extensão e escala. Uma casa pode ser regionalizada em cômodos, uma cidade pode ser regionalizada em setores e zonas com usos específicos e assim por diante. Uma expressão clara da regionalização é a divisão do espaço urbano segundo os pontos cardeais (norte, sul, leste e oeste) ou a segregação socioespacial expressa nas classificações do tipo favela/bairro. popular/nobre ou centro/periferia. Assim, podemos examinar algumas formas de regionalização subjacentes à fragmentação e divisão do espaço que perpassam as escalas global, nacional e subnacional, chegando até o local e o lugar. Neste estudo, a ênfase recairá nas formas de regionalização produzida por organizações especializadas na produção de conhecimento abstrato voltado para o aperfeiçoamento das políticas públicas, mormente aquelas especializadas em técnicas de medição e representação de atributos territoriais por meio de mapas topográficos e temáticos, de indicadores e de ferramentas estatísticas.

Urbanização Global e Geometrias Socioespaciais

Na esteira da globalização dos processos urbanos a formação de cidades ou regiões urbanas globais tornou-se um importante aspecto da luta pela representação legítima dos processos de urbanização contemporânea. É recorrente a ideia de que a intensa integração dos mercados e das práticas culturais potencializadas pela revolução tecnológica observada na passagem do século XX para o XXI é, a um só tempo, causa e consequência do surgimento de territórios conectados em escala global. Como realidade objetiva, a formação de territórios globais enseja a emergência de uma luta cognitiva e política em torno da explicação válida sobre o fenômeno, capaz de conferir aos agentes uma posição distinta na estrutura do campo da produção.

Hall (1984) define cidades mundiais como aquelas onde há uma concentração de poder nacional e internacional em termos de finanças, governo, comércio, segurança, conhecimentos avançados em medicina, direito, educação, ciência e tecnologia; centros de informação, publicidade, meios de comunicação de massa,

---

em infração de trânsito de nível médio, resultando em multa e acréscimo de pontos no prontuário do motorista (FSP, 25.01.2005).

de consumo conspícuo e de amenidades; centro de bens culturais, de arte e de entretenimento. Friedmann (1986), por sua vez, sugeriu que essas cidades formavam uma hierarquia de cidades na qual Londres, Nova York e Tóquio aparecem como articulações do sistema financeiro global; Miami, Los Angeles, Frankfurt, Amsterdam e Singapura, articulações multinacionais; enquanto Paris, Zurique, Madrid, São Paulo, Cidade do México, Seul e Sydnei seriam importantes articulações nacionais.

Para Sassen (1998:16-17), essas novas formações urbanas se comportam dentro do paradigma de cidades globais. É precisamente a combinação da dispersão global das atividades econômicas e da integração global, mediante uma integração contínua do controle econômico e da propriedade, que define o papel estratégico desempenhado pelas cidades globais. Desse modo, as cidades globais são: i) pontos de comando na economia mundial; ii) lugares e mercados fundamentais para as indústrias de destaque do atual período econômico, isto é, as finanças e os serviços especializados destinados às empresas; iii) lugares de produção fundamental, incluindo a produção de inovações. As operações globalmente integradas requerem lugares centrais, onde se exerça o trabalho de globalização. Além disso, as indústrias da informação necessitam de uma vasta infraestrutura física, contendo os nós estratégicos e uma hiperconcentração de determinados meios, fundamentais para o gerenciamento, o controle e a prestação de serviços dessa nova organização das finanças e da produção. A mesma matriz teórica é retomada por Scott (2001), enfatizando aspectos da competição entre cidades-região global.

Castells (1999:493), por sua vez, irá caracterizar o fenômeno da urbanização global no âmbito da emergência da sociedade da informação, com redes urbanas globais formando um espaço de fluxos envolvendo o que ele denomina como megacidades. As megacidades, forma espacial da economia global e da sociedade informacional, seriam os nós da economia global e concentrariam as funções superiores direcionais, produtivas e administrativas de todo o planeta; o controle da mídia; as funções políticas; a capacidade simbólica de criar e difundir valores e mensagens. Caracterizam-se como formações socioespaciais que articulam a economia global, operam as redes informacionais e concentram o poder mundial. Mas seriam também lugares de "grupos populacionais crescentes de pessoas sem importância estrutural para essa nova forma de organização do capital, que habitam áreas ignoradas pelas redes de comunicação, que tentam vender sua inutilidade ou mostrar seu abandono no contexto da nova estrutura". Essa evolução contraditória faria com que a megacidade estivesse conectada externamente às redes globais e a segmentos influentes de seus países, mas cada vez mais desconectadas internamente das populações que exercem funções obsoletas ou desnecessárias ao novo padrão de acumulação do capital. Castells (1999:495) assinala que:

> [...] é essa característica distinta de estarem física e socialmente conectadas com o globo e desconectadas do local que torna as megacidades uma nova forma urbana. As megacidades são: (1) os centros de dinamismo econômico, tecnológico e social em seus países e em escala global. São os verdadeiros motores do desenvolvimento. O destino econômico de seus países, sejam os EUA, seja a China, depende do desempenho das megacidades, apesar de a ideologia da pequena cidade ainda continuar difundida em ambas as nações; (2) centros de inovação cultural e política; (3) pontos conectores às redes globais de todos os tipos. A internet não poderá desviar-se das megacidades: ela depende dos sistemas de telecomunicações e dos "telecomunicadores" desses centros.

Ainda de acordo com Castells (idem:511), se as megacidades são a forma social específica da sociedade global, o processo espacial característico é o espaço de fluxos, entendido como um processo social organizado em três camadas de suportes materiais. A primeira camada é constituída por um circuito de impulsos eletrônicos que possibilita a interconexão em rede dos processos cruciais; a segunda é constituída pelos nós (centros de funções estratégicas e de comunicação da rede); a terceira camada se refere à organização espacial das elites gerenciais dominantes. Assim, o espaço de fluxos não é a única lógica espacial de nossas sociedades, mas é a dominante, pois organiza os interesses da elite empresarial, tecnocrática e financeira da sociedade. Essa elite também terá exigências espaciais específicas relativas ao suporte material/espacial de seus interesses e práticas. Por ser um processo global, a-histórico em relação aos lugares, quanto mais uma organização social se baseia em fluxos, substituindo a lógica de qualquer lugar específico, mais a lógica do poder global escapa ao controle sociopolítico das sociedades locais/nacionais historicamente específicas.

O essencial dessa abordagem é que as regiões urbanas globais levam a uma ruptura nas formas de pensar o urbano como parte de sistemas nacionais ou regionais e fazem com que os aspectos internacionais deixem de ser área privilegiada do Estado-Nação. Enquanto território específico, passam a ser classificadas como uma nova unidade subnacional que não é nem o município e nem o estado. Desse modo, as regiões urbanas globais situam os processos de globalização como complexos concretos de produção e reprodução da vida material e simbólica, além de estabelecer topologias de lugares e geometrias variáveis de poder e controle em escala global.

Territórios globalizados podem criar descontinuidades espaciais com relação ao restante da metrópole – como, por exemplo, os edifícios inteligentes do tipo World Trade Center, que se conectam em escala global, mas são funcionalmente desconectados do local. Podem ainda ser resultado de uma ação dos governos locais como atores políticos, na medida em que lutem entre si pela atratividade de capital econômico a partir de atributos como conectividade, inovação e flexibilidade institucional (Borja; Castells, apud Compans, 2004:61-6). Nesse sentido, o local poderia ser visto como objeto causal da formação da sociedade urbana global e não apenas reflexo da reestruturação tecnoespacial das forças produtivas em escala global.

O fundamental aqui é que, como estrutura objetiva do mundo social, a emergência da sociedade urbana global exige novas formas de classificação do espaço por agentes e instituições que, ao reivindicarem a ortodoxia, abrem uma frente de lutas no *campo* pelos princípios de visão e divisão do fenômeno urbano. Essas lutam visam a transformar ou a conservar as estruturas cognitivas e os esquemas de percepção por meio dos quais o processo de urbanização é apreendido, bem como as categorias e conceitos pelos quais ele pode ser explicado e, logo, controlado. Assim, podemos afirmar que está em curso a luta pela produção do senso comum esclarecido, uma espécie de profecia autorrealizadora, atinente a produzir um efeito de teoria, efeito propriamente político que consiste em fazer ver uma "realidade" que não existe inteiramente, sobre o ser e o dever-ser da urbanização.

Desse modo, o controle do processo de produção do espaço passa por circuitos de legitimação, por instâncias autorizadas ao exercício de codificação e de homologação das regras. Nesse percurso, o campo, alongar-se e estender seus efeitos para esferas mais amplas da vida social, expropria, sem mais, outros agentes que, transformados em leigos, reconhecem a legitimidade dessa expropriação pelo simples fato de desconhecê-la como tal. Não obstante, tal violência simbólica só pode ser levada a efeito pelo acúmulo e mobilização de capital social, econômico e cultural, convertidos em capital urbanístico pela via de rituais de instituição que garantam a continuidade, a repetição e a previsibilidade do curso dos eventos, com maior ou menor grau de segurança e risco, dadas as formas de controle disponíveis.

Se o capital urbanístico se encontra desigualmente distribuído pelas várias instituições e agentes, é razoável supor que esteja mais concentrado em instituições produtoras de conhecimento, os chamados *think tanks ou do tanks*, organizações com acúmulo de capital cultural e econômico, passíveis de ser convertido em capital específico, de maior eficácia simbólica nas disputas internas do campo. Não por acaso, essas organizações (estatais, privadas e da sociedade civil) são mobilizadas para prestar assessoria aos governos, aos movimentos sociais e aos tomadores de decisão em políticas públicas. Realizam a mediação das trocas materiais e simbólicas do *campo* com posições homólogas de outros *campos* (político, científico, jurídico), em um complexo jogo de harmonização das atividades na divisão do trabalho de dominação e controle da urbanização. Nesse ponto, cumpre esclarecer que, se essa espécie de estado-maior cognitivo tem uma propensão social à obediência do que é demandado pelo campo do poder, ela também, não raro, organiza, codifica e dá sentido às reivindicações dos dominados. Essa obediência e presteza, tanto em um caso como no outro, se devem apenas às possibilidades objetivas que os agentes têm de participar dos ganhos materiais e simbólicos em circulação no campo e na sociedade em geral.

No âmbito do campo de produção, a luta de classes propriamente dita assume a forma eufemizada de luta cognitiva (prática e teórica) que remete às formas institucionais e aos circuitos de legitimação característicos do *campo* analisado. Assim, as bases cognitivas sob as quais se elaboram modelos de realidade urbana estão em permanente negociação, mediante as atividades desenvolvidas pelas instituições e agentes que ocupam posições distintas no espaço social. Neste ponto, é lícito lembrar que, como observa Douglas (2004:80), as instituições não podem pensar por elas próprias, mas somente por meio de indivíduos. Por outro lado, a simbiose entre agentes e instituições ocorre porque, fora delas, a quem devem tudo o que são, os agentes nada seriam.

> [...] a teoria científica é o resultado de uma luta entre as classificações a serem desenvolvidas para fins profissionais por um grupo de cientistas e as classificações a serem operadas num ambiente social mais amplo. Ambas estão emocionalmente carregadas. Os dois tipos de classificação dependem de interação social. Um (o dos cientistas), faz um esforço determinado para especializar e refinar os conceitos de modo a torná-los adequados ao uso num discurso que difere das ideias entrincheiradas, embora aí esteja contido, do circundante grupo social maior (Douglas, 2004: 80).

Logo, lutas cognitivas visando à imposição das classificações legítimas são travadas por especialistas atuando como força de trabalho, muitas vezes com dedicação de tempo integral, no interior de instituições construídas como meios de produção da ordem simbólica aplicável à produção do espaço. A monopolização do saber por um corpo de especialistas socialmente reconhecidos como detentores exclusivos da competência cultural específica necessária à reprodução ou inovação de um corpus de conhecimento deliberadamente organizado faz com que esses sistemas de classificação sejam distintos de uma classificação meramente popular, também no sentido utilizado por Douglas (2004:83):

> [...] para o entrelaçamento de propósitos práticos, a classificação popular faz um mundo que é inteligível de um modo confiante e suficientemente previsível para se viver. Os objetivos da classificação popular são bem diferentes dos da classificação científica; a última é desenvolvida para expressar a teoria especializada gerada nas instituições especializadas, que também têm as suas próprias ideias fundadoras.

Essas considerações nos remetem uma vez mais à crescente produção direcionada à explicação legítima da problemática da formação de territórios globais. A rede de pesquisadores formada a partir da Universidade Loughborough, em Leicester, *Globalization and World Cities – GAWC*, não por acaso dirigida pelos já citados pesquisadores Peter Hall e Saskia Sassen, talvez seja a que mais avançou na construção desse modelo de realidade que reivindica tornar-se real. A partir da análise de 123 cidades, as quais formariam uma rede de cidades globais, pesquisadores do GAWC mediram a conectividade entre elas considerando a conexão de cada uma às outras 122 cidades. Assim, a conectividade de cada cidade com as demais reflete sua posição na rede mundial de cidades. É assim constituída uma hierarquia de cidades em cujo topo aparecem as cidades globais por excelência (cidades tipo Alfa), Nova York, Paris, Londres e Tóquio. Na classificação do GAWC, a Cidade de São Paulo aparece como cidade tipo Beta, juntamente com outras como Madri, Cidade do México, Moscou e Sidnei.[56]

Esse poder que alguns agentes e instituições têm de constituir grupos de cidades e estabelecer hierarquias socioespaciais e novos princípios de visão e divisão reflete, por um lado, a própria estrutura objetiva da sociedade urbana global na qual estão inseridos e, por outro, o estado das lutas pelas classificações, quer dizer, a correlação de forças materiais e simbólicas entre os que têm interesse na classificação e que, assim, mobilizam a autoridade científica para fundamentar na razão a divisão arbitrária mais conforme a seus interesses. Situados em posições do *campo* que lhes permite acumular capital social e econômico, esses agentes e instituições estão aptos a convertê-los em capital específico, na forma, por exemplo, de modos de regionalização do espaço. Esse capital específico é então mobilizado como violência simbólica na luta pelas classificações e pela hegemonia no interior do *campo* da produção.[57]

Paralelo às lutas cognitivas que se desenvolvem no âmbito de instituições nacionais e locais, a classificação e hierarquização do espaço também é feita por instituições globais que gozam de uma posição privilegiada na divisão do trabalho de organização da vida social no mundo contemporâneo. A

---

56 Para o aprofundamento da metodologia de classificação do GAWC, consultar internet: http://www.lboro.ac.uk/gawc/rb/rb5.html. Acesso em: 10.2004.

57 Como explica Bourdieu, como toda forma de discurso performativo, o poder simbólico deve estar fundado na posse de um capital simbólico [...] o poder de impor às outras mentes uma visão, antiga ou nova, das divisões sociais, depende da autoridade social adquirida nas lutas anteriores. O capital simbólico é um crédito, é o poder atribuído àqueles que obtiveram reconhecimento suficiente para ter condição de impor o reconhecimento: assim, o poder de constituição, poder de fazer um novo grupo, através da mobilização, ou de fazer existir por procuração, falando por ele enquanto porta-voz autorizado, só pode ser obtido após um longo processo de institucionalização, ao término do qual é instituído um mandatário, que recebe do grupo o poder de fazer o grupo (BOURDIEU, 1991:166).

Organização das Nações Unidas – ONU, por exemplo, utiliza o termo megacidade para designar determinadas formações urbanas com população em torno de 8 milhões de habitantes. Tóquio, São Paulo, Nova York, Cidade do México, Xangai, Bombaim, Los Angeles, Buenos Aires, Seul, Pequim, Rio de Janeiro, Calcutá, Osaka. Outras como Moscou, Jacarta, Cairo, Nova Délhi, Londres, Paris, Lagos, Dacca, Karachi, Tianjin estão nesta classificação da ONU. Note-se a inclusão, na lista da ONU, de cidades dos países em desenvolvimento. Isso porque, embora não sendo centros influentes da economia global, seu contingente populacional permite que elas possam conectar enormes segmentos da população humana aos processos globais.

Na condição de grandes reservatórios de capital social e econômico, passíveis de serem mobilizados como capital simbólico, essas instituições têm papel fundamental nos processos de classificação e divisão territorial e na consagração e homologação de modelos cognitivos, bem como na posterior objetivação deles em determinados territórios. Tais instituições são capazes de impor, em suas respectivas áreas de atuação, definições legítimas da realidade a agentes que lhes dão, antecipadamente, crédito total, ou estão dispostos a aceitar tais definições *a priori* como estratégia de atuação no *campo*.

Instituições e Regionalização na RMSP

No complexo jogo de elaboração de novas geometrias espaciais, a dinâmica da aglomeração/fragmentação de territórios é espaço aberto para a atuação de instituições que lutam pelo monopólio da definição legítima dos princípios de visão e divisão sobre as características territoriais da Metrópole.

Desse ângulo, nota-se que, ao desmembramento progressivo do território por meio da criação de instancias subnacionais (os municípios), sobrepõe-se a noção de conurbação – formação de um território contínuo a partir da fusão das fronteiras municipais, principalmente em decorrência das interações de processos econômicos e demográficos – e pelo estreitamento das relações político-administrativas entre as cidades envolvidas. Esse princípio levou a que, já no início da década de 1960, o Estado reconhecesse a questão metropolitana e a necessidade de práticas de gestão intermunicipal. Mas essas experiências de gestão compartilhada são interrompidas a partir do golpe militar de 1964, quando as instituições democráticas perdem gradativamente sua autonomia devido à concentração de poder no Executivo Federal. A questão metropolitana é então incluída na Constituição de 1967, mantida na Emenda Constitucional nº 1 de 1969 e regulamentada com a promulgação da Lei Complementar Federal 14, sendo imposta aos municípios a participação compulsória (Azevedo; Mares

Guia, 2004:99).[58] Era assim criada a figura da região metropolitana – RM, como unidade política, administrativa e orçamentária tendo por referência critérios de implantação baseados na magnitude da população aglomerada, na extensão da área urbanizada sobre o território de mais de um município, na integração econômica e social do conjunto e na complexidade das funções desempenhadas (Rolnik; Somekh, 2004:114).

Como observou Souza (2004:61), do ponto de vista meramente urbanístico a criação formal de nove RMs em torno das principais capitais brasileiras se afigurou experiência malsucedida enquanto ordenamento federativo, uma escolha institucional fortemente associada ao autoritarismo e à centralização do regime que as instituiu, desconsiderando variáveis cruciais do sistema democrático, do sistema federativo e das relações intergovernamentais. Porém, no escopo desse estudo, constitui experiência emblemática na medida em que se quer mostrar como o Estado, na condição de metacampo, está em condições de regular o funcionamento dos demais *campos*. Assim, ele (o Estado) se constitui no lugar por excelência da imposição do *nomos*, como princípio oficial e eficaz de construção do mundo, por meio de todos os atos de homologação que ratificam, legalizam, legitimam e regularizam situações e que, por isso mesmo, o converte no móvel crucial da luta pelas formas de classificação e princípios de divisão socioespacial em qualquer época ou conjuntura. É por via da normatização Estatal que se introduz, por meio da normatividade jurídica, uma continuidade decisória na continuidade natural do espaço, fixando no território fronteiras que circunscrevem e trazem à existência real, como capital simbólico reificado, as divisões do espaço social.

Observe-se que o poder de imposição de determinadas formas de classificação abre a possibilidade de elaboração de regras e normas que orientam a produção, apropriação e consumo do espaço. Com efeito, o que está em jogo é o poder de impor uma visão do mundo social por meio dos princípios de divisão que, quando se impõem ao conjunto do grupo, conferem sentido e realizam o consenso sobre a identidade e a unidade do grupo. Assim, no bojo da experiência da criação de RMs, funda-se um tipo de regionalização que assegura a possibilidade de controle, por determinados agentes e instituições, de espaços em disputa como os serviços de água, esgoto, limpeza pública, recursos hídricos, gás combustível canalizado, sistema de transporte etc. Vê-se aí a principal razão para o processo de fragmentação territorial que acompanha o processo de urbanização e que demanda formas arbitrárias de classificação e imposição de determinadas formas de regionalização do território.

---

[58] A Lei Complementar nº 14 de 1973 também criou as RMs de Belo Horizonte, Porto Alegre, Recife, Salvador, Curitiba, Belém e Fortaleza. Posteriormente, a Lei Complementar Federal 20/74 criou a RM do Rio de Janeiro.

Essa dinâmica é claramente observada no processo de criação de novos municípios via desmembramentos sucessivos dos já existentes, bem como pelo reagrupamento destes em novas unidades territoriais. O processo de repartição territorial, aliás, foi bastante impulsionado pelo fato de a Constituição de 1988 ter transferido aos Estados a possibilidade de criação de regiões metropolitanas e de novos municípios, com a elevação destes à categoria de entes federativos. Acresça-se a esse preceito constitucional a emergência da ideologia do neolocalismo, muito em evidência desde a década de 1980, tendo como palavras de ordem a municipalização, a descentralização e a autonomia financeira dos estados e dos municípios. Desde então, mais de 1500 municípios foram criados e outras dezenas estão em vias de serem criados por todo o país, principalmente por grupos políticos regionais que lutam para viabilizar o seu domínio e controle sobre parcelas do território. Reforça esse processo a utopia da descentralização, que passou a ser vista como sinônimo de gestão democrática, "sendo considerado *a priori* algo desejável e capaz de proporcionar maior eficiência na formulação de políticas públicas", o que vem sendo progressivamente refutado por pesquisas recentes sobre seus resultados e possibilidades (Azevedo; Mares Guia, 2004:104).

A evolução físico-territorial da RMSP[59] nos dá uma ideia clara da regionalização pela criação de novos municípios. Note-se que o território correspondente à RMSP compreendia, em 1940, 11 municípios, todos criados antes do século XIX: São Paulo (1558), Mogi das Cruzes (1611), Santana do Parnaíba (1625), Santa Isabel (1832), Cotia (1856), Salesópolis (1857), Itapecerica da Serra (1877), Guarulhos (1880), Mairiporã (1889), Santo André (1889), Guararema (1898). Após a década de 40 do séc. XX, ou seja, em aproximadamente 60 anos, foram criados mais 28 municípios, sendo o último deles São Lourenço da Serra, criado em 1991 por desmembramento do município de Itapecerica da Serra.

Aqui se faz necessário lembrar que, sendo produto da incorporação, pelas instituições, das estruturas objetivas da vida social, os princípios de classificação e divisão e as formas de regionalização estão sempre sujeitos a atualizações e redefinições. Desse modo, o modelo inicial das RMs, elaborado ainda no período autoritário nos moldes do planejamento tecnocrático, viria a apresentar sinais de esgotamento com as mudanças advindas do processo de redemocratização. Isso se deveu primeiramente à importância cada vez maior dos municípios, elevados à condição de entes federativos na Constituição de

---

[59] A Região Metropolitana da Grande São Paulo foi instituída pela Lei Complementar Federal nº 14, de 8 de junho de 1973 e disciplinada pela Lei Complementar Estadual nº 94, de 29 de maio de 1974.

1988 e, ainda, pelos profundos desequilíbrios nas relações intergovernamentais e regionais.

Na RMSP, esse processo pode ser apreendido pela análise de aspectos institucionais relativos ao controle dos meios de gestão e sistemas de planejamento. Mais especificamente, nos referiremos aqui à Empresa Paulista de Planejamento Metropolitano – EMPLASA, criada em 1975 como um dos componentes do Sistema de Planejamento e de Administração Metropolitana para responder pelo planejamento da Região Metropolitana da Grande São Paulo e subordinada à então Secretaria dos Negócios Metropolitanos, tendo por objetivo a realização de serviços necessários ao planejamento, programação, coordenação e controle da execução dos serviços comuns de interesse metropolitano.[60]

Como instituição que reivindica o lugar da mediação do Estado com o espaço físico e social, a EMPLASA ocupa um espaço institucional comum ao campo urbanístico e ao campo do poder e, na medida em que tenta responder aos desafios da questão metropolitana, também sofre o impacto de seus desequilíbrios e instabilidades. As tentativas de planejamento da Região Metropolitana de São Paulo remontam à elaboração do Plano Metropolitano de Desenvolvimento Integrado – PMDI, revisto pela EMPLASA em 1982 e, posteriormente, ao Plano Metropolitano da Grande São Paulo 1994-2010, além de alguns planos setoriais. No desdobramento do processo de democratização ocorreram sensíveis mudanças institucionais. Logo após a promulgação da Constituição Federal de 1988, vieram a Constituição do Estado de São Paulo e, mais recentemente, o Estatuto das Cidades, os quais conferiram aos municípios significativa autonomia e capacidade de intervenção em suas áreas urbanas. Além disso, a ampliação das lutas populares, das ações de movimentos sociais urbanos e de setores da sociedade civil organizada, levou ao florescimento de inúmeros canais de participação das classes populares na definição das políticas urbanas e metropolitanas. Esses acontecimentos exerceriam grande pressão sobre a conduta dos agentes e sobre a estrutura das organizações formais existentes, caracterizando certa instabilidade institucional que levaria a EMPLASA a realizar mudanças e atualizações em suas práticas socioespaciais, culminando com a proposição de um processo mais permanente e participativo de planejamento e gestão metropolitana.

---

[60] Decreto Estadual nº 6.111, de 11 de maio de 1975.

Dentro desse novo contexto e entendendo-se que a eficácia do planejamento depende, em grande medida, da participação dos vários agentes envolvidos, na formulação e acompanhamento da implementação das propostas, propõe-se a elaboração de uma Agenda Metropolitana, formulada a partir da participação dos atores públicos municipais e estaduais, que deverá nortear a ação pública na Região Metropolitana de São Paulo.[61]

Nesse percurso, a hoje Empresa Paulista de Planejamento Metropolitano, vinculada à Secretaria Estadual de Desenvolvimento Metropolitano, passou por transformações em seu *modus operandi* e teve ampliada a extensão territorial onde atua, que se estendeu à Região Metropolitana da Baixada Santista, criada em 1996, à Região Metropolitana de Campinas, instituída em 2001, e à Região Metropolitana do Vale do Paraíba e Litoral Norte, instituída em 2012. Alcançou posição de quase monopólio na elaboração de planos, projetos e estudos para as três Regiões Metropolitanas do Estado e ampliou funções e operações que passaram a abranger o levantamento, o tratamento e a atualização das informações estatísticas, cartográficas e institucionais, além de oferecer consultoria e assistência técnica aos municípios na elaboração de cadastros técnicos municipais, planos diretores, plantas de valores genéricos de terrenos e edificações, planos regionais e sub-regionais etc. (EMPLASA, 2004). Com o advento do Estatuto das Cidades, a empresa se credenciou ao controle dos meios de gestão de todo o território do Estado, na medida em que passou a ser a responsável direta pela organização da Conferência Estadual das Cidades e da Conferência das Cidades Metropolitanas previstas naquele Estatuto.

A luta pelo monopólio da definição legítima dos princípios de visão e divisão territorial exigem da empresa a produção de novas representações do espaço, codificadas em produtos simbólicos que conferem sentido às conexões topográficas, agregações demográficas e tendências econômicas entre os municípios e as RMs existentes. Tal atividade resulta em produtos específicos como, por exemplo, o que a empresa chama de Espaço de Metropolização ou Complexo Metropolitano Expandido – CME, como nova unidade de planejamento territorial EMPLASA (2004):

> Atenta por função própria institucional à evolução da questão metropolitana no Estado, a EMPLASA desde muito vem percebendo que o fenômeno metropolitano paulista é mais amplo do que suas efetivas delimitações legais. As três regiões metropolitanas onde atua hoje são interdependentes economicamente e formam uma rede metropolitana integrada de fato, com funções produtivas complementares, da qual fazem parte também as concentrações urbanas do Vale do Paraíba, de Sorocaba e de outras áreas de seu entorno, cujo desenvolvimento econômico precisa ser estrategicamente planejado de forma integrada. Por reconhecer sua importância para o Estado e para o País, a EMPLASA vem realizando estudos dessa rede metropolitana paulista à qual denominou Complexo

---

[61] Idem, ibidem.

Metropolitano Expandido (CME). Alguns números evidenciam sua importância: ocupa uma área de 42 737 km² – 17,18% do território estadual – e concentra quase 26,3 milhões de habitantes, ou seja, 71,13% da população estadual. O seu Produto Interno Bruto (PIB), em 1997, era de 223,8 bilhões de dólares, montante que correspondia a 78,6% do total do Estado e a 27,8% do PIB nacional.[62]

Esse capital específico acumulado, expresso na sistematização de práticas socioespaciais e na hierarquização do território, torna interessante a discussão em torno das representações e modelos de espaço metropolitano elaborados no interior das organizações estatais que reivindicam esse poder de agrupar e desagrupar objetos na constituição de novas topologias urbanas. Tomando como base o documento preliminar da Agenda para o Desenvolvimento da Região Metropolitana de São Paulo, é possível aferir que essas representações se vinculam às classificações desenvolvidas por especialistas em diversas escalas de cognição em diferentes momentos, com base em uma visão tradicional de fundar o espaço metropolitano pela agregação de municípios conurbados em torno de um centro maior e mais importante:

> A metrópole como congregação de municípios é uma definição clássica que a concebe como forma específica de organização do território urbanizado, caracterizado pela presença de um grande número de pessoas vivendo em um espaço urbano contínuo ao redor de um centro muito equipado e de alta densidade populacional. Em outras palavras, Metrópole indica com muita força a presença de um espaço urbano dominante, um núcleo que conduz e dirige em diversos sentidos o seu *hinterland,* estabelecendo relações de interdependência e complementaridade (EMPLASA, 2004:16).

Mas esse tipo de regionalização é, em dado momento, considerado precário e insuficiente, devendo-se agregar a ela características que possam conferir coesão e interdependência entre os diversos núcleos urbanos, embora esses possam conservar sua autonomia:

> É indispensável que as entidades que formam o território metropolitano sejam efetivamente autônomas e, assim, permaneçam na sua trajetória metropolitana. Porém, tornou-se fundamental criar instrumentos que garantam coesão e mútua interdependência entre entes que a compõem: os municípios metropolitanos. É a partir da sustentação da autonomia dos seus núcleos urbanos – articulada aos atributos que têm origem na conjugação do conjunto da Metrópole – que nasce a organização metropolitana e se garante o desenvolvimento para essa área em todos os níveis: social, político, econômico e cultural, dentre outros (idem, idem).

Mais adiante, percebe-se o influxo das perspectivas relacionadas à emergência de estruturas urbanas conectadas em rede global, que relacionam a noção de

---

[62] Informações obtidas em: http://www.emplasa.sp.gov.br. Acesso em: dezembro de 2004.

metrópole ao desempenho de papéis específicos na nova ordem econômica mundial:

> A visão atual e comum do papel estratégico da Metrópole, em diversos países, parte da constatação de que a Metrópole tornou-se a forma de organização urbana predominante que acompanha o atual processo de reestruturação econômica, tendendo a se reproduzir em todo o mundo, segundo padrões espaciais e funcionais muito semelhantes. Porém, substancialmente, ela possui um caráter determinante, dado o reconhecimento do novo papel que tem a desempenhar. A função de território estratégico é o papel que as metrópoles estão assumindo no quadro dos principais atores do desenvolvimento econômico contemporâneo. Elas são vistas como lugares privilegiados e qualificados, nos quais se organiza, de forma eficiente, o conjunto de relações econômicas e sociais específicas da nova etapa da economia mundializada (idem, p. 20).

Essa percepção se complementa com uma representação hierarquizada da rede urbana global nos termos da classificação global/local, centro/periferia, o que denota a incorporação das explicações produzidas por agentes situados em posições privilegiadas na estrutura do campo urbanístico, cujo acúmulo de capital específico lhes permite impor, de modo legítimo, certas definições como, por exemplo, as explicações do GAWC sobre metrópoles situadas em países periféricos:

> As metrópoles, especialmente de países periféricos, são territórios onde persiste e se intensifica a pobreza expressa pela instabilidade de inserção no mercado de trabalho, de renda insuficiente, baixa qualificação profissional e pouca escolaridade, más condições de habitabilidade, acesso restrito a serviços urbanos e mobilidade reduzida (idem, ibidem).

A difusão do modelo GAWC de hierarquização das cidades reforça a ideia de que determinadas posições do campo têm a prerrogativa de nominar, classificar, validar e universalizar hierarquias socioespaciais. É nesse contexto de luta pela imposição legítima de novas formas de classificação socioespacial que se constitui e se difunde a noção de metrópole global. Mediante a incorporação de noções universais outros agentes podem se dedicar à elaboração de planos setoriais, tais como o Plano Estadual de Recursos Hídricos e Bacias Hidrográficas; o Plano Integrado de Transportes Urbanos – PITU 2020; e o Plano Diretor de Desenvolvimento de Transportes – PDDT. Tais planos, justamente por seu caráter setorial, se propõem a controlar e monopolizar a explicação em torno de áreas específicas do processo de urbanização, concorrendo para a redistribuição do capital urbanístico na estrutura do *campo*. Essa redistribuição decorre das classificações temáticas que correm paralelas à segmentação do Estado em burocracias secundárias, que lutam entre si pela apropriação de lucros materiais e simbólicos em jogo no processo de urbanização. Reside aí a dificuldade da elaboração e implementação de políticas urbanas integradas, que sempre esbarram na luta fratricida das burocracias pelo monopólio da definição legítima de determinados problemas e soluções, como denotado na avaliação que a EMPLASA (2004) faz sobre os planos setoriais.

> [...] os planos setoriais não dão conta da complexidade da gestão regional metropolitana. Tampouco os três planos integrados conseguiram organizar as novas dinâmicas econômicas e sociais da metrópole, pois não tiveram força institucional para que suas propostas fossem implementadas (EMPLASA, 2004).

A permanente redistribuição do capital urbanístico pela estrutura do campo fez com que a noção de eficácia do planejamento passasse a ser associada à organização de fóruns comuns, abertos à participação de diferentes agentes e instituições. Nesse contexto, a proposta da Agenda para o Desenvolvimento da Região Metropolitana de São Paulo, formulada com base na participação dos atores públicos municipais e estaduais, adquire validade justamente pelo seu potencial integrador de visões e ações setoriais.

Outra questão de fundo na relação do campo urbanístico com a produção da ordem social na metrópole é que, na divisão global do trabalho de produção do espaço, a gestão territorial, nos seus aspectos de vigilância e controle, é, pelo mecanismo da descentralização, cada vez mais delegada a níveis hierárquicos inferiores e a unidades territoriais menores. Além das RMs, no âmbito estadual, podem ser citados os consórcios intermunicipais de natureza territorial ou temática, caracterizando o surgimento de novos níveis federativos que impactam de diferentes maneiras a sistematização e hierarquização de práticas socioespaciais.

Supervisão, Controle e Vigilância do Território no Município de São Paulo

Argumentamos que a produção, apropriação e consumo do espaço por agentes públicos, privados e da sociedade civil estão relacionadas a uma luta política e cognitiva pela definição legítima das formas de classificação e princípios de divisão, bem como à homologação Estatal dos resultados dessa luta, que confere a grupos a supervisão e o controle de lugares e determinados territórios e objetos específicos, que está na base da divisão do trabalho do controle da produção do espaço e do vir-a-ser da metrópole. Nesse contexto, o planejamento e a gestão territorial assumem a forma de conhecimento prático voltado à dominação organizada do processo de urbanização, mediante princípios e formas de classificação aplicáveis ao controle e à vigilância do espaço. Isto se aplica tanto no caso da "cidade-mercado", como escolhas racionais com vistas a um posicionamento do território no mercado de cidades e para a coordenação da competição entre agentes econômicos, quanto no caso do planejamento participativo do direito à cidade, com vistas à dominação racional com base na promoção de valores tais como a função social da propriedade, a participação e a solidariedade entre os agentes.

Para maior clareza, vamos agora nos deter um pouco mais sobre a noção de vigilância, no sentido de supervisão social e do controle[63] da informação, como uma das dimensões institucionais da modernidade. Giddens (1991:63) argumentou que, na modernidade, a coordenação administrativa exercida pelo Estado-Nação depende do desenvolvimento de condições de vigilância bem além daquelas observadas nas civilizações tradicionais. O aparato de vigilância, associado ao capitalismo e industrialismo, constitui um dos pilares da ascensão da modernidade.

A vigilância se refere à supervisão das atividades da população na esfera política – embora sua importância como base do poder administrativo não se confine a esta esfera. A supervisão pode ser direta (como em muitas das instâncias discutidas por Foucault, tais como prisões, escolas e locais de trabalho), mas, mais caracteristicamente, ela é indireta e baseada no controle da informação. Talvez seja essa a razão pela qual as noções de *design* urbano e gestão territorial, em oposição à simples ideia de planejamento urbano, tenham adquirido importância crescente na agenda dos formuladores e implementadores de políticas urbanas. Analisando as diversas concepções de território presentes nas políticas públicas, Koga (2003: 39) enfatiza essa tendência, assinalando que:

> As diferentes interfaces do território vêm denotar não somente sua complexidade, mas também sua riqueza para o campo das políticas públicas, no sentido de representar outros parâmetros que ultrapassem a segmentação de demandas ou focalização de ações.

Esse fenômeno pode ser observado com grande visibilidade no município de São Paulo, mormente quando recuperamos aspectos da luta simbólica que está na origem das diversas formas de fragmentação territorial e como esta se impõe como divisão legítima no nível da formulação da política urbana antes de se tornar realidade objetiva. Como nota Sposati (2001: 53), desde a Lei das Terras

---

[63] A ideia de controle é aqui entendida na perspectiva da interação dos indivíduos no âmbito de uma determinada sociedade ou grupo social. Assim, quando se fala em "controle", está sempre se referindo à noção de "controle social", entendida como o conjunto de meios de intervenção acionados por determinada sociedade ou grupo social a fim de induzir os próprios membros a se conformarem às normas, de impedir e desestimular os comportamentos contrários às mencionadas normas, de restabelecer condições de conformação, também em relação a uma mudança do sistema normativo (GARELLI, 1983). Essa noção de controle se refere ainda à categoria "desvio". O desvio é o conjunto de comportamentos e de situações que os membros de um grupo consideram não conformes às suas expectativas, normas ou valores e que, por isso, correm o risco de suscitar condenação e sanções de sua parte (CUSSON, 1999).

de 1850 – que dividiu o espaço em público e privado, determinando que as ruas (públicas) separam as quadras e os lotes – um sem número de instituições lutam pelo estabelecimento da visão e divisão legítimas da cidade.

A fragmentação do território é acompanhada e reforçada pela prática do desmembramento e cisões de estruturas administrativas responsáveis pelo seu controle e supervisão, bem como pelo provimento de serviços urbanos, sugerindo uma estreita correspondência entre a estrutura social e os arranjos administrativos de vigilância e controle. Devido a essa correspondência, antes mesmo de o território ser fracionado em áreas públicas ou como lotes destinados ao mercado privado do espaço, as divisões e classificações já se apresentam aos agentes como dado do cotidiano, como realidade autoevidente, como senso comum esclarecido, como verdade e crença, produto das lutas travadas anteriormente em um espaço institucional especializado.

O Instituto Brasileiro de Geografia e Estatística – IBGE, por exemplo, reconhece na cidade 10.190 unidades censitárias; o Metrô, 270 unidades de análise de origem/destino; a Igreja Católica, 461 paróquias (Sposati, 2001:45). Além disso, inúmeras burocracias e empresas definem e recortam o território de acordo com suas metas ou áreas de atuação.

> Cada órgão é uma cultura, uma nomenclatura e um conjunto de procedimentos indecifráveis que não compartilham um código comum... assim a Sabesp, a Telesp, a Eletropaulo e a própria prefeitura, em cada uma das secretarias, usam uma divisão própria como se o território, por ser público, fosse terra de ninguém ou que a ninguém devesse ser dada satisfação de seu uso.[64]

Prefeituras Regionais e Instâncias Submunicipais

Produtos da luta pelas divisões e classificações territoriais, surgem na metrópole instâncias que podem ser compreendidas como compartimentos de poder administrativo, que permitem a concentração de recursos materiais e simbólicos territorialmente delimitada e cujo controle confere uma jurisdição, um poder de transformação ou manutenção de um conjunto amplo de aspectos da vida social. Assim, na cidade de São Paulo, a partir de 1950, foram criados os distritos de obras, principalmente com a finalidade de expandir a pavimentação de ruas, dentro da lógica da expansão periférica sobre rodas, o rodoviarismo, fruto da coalizão do obreirismo com a indústria automobilística. As Administrações Regionais, por sua vez, surgiram na década de 60 e se

---

[64] Algumas das empresas citadas foram ou estão sendo privatizadas, sendo rebatizadas com outros nomes, como a ex-Telesp, hoje Telefônica.

expandiram em número e funções na medida da complexificação da demanda por infraestrutura e manutenção de equipamentos urbanos.[65]

A necessidade de lidar de forma mais incisiva com a questão territorial – e com a divisão político-administrativa que dela decorre – já havia levado o governo de Luíza Erundina (1989–1992) a pensar na possibilidade da criação do que hoje são as prefeituras regionais, uma vez que, como possibilidade objetiva, ela já está presente na Lei Orgânica do Município, prevista na Constituição de 1988 e estabelecida em São Paulo em 4 de maio de 1990. A ideia era conferir maior poder de planejamento e decisão às estruturas descentralizadas, adequando o exercício do poder administrativo da metrópole à consolidação do processo democrático, tendo as unidades territoriais como base para supervisão e controle. Mas o projeto foi apresentado à Câmara já no último ano de mandato, o que inviabilizou a implementação da proposta. Outra dificuldade de implementação foi o fato de o projeto prever a criação de treze subprefeituras, o que significava que cada uma abrangeria uma população entre 470 mil e 1,5 milhão de habitantes, um número considerado muito elevado para a implementação de políticas participativas (Santos; Barreta, 2004:48).

O caso das prefeituras regionais mostra que o processo de definição dos princípios de classificação e divisão territorial é sempre conflituoso e problemático, exigindo a construção de consenso envolvendo os campos político, jurídico e urbanístico, num contexto de luta pelo monopólio e pela autonomia para estabelecer regras unilaterais nessa matéria. Na questão dos custos, por exemplo, existia o dilema entre, de um lado, se a implementação das subprefeituras implicaria no aumento excessivo dos gastos administrativos e, de outro, se elas, uma vez em pleno funcionamento, permitiriam a racionalização de gastos e o controle democrático das receitas, o que redundaria em economias permanentes.

As eleições de Paulo Maluf e de seu sucessor Celso Pitta colocaram o tema da criação das subprefeituras novamente fora da agenda pública, já que ambos optaram por governar a cidade com as estruturas das Administrações Regionais – ARs. Somente na administração Marta Suplicy ocorreu nova inversão de prioridades no sentido de colocar a descentralização e o fator territorial em primeiro plano no modelo de gestão territorial do município. Isso se deu mediante o envio, pelo executivo, de uma proposta à Câmara já no primeiro ano

---

[65] Em 1965 é criada a Coordenadoria das Administrações Regionais; em 1966, a Lei 6882/66 cria as Administrações Regionais da Sé, Vila Mariana, Pinheiros, Lapa, Santana, Penha e Mooca. Em 1972, são criadas as Administrações Regionais de Campo Limpo, Vila Prudente, Butantã, Itaquera, Guaianazes e Santo Amaro. Em 1977, a Coordenadoria das Administrações Regionais passa a ser Secretaria das Administrações Regionais (SAR); conforme PMSP (2004) Prefeituras regionais. Descentralizar para Reconstruir.

de governo e na formação de uma maioria para a sua aprovação. A gestão de João Dória renomeou as subprefeituras, que passaram a se chamar prefeituras regionais.[66]

Do ponto de vista do poder administrativo, as prefeituras regionais são estruturas concebidas para tomar decisão e planejar ações, levando em conta as especificidades do local e, ao mesmo tempo, garantir a implementação das políticas gerais do governo. Além de uma leitura mais apropriada dos diferentes territórios que compõem a cidade, possibilita algo muito caro à implementação de políticas urbanas: a integração das diversas áreas de atuação do poder administrativo, ou seja, a intersetorialidade das políticas tendo como base o território. A esse respeito, Koga (2003:39) observou que:

> A dimensão territorial traz elementos que permitem uma perspectiva de totalidade da questão social, já que trabalha não somente com os aspectos das necessidades, como se refere às próprias relações estabelecidas entre os sujeitos e seu cotidiano de vivência, esta relação dinâmica se contrapõe à corriqueira e simplista noção de necessitados ou carentes como comumente se referem as políticas direcionadas aos pobres, que os destitui da condição de sujeitos.

No âmbito do respectivo território, uma prefeitura regional é responsável pelas questões de assistência social, esporte, lazer, cultura e abastecimento. Outra área de atuação diz respeito ao conjunto de informações territoriais e pelas funções de uso e ocupação do solo (incluindo estrutura e fiscalização). Desenvolve ainda as funções tradicionais de manutenção da infraestrutura urbana, abrangendo limpeza pública, coleta e varrição, manutenção das áreas verdes e dos sistemas viário e de drenagem. Além disso, as prefeituras regionais absorveram a execução de políticas sociais complexas, como a política educacional, nos aspectos da implementação do projeto pedagógico, bem como a política de saúde, a qual inclui a gestão do Sistema Único de Saúde e os serviços de vigilância sanitária. Cada prefeitura regional é responsável ainda pela coordenação da participação popular na administração, por meio dos Conselhos de Representantes (PMSP, 2004:5). Este conjunto de atribuições caracteriza as prefeituras regionais como um modelo bem mais completo de descentralização, contrastando com as ARs no sentido de que estas executavam não muito mais que o trabalho de zeladoria urbana e fiscalização em suas respectivas áreas.

Quanto aos critérios utilizados para a regionalização territorial, a administração Marta Suplicy definiu que o território seria dividido em regiões com população não superior a quinhentos mil habitantes. Outros critérios adotados na divisão foram: a instalação de estruturas em áreas de exclusão social;

---

[66] As prefeituras regionais foram criadas pela Lei nº 13.399, de 1º de agosto de 2002.

a identidade político-cultural da região; o respeito aos limites dos distritos; a atenção para as áreas de preservação ambiental e de mananciais; a proximidade geográfica e existência de barreiras físicas e a existência de polo comercial e de serviços. A combinação dessas variáveis resultou na criação de 31 prefeituras regionais (Santos; Barreta, 2004:48).

A concepção de uma esfera de poder sublocal com essas características – cuja implementação requer estratégias de ação e de negociação com os diversos agentes locais, além da capacidade de prover recursos para a sua operacionalização – carrega três dimensões utópicas para dentro do processo de implementação da política urbana: a da descentralização como mecanismo de transferência real de poder; a interssetorialidade, no sentido de que seja capaz de integrar as diversas áreas específicas de política urbana aumentando a eficiência geral; e a participação popular, como forma de representação direta do cidadão nas instâncias decisórias. Essas dimensões são mobilizadas contra três males político-administrativos a serem combatidos: a ineficiência, a corrupção e a tendência ao reforço da desigualdade. Por esse prisma, o centralismo aparece como um mal em si, pois obsta a participação e compromete a racionalidade da gestão. Além disso, favorece a corrupção na medida em que provoca uma espécie de "autismo", como alheamento da realidade e perda de contato dos formuladores de políticas com o mundo exterior. Também impede que o corpo de funcionários receba os estímulos que vêm das demandas e necessidades concretas das pessoas que vivem nas localidades. Estruturas centralizadas também favoreceriam a desigualdade, pois, ao elevarem, pelo distanciamento, o custo da participação, diminuem o número daqueles que podem pagar por ela. Assim, as decisões sofreriam um viés de classe, pois estariam mais sujeitas a influência de grupos de interesse e lobbies a serviço de determinados fins (Santos; Barreta, 2004:28).

Esse tipo de divisão e classificação socioespacial, seja por ARs ou prefeituras regionais, reveste-se, no mais das vezes, de racionalidade política visando ao controle dos meios de gestão para o exercício da dominação organizada sobre o território. Assim, a regionalização permite a barganha de cargos comissionados nas estruturas geradas, por apoio de setores da Câmara Municipal, traduzido em votos para a composição de maioria parlamentar na votação de projetos de interesse do executivo. É o famoso "toma lá dá cá", segundo o qual vereador que não apoia o prefeito perde a regional. Conhecido também por loteamento de cargos, trata-se de um incentivo oferecido ao vereador por meio do qual este indica "apadrinhados" para ocupar cargos nas prefeituras regionais de seus redutos eleitorais. De acordo com seu peso político, o vereador pode nomear o subprefeito, ou, no caso de vereadores de menor expressão, prover cargos no segundo escalão dessas estruturas descentralizadas. Cardoso (1996:36) argumenta que:

> [...] controlar uma AR é garantia de sucesso eleitoral futuro para um vereador. Controlando essa unidade de serviço, ele determina a tomada das medidas administrativas que beneficiam sua base eleitoral e deixa de realizar os serviços nas áreas de apoio de seus adversários políticos.

Portanto, a fixação de determinado princípio de divisão e classificação territorial é ato arbitrário que tenta trazer à existência a região nomeada, desde que aquele que o realiza for capaz de, pela mobilização de competência específica, impor uma nova representação do mundo social. Para que não se configure uma ficção sem eficácia, deve se fundar na própria estrutura social de que é produto e nas coalizões e conflitos que se estabelecem entre os agentes do campo específico e o poder administrativo. Uma vez instituído como ortodoxia no campo, ele se institui como esquema válido de percepção e avaliação. Transposto para a esfera estatal, abre possibilidades de sua manipulação pelas classes sociais que detêm o controle do poder administrativo e, desse modo, é mobilizado como violência simbólica, como capital urbanístico institucionalizado para a dominação organizada do processo de urbanização. Mas deve-se evitar a tentação de, com base em uma abordagem instrumentalista, considerar o urbanismo apenas um instrumento a serviço da classe dominante.

O interesse dos formuladores de políticas urbanas pelas formas de classificação socioespacial advém, sobretudo, do fato de que, a partir delas, é possível estabelecer o controle de um maior número de variáveis para subsidiar a tomada de decisão e, assim, aumentar a capacidade de *enforcement*, isto é, a probabilidade de obtenção de obediência a determinados preceitos e regras de uso e ocupação do território.

Instituições, Escalas Socioespaciais e Divisão do Trabalho de Dominação

O controle e supervisão do território é uma tarefa custosa e complicada que envolve a criação de arcabouço institucional, aprovação de marco regulatório, execução de procedimentos administrativos permanentes, produção de infraestruturas, contratação e treinamento de pessoal para as mais diversas rotinas e, principalmente, responsabilidade pelo bem-estar da comunidade que nele habita.

O poder municipal, na medida em que tem de realizar as funções de coordenação das políticas urbanas, é levado à criação de instâncias administrativas sublocais (no caso de São Paulo, as prefeituras regionais) responsáveis pela presença do Estado em determinado território, mediante execução de obras e fiscalização de atividades. Note-se que a regionalização, na acepção aqui utilizada, produziu também o fenômeno da distritalização, com a divisão espacial da cidade em 96 distritos.

Nessa cadeia produtiva global de dominação e controle da metrópole como força produtiva que organiza outras forças produtivas (as cidades que a compõem), as instituições do poder global raramente se envolvem com o trabalho de ocupação e gerenciamento do território. Elas só o fazem nos casos em que há um interesse estratégico imediato como, por exemplo, na redefinição e renovação da centralidade das metrópoles globais, as quais devem ser readequadas ao novo padrão urbano. De modo geral, exercem apenas a posição de instância de consagração de modelos – mormente por meio da eleição das melhores práticas urbanas – e da elaboração de diretrizes e princípios gerais, além de exercerem as atividades de coordenação do fluxo de financiamento entre as várias escalas de intervenção no espaço. Como notou Bauman (2001:21):

> A elite global contemporânea é formada no padrão do velho estilo dos "senhores ausentes". Ela pode dominar sem se ocupar com a administração, gerenciamento, bem-estar, ou ainda, com a missão de "levar a luz", "reformar os modos", elevar moralmente, "civilizar" com cruzadas culturais.

O problema da coordenação das várias escalas socioespaciais é uma dimensão crucial da dominação organizada sobre o processo de produção do espaço e da ordem social nas metrópoles, pois, em condições de urbanização em escala planetária, as relações sociais e os acontecimentos locais são modelados por eventos que podem ocorrer a qualquer distância de determinado ponto considerado. A transformação do local é parte do processo de globalização, das conexões sociais através do tempo e do espaço. A prosperidade ou ruína de uma área urbana pode ter suas causas relacionadas, via uma complicada rede de laços globais, à dinâmica de outra área situada em qualquer parte do globo (Bauman, 2001:70).

A sobreposição de várias escalas de intervenção em um mesmo ponto do espaço-tempo significa que há uma multiplicidade de formas de divisão do trabalho em curso, gerando um complexo jogo de eventos simultâneos. A esse respeito, Santos (2002:138) observou que:

> [...] o Tempo do Mundo é o das empresas multinacionais e o das instituições supranacionais. O Tempo dos Estados-Nações é o tempo dos Estados nacionais e das grandes firmas nacionais: são os únicos a poder utilizar plenamente o território nacional com suas ações e os seus vetores. Entre esses dois haveria um tempo regional – o das organizações regionais supranacionais – e mercados comum regionais [...] A escala logo

abaixo do Estado-Nação é a dos subespaços nacionais, regiões e lugares, cujo tempo é o das empresas médias e pequenas e dos governos provinciais e locais. Mas qual a escala menor dos lugares, que lugar mereceria ser chamado o lugar mais reduzido?

É assim que, por meio da ideologia da descentralização e da participação, ao poder local é exigido um engajamento ativo na vida das populações e na gestão do território, seja em função da imediaticidade de seus próprios interesses, seja para garantir a operacionalização de determinadas estratégias, envolvendo escalas de dominação, regional, nacional ou global:

> Na vida de todos os dias, a sociedade global vive apenas por intermédio das sociedades localmente enraizadas, interagindo com o seu próprio entorno, refazendo todos os dias essa relação e, também, sua dinâmica interna, na qual, de um modo ou de outro, todos agem sobre todos (Santos apud Koga, 200:37).

Esse acúmulo de atividades consignadas ao poder local é uma das razões das dificuldades financeiras vividas pelos municípios e do aumento da espoliação a que são submetidos os cidadãos, quer pela elevação da carga tributária – com o surgimento de taxas e contribuições de toda ordem –, quer pela elevação das tarifas de serviços públicos operados por empresas concessionárias.

A construção de territórios por esquemas cognitivos, a aproximação ou separação de grupos por princípios classificatórios de visão e divisão, não pode ser uma construção *ex nihilo,* mas terá tanto mais eficácia quanto mais estiver alicerçada na realidade, isto é, nas afinidades objetivas entre as pessoas e os territórios que se quer reunir ou separar. Nesse sentido, como assinala Bourdieu (1991:166), quanto mais adequada for a teoria, mais poderoso será o efeito de teoria. A noção de vulnerabilidade social, por exemplo, transformou-se em empreendimento que mobiliza uma rede de organizações de assessoria em políticas públicas, setores do Estado e agências de fomento em torno do desenvolvimento de produtos cognitivos aplicáveis ao controle de certos aspectos da urbanização.

Nessa direção, o município de São Paulo, por meio da Secretaria de Assistência Social – SAS-PMSP, demandou ao Centro de Estudos da Metrópole – CEM (uma organização criada em meados da década de 1990 para realizar estudos sobre a RMSP, vinculada ao Centro Brasileiro de Análise e Planejamento – CEBRAP) a criação do Mapa da Vulnerabilidade Social. O CEM, por sua vez, associou-se à Fundação SEADE, ao Serviço Social do Comércio – SESC, à Faculdade de Arquitetura e Urbanismo – FAU/USP e à Escola de Comunicações e Artes – ECA/USP, em uma complexa rede institucional de fornecedores e usuários voltados à produção, validação e divulgação daquele instrumento.

**Rede Institucional-cognitiva do
Mapa da Vulnerabilidade Social**

Figura 6

Figura 6: A noção de vulnerabilidade social mobiliza uma rede de organizações de assessoria em políticas públicas, setores do Estado e agências de fomento.

O apoio financeiro para a consecução do projeto foi obtido junto ao programa Centros de Pesquisa, Inovação e Difusão – CEPID, da Fundação da Amparo à Pesquisa do Estado de São Paulo – Fapesp, uma das principais agências de fomento à pesquisa científica e tecnológica do país, ligada à Secretaria Estadual de Ciência, Tecnologia, Desenvolvimento Econômico e Turismo (Figura 6).[67] Neste caso, o objetivo da demandante inicial (SAS-PMSP) era desenvolver um produto eficaz para:

> A detecção de diferentes condições de carências sociais por meio da análise da distribuição da estrutura socioeconômica no espaço urbano. A exposição de certas populações e áreas a diferentes situações de vulnerabilidade social a partir da descrição das características socioeconômicas e demográficas dos setores censitários do município de São Paulo (PMSP-SAS, 2004).

---

[67] Os Cepids possuem três componentes de igual relevância: a) geração de conhecimento por meio de pesquisa multidisciplinar na fronteira do conhecimento; b) a inovação, associada à transferência de conhecimento seja para o governo, no desenho e implementação de políticas públicas, seja para a iniciativa privada, com desenvolvimento de novas tecnologias de valor comercial e criação de empresas; e c) a difusão do conhecimento gerado, requerendo atividades de cunho educacional, envolvendo alunos de segundo grau, de graduação, de pós-graduação, de pós-doutorado e até da educação continuada (Cf. http://watson.fapesp.br/CEPID/presscpi.htm).

Deve-se mencionar que essa nova geração de estudos socioterritoriais tem contribuído para a problematização de algumas formas de classificação e divisão tradicionais como a de centro/periferia. Segundo a pesquisadora do CEM Renata Bichir:

> Essa caracterização das áreas periféricas como locais marcados homogeneamente por faltas, ausências e precariedades, já foi até certo ponto superada, com a consideração dos conteúdos concretos das mesmas e a verificação de inúmeras melhorias que lá se processaram nas últimas décadas, devido especialmente ao papel dos movimentos sociais e a alterações nos investimentos públicos e na atuação estatal de um modo geral. Embora essa abordagem tenha sido importante para fornecer uma compreensão geral dos processos envolvidos na construção de espaços segregados, ela descuidou da compreensão das consequências da segregação residencial e dos efeitos da concentração espacial de certos grupos sociais, tanto para aqueles que residem nessas comunidades quanto para as políticas públicas.[68]

A noção de desperiferização é construída em torno de variáveis específicas como serviços básicos de fornecimento de água e luz elétrica, utilizando-se de métodos quantitativos mais sensíveis, com dados desagregados ao nível dos setores censitários. Tal abordagem permite que se fale em periferias, com situações socioespaciais diferenciadas ao longo do anel periférico (Marques, 2004). A desconstrução da noção de periferia por meio da abordagem da desperiferização se dá por meio da relativização das ausências e precariedades associadas ao território. O argumento da desperiferização esbarra na própria desigualdade que quer relativizar, o que leva à criação de outro conceito socioterritorial, a chamada hiperperiferia, bairros situados nas bordas dos municípios que integram a RMSP, como o lugar de carências e precariedades.[69]

Essa observação se mostra ainda mais pertinente quando se atenta para o fato de que a concentração de objetos e serviços no espaço físico segue a lógica das posições que agentes e instituições ocupam no espaço social da sociedade de classes. Vale dizer que as categorias cognitivas utilizadas para a classificação socioterritorial guardam correspondência com a distribuição das classes e frações de classe no território e com a posição que os agentes ocupam na estrutura do campo urbanístico. Assim, os produtos cognitivos gerados no campo são condicionados pelas propriedades e características dos agentes, considerando sua posição na estrutura de classes, seu sistema de valores, escala de preferências e símbolos distintivos. A distribuição de objetos culturais (museus, monumentos, teatros, salas de espetáculos), políticos (sede dos poderes executivo, legislativo e

---

[68] Divercidade, Revista eletrônica do CEM, no 6, 2005. Disponível em: www.centrodametropole.org.br/divercidade.

[69] Para uma visão abrangente desses estudos, ver MARQUES, E.; TORRE, H. *São Paulo: Segregação, pobreza e desigualdades sociais*. São Paulo, Editora Senac, 2005.

de instâncias do judiciário), econômicos (sedes de empresas e locais de consumo) tornam visível a fixação, no espaço físico, das propriedades existentes no espaço social. Sendo a RMSP uma metrópole que carrega, em escala ampliada, todas as desigualdades da sociedade brasileira, ela é um exemplo vivo e observável desse fenômeno que, pela produção e consumo do espaço, produz e legitima as desigualdades sociais.

Por essa via é possível também desvendar aspectos da lógica específica do *campo* de produção, da divisão social, técnica e espacial do trabalho, tendo em vista que, como afirma Santos (2002:132), a divisão do trabalho pode ser vista como um processo pelo qual os recursos disponíveis se distribuem social e geograficamente. Esse aspecto será aprofundado no capítulo seguinte.

7. Autonomização e Naturalização de Práticas Socioespaciais

> *O sistema de integração das sociedades de classe não depende significativamente da completa aceitação por parte da maioria da população de uma ordem simbólica em especial. O que importa é a hegemonia adquirida por meio de tal aceitação por membros de grupos ou classes dominantes.*
>
> A. Giddens

As possibilidades de controle do processo de urbanização pelo *campo* urbanístico dependem de dois fatores principais. Primeiro, está na razão direta do seu grau de autonomia, quer dizer, da capacidade que ele tenha de estabelecer suas próprias regras de estruturação, funcionamento, reprodução e inovação, independentemente de demandas e pressões externas. Essa autonomia é sempre relativa e está condicionada às trocas materiais e simbólicas que o campo urbanístico tenha de estabelecer com outros *campos* (jurídico, político, científico). O jogo das trocas simbólicas entre o campo urbanístico e outros campos de produção, mormente o do poder, está na própria base da produção de sentido e na elaboração de um princípio dominante de dominação como explicação válida do processo de urbanização e do caminho que este deve seguir. Inclui-se aqui a produção de produtores, quer dizer, a formação, por meio da transmissão da cultura urbanística legítima, de um corpo de agentes especializados na produção de bens materiais e simbólicos relativos à urbanização e ao desenvolvimento de instituições como meios de produção e lócus de atuação desses agentes. O segundo aspecto diz respeito ao êxito que o campo urbanístico alcance como espaço social que reivindica o monopólio do controle dos meios de planejamento e gestão do território (capital urbanístico institucionalizado), bem como do nascimento, vida, morte e distribuição espaço temporal dos objetos gerados ao longo desse processo (capital urbanístico objetivado).

Trocas Simbólicas, Mercado de Bens Urbanísticos e Processo de Autonomização

A marcha de autonomização do campo corre paralela à competição e cooperação entre agentes e instituições que lutam pelo monopólio da explicação legítima sobre o dever-ser do processo de urbanização e dos instrumentos de gestão e controle do território. O trabalho de dominação e controle do curso da urbanização depende do florescimento de técnicas e do concurso de organizações portadoras de conhecimento perito, como meios de produção de bens simbólicos, em busca de posições dominantes na estrutura do campo específico, e também para o atendimento de demandas de outros campos de produção (político, econômico, jurídico). Essa dinâmica leva necessariamente à emergência de certa categoria de agentes, especializada na produção de instrumentos, peças e engrenagens cognitivas, utilizados na composição de modelos de realidade urbana que reivindicam tornarem-se reais. Cidade Global, cidade mundial, cidade saudável, cidade sustentável, cidade ecológica, cidade educadora, biocidade, cidade inteligente, surgem como representações, paradigmas e utopias erigidos por um corpo de agentes que, por expropriação de outros, buscam o monopólio dos meios de produção das representações conformando um diversificado mercado de produção, difusão e consumo de bens materiais e simbólicos concernentes à produção do espaço.

Produzir e transmitir conhecimento sobre as condições vigentes no território e o destino que deve seguir engendra a formação de um mercado de sistemas abstratos, mediante a estruturação de categorias de fornecedores de bens simbólicos (representações, conceitos, noções, diagnósticos, previsões, planos, projetos, estatutos) como elementos da sociodicéia urbana, capaz de exercer o efeito de teoria como violência propriamente simbólica – no sentido de ser desconhecida como arbitrária, quer dizer, reconhecida como legítima – na dominação organizada da produção do espaço. Estabelecem-se redes de instituições, centros de pesquisa, ONGs, comunidades epistêmicas e laboratórios especializados na produção de índices, mapas, estatísticas, códigos, metodologias, instrumentos de gestão, promoção de eventos e assessoria política e burocrática, caracterizando uma dinâmica de oferta e demanda crescente por produtos e serviços vinculados à produção do espaço.

Essa demanda incessante por bens simbólicos nos coloca uma vez mais diante do que Giddens chama de reflexividade da vida social moderna. Como já observado em capítulos anteriores, a reflexividade consiste no fato de que as práticas sociais são constantemente reexaminadas e reformadas pelo conhecimento que os agentes têm dela. Conhecimento reflexivamente aplicado cria a incerteza, pois não se pode ter segurança de que qualquer parte dele não será revisada. A incerteza e necessidade de revisão e atualização constante do corpus de conhecimento geram uma dinâmica de produção e demanda de sistemas abstratos no interior do campo urbanístico e entre este e outros campos, intensificando-se as trocas materiais e simbólicas. Esse mercado irá, de modo geral, ser suprido por organizações já existentes ou criadas no desenrolar dessas trocas, a partir de afinidades cognitivas e institucionais entre agentes que ocupam posições próximas ou homólogas nos diversos campos de produção e também na estrutura de classes.

A autonomização do campo urbanístico está na razão direta da instauração do monopólio dos profissionais sobre a produção e a comercialização desta categoria particular de bens e serviços destinados ao controle da urbanização, quer dizer, os bens e serviços urbanísticos. A esse respeito, a sanção pelo presidente Luiz Inácio Lula da Silva, no seu último dia de governo, da Lei n° 12.378, de 31 de dezembro de 2010, regulamentando o exercício da Arquitetura e Urbanismo e criando o Conselho de Arquitetura e Urbanismo do Brasil (CAU/BR) e os conselhos regionais dos Estados e do Distrito Federal, abriu possibilidades inauditas de autonomização do campo, libertando-o das amarras que o prendiam aos campos da engenharia e agronomia, embora permaneça atrelado ao campo da arquitetura.

Nesse sentido, a Lei e seus normativos regulamentadores definem as atividades e atribuições privativas do arquiteto e urbanista e as áreas de atuação compartilhadas com outras profissões regulamentadas. Contém, ainda, dispositivos para o controle do exercício da profissão como a exigência de registro profissional no CAU/BR; estabelece os requisitos e diplomas que dão acesso ao registro no órgão de classe e a caracterização do exercício legal/ilegal da profissão. Desse modo, o campo fixa fronteiras, estabelece honorários de entrada e cria condições para a expropriação de agentes concorrentes que não estejam dispostos a se submeter a regras específicas e que, por isso, são forçosamente transformados em leigos e consumidores. Inclui-se aqui a cultura acumulada pelo autodidata e pela experiência prática, adquirida fora do controle das instituições encarregadas de transmiti-la e sancioná-la, isto é, torna-la legítima. Produtos diretos do funcionamento do próprio campo, leigos, consumidores e autodidatas atestam a existência de um conjunto de saberes imprescindíveis, somente acessível àqueles que, por inserção duradoura no sistema de ensino apropriado, podem alcançar este corpo de conhecimentos e práticas de que se constitui a cultura urbanística legítima.

Vislumbra-se aqui, como fator extremamente relevante de autonomização, essa capacidade do campo em controlar a produção dos produtores, quer dizer, a formação e, sobretudo, a consagração, pela instituição escolar, dos agentes juridicamente autorizados a operar no mercado de bens urbanísticos. Por essa via, são sancionados os lugares válidos para a aquisição do *corpus* de conhecimento urbanístico (teorias, conceitos, problemas, tradições históricas, técnicas etc.) produzido e acumulado pelo trabalho de agentes e instituições do presente e do passado, bem como fixados os ritos de instituição necessários à admissão dos pretendentes ao campo. As trocas simbólicas que são assim estabelecidas com o campo jurídico proporcionam o efeito de neutralidade, impessoalidade e universalidade, transferindo para o âmbito do Conselho de Classe a arbitragem das lutas simbólicas pelo monopólio da definição legítima da atuação profissional. Enquanto norma jurídica sancionada pelo Estado, a Lei nº 12.378/2010 e seus normativos adquire a forma por excelência do poder simbólico, passo decisivo para a constituição do campo urbanístico como espaço social distinto, dotado de identidade e poderes socialmente reconhecidos e, por consequência, do urbanista individual como detentor do direito de mobilizar legitimamente estes poderes, excluindo, de fato, leigos e concorrentes.

Para maior clareza quanto ao funcionamento do mercado de bens urbanísticos, passemos à exposição de alguns produtos em circulação no campo. Esta análise não comporta nenhuma crítica interna ou julgamento de mérito de qualquer organização, prática, método ou instrumento em particular, somente cumpre o desiderato de relacionar produção e demanda de bens simbólicos na luta pela definição legítima do dever-ser da urbanização. Deste ângulo, importa mais estabelecer vínculos entre instituições, agentes e práticas socioespaciais que caracterizem o espaço social singular, do que aprofundar a compreensão do bem simbólico enquanto tal, que, de resto, deve, por meio de conjecturas e refutações, lutar por sua própria permanência e validade no infindável jogo da consagração e descarte de produtos disponíveis às trocas. É preciso aqui considerar com Bourdieu (2004:25) que toda essa produção está sujeita às regras do próprio campo específico:

> O princípio de eficácia de todos os atos de consagração não é outro senão o próprio campo, lugar da energia social acumulada, reproduzido com a ajuda dos agentes e instituições através das lutas pelas quais eles tentam apropriar-se dela, empenhando o que haviam adquirido de tal energia nas lutas anteriores.

Bens simbólicos destinados à medição socioterritorial, por exemplo, ganharam centralidade pelo seu potencial em captar as desigualdades existentes nos territórios da metrópole e, por isso, serem de utilidade na formulação de políticas urbanas. Koga (2004:262) observou que o território contém as expressões da relação exclusão/inclusão social e os significados concretos desse processo em curso na sociedade. Desvendar esses significados e trazê-los para o nível decisório da política urbana é parte do trabalho de um corpo de *experts* que reivindicam a legitimidade e a competência para tratar de determinados problemas, para cuja solução concorrem conhecimento perito, tecnologias cognitivas e redes institucionais, consubstanciando algo próximo ao que alguns autores chamariam de comunidades epistêmicas.

> As comunidades epistêmicas singularizam-se por compartilhar: (a) um conjunto de crenças normativas e *principled*, que fornece uma racionalidade baseada em valores (*value based rationale*) para a ação social dos membros da comunidade; (b) determinadas crenças acerca de relações causa-efeito específicas, derivadas de suas análises de práticas que contribuem para a solução de um "conjunto central de problemas em sua área e que

servem para a elucidação dos múltiplos vínculos entre políticas e ações possíveis e os resultados desejados; (c) noções de validade, ou seja, critérios definidos internamente e de maneira intersubjetiva para a avaliação e a validação do conhecimento no domínio de sua especialidade; e (d) um *policy enterprise* comum, ou seja, um conjunto de práticas compartilhadas associadas a um conjunto de problemas para os quais a sua competência profissional é dirigida, presumivelmente com base na convicção de que, como uma consequência, o bem-estar humano será promovido (Haas, 1992 apud Faria, 2003:26).

O relevante aqui é salientar que a produção da ordem simbólica e das representações válidas sobre o dever-ser da urbanização e a fixação do consenso a esse respeito por meio de acordos cognitivos entre instituições e agentes constitui etapa lógica necessária à legitimação e sanção de determinado regime de dominação organizada sobre o território. As trocas simbólicas que, por homologia, se estabelecem entre o estado-maior cognitivo do campo urbanístico e o estado-maior administrativo no âmbito do campo do poder geram dois efeitos complementares. Por um lado, permite às classes dominantes cumprir seus desígnios político-ideológicos de sancionar e justificar dado regime de dominação, por outro lado, permite ao campo específico participar de maneira distinta da divisão do trabalho de imposição desse regime.

Atente-se para o seguinte: a atuação no mercado de bens simbólicos não leva necessariamente a que instituições e agentes tenham de ser ou parecer cínicos, mercenários ou oportunistas no uso da cultura urbanística legítima. De modo geral, tanto os especialistas quanto as instituições atuam pela ética da convicção ou da responsabilidade sobre algum tema ou problema relativo ao campo, sendo marginal a esta análise os casos de má-fé institucional ou desonestidade intelectual. E nem poderia ser de outro modo, pois, para a sua eficácia simbólica no que tange à influência que possa exercer na formulação e execução de políticas urbanas, a produção simbólica do campo deve, necessariamente, simular, tanto quanto possível, a estrutura de relações sociais reais. Por conseguinte, estamos longe de uma possível "teoria da conspiração" para controlar a produção do espaço e o curso da urbanização e muito mais próximos de um investimento tanto econômico como afetivo, no sentido de crença e engajamento em um jogo de harmonização de interesses e desinteresses. Trata-se, isto sim, da dinâmica de cooperação e competição estruturalmente regulada entre agentes e instituições para participar dos lucros materiais e simbólicos em circulação no campo de produção e, por essa via, assegurar uma posição distinta na estrutura do campo e na divisão do trabalho de dominação na sociedade de classes.

É somente na medida dessa eficácia simbólica que categorias de agentes especializados podem, por meio de produção institucional-cognitiva, legitimar a instauração de uma visão arbitrária do dever-ser da urbanização, representativa de uma visão particular vinculada a determinada posição no campo específico e, por homologia, a uma posição de classe. Produção esta que, sancionada pelo Estado, é passível de ser reificada no território na forma de objetos e, para além, naturalizar-se em práticas socioespaciais que simulem o natural, o universal e o eterno. A violência simbólica, para que seja desconhecida como tal e, por conseguinte, reconhecida como valor universal, natural e autoevidente, como senso comum e como crença, depende de que o sistema de símbolos por meio dos quais ela é exercida guarde estreita relação com a realidade social de que é produto, isto é, do grau em que a visão proposta está alicerçada na realidade.

Eis aí a correlação direta entre produção simbólica e acumulação de capital específico, quer dizer, competência cultural para oferecer definições legítimas do dever-ser da urbanização no curso da implementação de políticas urbanas. Na divisão do trabalho de controle do processo de urbanização, as comunidades epistêmicas teriam o papel de definição, validação e divulgação das relações causa-efeito referentes a problemas complexos, pelo trabalho de elaborar representações e na forma de modelos de realidade criados, por exemplo, com base na produção abstrata de mapas, índices georreferenciados e sistemas de simulação. Atividades que colaboram na construção dos esquemas de percepção, dos princípios de visão e divisão do espaço que fornecem ao campo do poder, isto é, aos agentes do Estado (políticos e burocratas), elementos para o enquadramento das questões no debate coletivo, a identificação de interesses e a proposição de políticas específicas (Haas, 1992 apud Faria, 2003:27).

Veja-se, por exemplo, a relevância dada atualmente às técnicas de produção de índices e mapas coropléticos e às ferramentas de geoprocessamento nas decisões de política urbana, bem como a harmonização dessa demanda à produção do campo urbanístico. Destinada a organizar o exercício legítimo do poder administrativo, tal demanda provém, sobretudo, da esfera estatal e se articula ao campo urbanístico por meio de afinidades eletivas de instituições e agentes em luta pela acumulação de capital específico e pela caça às rendas e recompensas materiais e simbólicas que disso possam resultar. É por isso que a autonomia do campo urbanístico na produção da ordem urbana pode ser considerada de êxito apenas relativo, estando sujeita às injunções da luta política que se desenrola entre partidos e facções, bem como às batalhas internas ao campo jurídico, econômico e burocrático. Daí a produção do campo, quando transposta para o território, se dar de maneira incompleta, insuficiente e distorcida em relação ao plano inicial engendrado, o que, via-de-regra, alimenta o discurso da falta de planejamento e do crescimento urbano desordenado. Não obstante, essa mediação material e simbólica indispensável entre Estado, população e território exercida pelos agentes especializados possibilita-lhes exercer o poder de Estado pelo exercício de poder no Estado, quer dizer, o exercício de cargos e funções nas instituições políticas e na máquina burocrática. Têm-se, assim, a ampliação do efeito de campo para áreas mais amplas da vida social, mediante a orquestração dos desígnios políticos com as estruturas cognitivas do campo da produção urbanística, na razão direta da investidura de agentes especializados em postos estáveis e do acesso aos privilégios vinculados a tais posições.

Desse modo, no período estudado observa-se que, quando o poder político está de posse de correntes políticas ditas progressistas, a produção de bens simbólicos relacionados à inclusão ou à expansão do direito à cidade ganha maior relevância do que em gestões consideradas conservadoras ou de direita, mais afeitos à expansão de práticas socioespaciais vinculadas ao obreirismo e à cidade mercadológica. Nesse aspecto, durante a gestão Marta Suplicy, a Prefeitura Municipal de São Paulo ampliou as relações com os agentes produtores de bens cognitivos como subsídio para a definição de territórios prioritários para a implementação de serviços ou fixação de determinados objetos. Pensa-se aqui no Mapa da Exclusão/Inclusão Social, metodologia de pesquisa desenvolvida pelo Núcleo de Seguridade e Assistência Social da Pontifícia Universidade Católica – PUC/SP, em parceria com o Instituto Nacional de Pesquisas Espaciais – INPE e o Instituto Pólis.

> A metodologia do Mapa da Exclusão/Inclusão Social de São Paulo demarca um ponto nevrálgico [...] que é o padrão básico de inclusão social na construção dos seus indicadores, estabelecendo uma relação entre os 96 territórios da cidade [...] Vai além do *ranking*, estabelecendo também uma relação entre exclusão e inclusão social. A instalação desse padrão básico de inclusão, como foi visto, envolveu um debate coletivo dos pesquisadores com a sociedade, que se fez presente também na discussão conceitual da relação exclusão/inclusão (Cf. Koga, 2004, p. 264).

Fica uma vez mais evidenciada a estratégia do estabelecimento de redes cognitivas para a obtenção de maior eficiência produtiva e ampliação da eficácia simbólica das instituições, potencializando assim o poder que elas têm de fazer existir determinado grupo social, criar territórios e orientar a ação e a conduta da "população-alvo" no curso da implementação da política urbana. Tal é o caso do direcionamento da gestão da política social para territórios prioritários com base em análises de níveis socioterritoriais cada vez mais sensíveis, como, por exemplo, os setores censitários.

Assim, programas de transferência de renda para determinados grupos sociais e mesmo a produção de coleções de objetos orientados a determinadas demandas, como os 25 Centros de Educação Unificados – CEUS, um sistema de objetos que combina várias modalidades de uso (educação, lazer, arte, cultura) foram definidos com base no índice de exclusão/inclusão social. É lícito observar que, enquanto coleção de objetos seriais, tal projeto reproduz uma inovação introduzida pelo obreirismo modernista, denotando uma vez mais que o conjunto de técnicas desenvolvidas pelo *campo* jamais se perde, sendo armazenado como capital urbanístico passível de, pelo exercício do poder de *worldmaking*, ser recombinado, mobilizado e aplicado na solução de problemas, de acordo com a necessidade e o imperativo de tempo e lugar.

Koga (2004) assinalou que essa e outras medidas de cidades derivam, direta ou indiretamente, da criação pela ONU, em 1990, do Índice de Desenvolvimento Humano – IDH, relacionado principalmente às proposições dos economistas Amartya Sen e Mahbub ul Haq, consultores da instituição, o que sugere uma tendência à mundialização das práticas de controle do território por meio de técnicas estatísticas difundidas pelas instituições globais. O IDH combina critérios de longevidade, variáveis educacionais e níveis de renda de uma dada população e inspirou a criação de variados tipos de medidas socioterritoriais, desagregadas para os níveis regionais, locais e sublocais.

A emergência de temas globais e a injunção das demandas das instituições globais sobre o *campo* é outro fator importante da produção da ordem simbólica. Tome-se como exemplo os instrumentos desenvolvidos na área ambiental, na esteira da implementação da Agenda 21 Local, como o Projeto GeoCidades. Trata-se de um relatório elaborado de acordo com metodologias propostas pelo Programa das Nações Unidas para o Meio Ambiente – PNUMA, no âmbito do programa *Global Environment Outlook*, com o objetivo de produzir a avaliação contínua do estado do meio ambiente global, regional e nacional por meio de processos participativos e parcerias institucionais (PMSP, 2004:2). A eficácia desse produto reside em sua capacidade de unir a intersetorialidade, os diversos níveis de divisão do trabalho, os novos instrumentos de gestão urbana e as novas formas organizacionais, ou seja, na harmonização entre oferta e demanda, por meio de instruções e regulamentos emanados das agências.

Em linhas gerais, o GeoCidades consiste de sistema operacional de indicadores ambientais cuja sistematização e atualização permanentes constituem referência básica para o estabelecimento de metas e prioridades em ações voltadas para a melhoria das condições ambientais no território municipal (PMSP, 2004:2). A dinâmica de implementação do GeoCidades é emblemática de como representações e modelos sociocognitivos são produzidos por comunidades especializadas em um *campo* relativamente autônomo, homologados pelo Estado e transformados em práticas sociais por meio de instrumentos de política urbana, conformando o que poderíamos chamar de uma política do espaço. Em termos breves, a produção desse instrumento segue os seguintes passos: inicia-se com a instalação da equipe técnica local pela rede de organizações envolvidas (Secretaria do Verde e do Meio Ambiente, Instituto de Pesquisas Tecnológicas e Conselho Municipal de Desenvolvimento

Sustentável) responsável pela produção de diagnósticos. Em seguida elabora-se o informe e promove-se a difusão das informações. A próxima etapa compreende a incorporação de propostas às políticas públicas locais, seguindo-se a avaliação das políticas implementadas e a preparação de um novo informe (PMSP, 2004:2).

Produção Simbólica e Plano Diretor de Cidades

O processo de autonomização e monopolização dos meios de produção urbanísticos e dos instrumentos de gestão territorial ocorre mediante trabalho de sistematização, disseminação, repetição cíclica e naturalização de práticas socioespaciais, independentemente do que possa ocorrer em outros microcosmos sociais. Desse prisma, o Plano Diretor de Cidades – PDC emerge como prática socioespacial por excelência, principal móvel de lutas a partir do qual agentes e instituições consideram ser possível impor os princípios de classificação, visão e divisão legítimos de controle do processo de urbanização. É assim que o PDC se tornou um dos produtos de maior sofisticação no mercado de bens simbólicos destinados à dominação e controle da produção do espaço. Existe a convicção e a crença de que a implementação do PDC como instrumento de controle da urbanização seja capaz de realizar utopias, organizar e disciplinar o território, prevenir e evitar crises, enfim, produzir, per si, uma nova ordem urbana na metrópole.

Dessa perspectiva, o PDC vem se constitui em importante produto simbólico em circulação no campo, erigido como possibilidade de convergência entre o ser e o dever-ser do espaço, como modelo de realidade urbana produzido em um espaço social específico e que reivindica, por sua transposição para o espaço físico, vir-a-ser real. Ao longo das últimas décadas, nas várias tentativas de sua implantação na cidade de São Paulo, a prática de elaboração do PDC transitou de mero desejo ou profissão de fé à sua percepção como um importante móvel de lutas políticas e cognitivas em torno da produção do espaço e da construção da ordem urbana. Isto se dá, em grande medida, por ter se constituído em instrumento racionalizado pela codificação jurídica, homologado e sancionado pelo Estado, para a classificação e divisão do território e, logo, para o exercício da violência simbólica na objetivação do capital urbanístico institucionalizado e incorporado.

A prática de elaboração do Plano Diretor para as cidades remonta à década de 1960, quando alguns Estados da Federação, por meio das Leis Orgânicas dos Municípios, estabelecem regras para a disseminação desse instrumento. A Lei Orgânica dos Municípios de São Paulo (Decreto-lei Complementar nº 9/69) estabelecia que o município deveria iniciar o processo de planejamento com a elaboração do Plano Diretor de Desenvolvimento Integrado – PDDI, visando à integração do processo de desenvolvimento nos níveis de Governo Federal, Estadual e Municipal. O PDDI foi uma exigência imposta pelos Estados aos municípios para a transferência de auxílio financeiro e outros recursos (Saule Jr., 1997:35).

Singer (1995) relata que o primeiro Plano Diretor da cidade de São Paulo surgiu em 1971 (PD-71), em plena ditadura militar e no auge do "milagre econômico". À época a imprensa se encontrava sob censura, o prefeito das capitais era escolhido pelos militares e a Câmara Municipal não tinha qualquer autonomia para avaliar projetos do executivo. Tal contexto fez com que a prática de elaboração do plano diretor nascesse com a marca do autoritarismo, resultando na elaboração de planos tecnocráticos, para cumprir exigências de um controle burocrático do Estado-Nação e dos estados sobre os municípios. Em razão disso, além de não contar com a participação efetiva da sociedade civil em sua elaboração, o plano diretor não levava em conta as forças de mercado, o que acarretava falhas primárias de previsão e consequências não intencionais catastróficas, como já relatado no Capítulo 3. Esta situação se tornou ainda mais complexa com a disparada da inflação e com a primeira crise do petróleo de 1974. Começava o colapso econômico que inviabilizaria o primeiro Plano Diretor da cidade.

Não obstante, a crença no PDC como instrumento de consolidação da ordem urbana ampliou-se na década de 1980, sendo apresentadas propostas pelos prefeitos Mario Covas (1983-85) e Jânio Quadros (1986-88), esta última aprovada por decurso de prazo, figura jurídica criada ainda no período militar segundo a qual qualquer proposta apresentada pelo Executivo, se não fosse rejeitada taxativamente pelo Legislativo em um dado período de tempo, seria considerada aprovada. Com a promulgação da Carta de 1988, o decurso de prazo foi proscrito, o que contribuiu para a ineficácia do PDC da gestão Jânio Quadros. Além disso, a proposta representava apenas o ponto de vista de alguns urbanistas situados na burocracia estatal, erigidos como sacerdotes do planejamento tecnocrático, ainda nos moldes da tradição urbanística do regime militar.

Já mencionamos que a Constituição Federal de 1988 inovou ao trazer um capítulo específico sobre política urbana, estabelecendo o direito de cada município elaborar sua própria Lei Orgânica, o que possibilitou a inclusão da obrigatoriedade de Plano Diretor já na Lei Orgânica do Município de São Paulo, aprovada em abril de 1990. Estes fatos contribuíram para o reavivamento da crença no Plano Diretor como instrumento eficaz para a imposição da ordem urbana, sobretudo com a eleição de um governo de esquerda para o mandato seguinte, a gestão de Luiza Erundina do Partido dos Trabalhadores a partir de 1989.

Desta feita, o PDC foi tomado na perspectiva da reforma urbana, modelo sociocognitivo construído, como já vimos, com base em valores e nas lutas sociais que se travavam em diferentes setores de política urbana como o saneamento, a habitação, o transporte, a educação e o meio ambiente. Porém, o PDC da gestão Erundina foi enviado à Câmara já no final do mandato e, de resto, não foi possível fazer a composição necessária para a aprovação da proposta. Note-se que, como produção simbólica, o PDC é resultado das lutas político-cognitivas que se travam entre especialistas no *campo* urbanístico, mas que deve atender à demanda do campo político para, assim, ser homologado pelo Estado na forma de capital urbanístico codificado, pondo fim à guerra de todos contra todos pela imposição da ordem simbólica legítima. Para tanto, necessita ser aprovado pela Câmara de Vereadores e sancionado pelo executivo como Lei, para então ser mobilizado como violência simbólica na imposição da ordem sociourbana, no curso do exercício do poder administrativo.

De qualquer modo, a partir da promulgação do Estatuto das Cidades a implementação do Plano Diretor Municipal passa a ser uma atividade sistemática, levada a efeito por instituições e profissionais do *campo* com base em metodologias transmitidas como um conjunto de saberes e práticas socioespaciais elaboradas em instituições que lutam pelo monopólio da definição legítima do dever-ser da urbanização. A utopia de universalização dessa prática para todo o país levou a que o Ministério das Cidades criasse uma rede de agentes especializados mediante a organização de núcleos estaduais pela seleção de indivíduos e instituições portadores de competências específicas para a elaboração ou implementação de PDCs. Este fato sugere que a reprodução dessa prática no interior do *campo* vem adquirindo legitimidade crescente, com possibilidades de se tornar o verdadeiro pilar da construção de um "sistema nacional de cidades".

A título de exemplo, observe-se que o edital para credenciamento objetivando compor um "cadastro de consultores e capacitadores qualificados para apoio aos municípios na elaboração de Planos Diretores Municipais Participativos" leva em conta habilidades e capacidades específicas, vinculando a prática de elaboração do PDC a um corpo de funcionários capazes de mediar a produção e reprodução de modelos sociocognitivos do urbano e sua aplicação na sociedade de classes. O edital mencionado estabelece os seguintes requisitos para o cadastro:[70]

---

[70] Conforme Edital de Credenciamento n° 01/2004, do Ministério das Cidades.

a) Experiência da pessoa física em desenvolvimento de projetos e ações de capacitação para técnicos e/ou para representantes da sociedade civil, cuja programação tenha contemplado os temas Plano Diretor Municipal Participativo e Estatuto da Cidade.

b) Experiência da pessoa física em elaboração e/ou implantação de Planos Diretores Municipais Participativos.

c) Tempo de exercício de atividade profissional, na Administração Pública ou Privada, que envolva ações de capacitação e/ou condução de processos participativos.

d) Tempo de exercício de atividade profissional, na Administração Pública ou Privada, que envolva a realização de trabalhos de planejamento e gestão territoriais e/ou a participação em processos de regularização fundiária.

e) Tempo de exercício de atividade de magistério no ensino superior e/ou pós-graduação em disciplinas relativas às áreas de urbanismo, planejamento urbano e/ou gestão urbana.

f) Experiência da pessoa física na condução de outros processos participativos, não contemplados no critério b, envolvendo a participação de entes públicos e representantes da sociedade civil em uma ou mais etapas do processo.

g) Experiência da pessoa física em coordenação/moderação de eventos (seminários, oficinas, audiências públicas etc.) realizados com a utilização de metodologias participativas, envolvendo entes públicos e representantes da sociedade civil.

h) Publicações e elaboração de outras mídias sobre Plano Diretor e/ou sobre o Estatuto da Cidade.

i) Curso de especialização em áreas de urbanismo, planejamento urbano e/ou gestão urbana, com carga horária mínima de 360 horas.

j) Mestrado em qualquer área do conhecimento, desde que o objeto de dissertação seja relativo aos temas de urbanismo, planejamento urbano e/ou gestão urbana.

k) Doutorado em qualquer área do conhecimento, desde que o objeto de tese seja relativo aos temas de urbanismo, planejamento urbano e/ou gestão urbana.

O Plano Diretor Estratégico do Município de São Paulo[71] foi o primeiro no país a apresentar tais características. Ao acrescentar a noção de planejamento estratégico – instrumento desenvolvido pelo *campo* econômico no âmbito da competição das empresas no mercado – à ideia de gestão participativa, valor fundamental do direito à cidade, sinaliza que a produção da ordem simbólica depende da formação de um consenso sobre a divisão do trabalho de

---

[71] Lei nº 13.430, de 13 de setembro de 2002.

dominação, envolvendo agentes situados em diferentes posições do *campo*. Este fato sugere o florescimento de instrumentos híbridos de política urbana que abrange negociações em todo o espectro que vai do direito à cidade a cidade mercadológica, como é o caso, além do plano diretor, também das operações urbanas consorciadas.

Um indicativo desse aspecto é o fato de, na versão atual do Plano Diretor Estratégico do Município de São Paulo, novos princípios de divisão e classificação territorial alterarem substancialmente o zoneamento da cidade, como no caso das Zonas Especiais de Interesse Social – ZEIS e as Zonas Especiais de Preservação Ambiental – ZEPAM.[72] As ZEPAM são "porções do território destinadas a proteger ocorrências ambientais isoladas, tais como remanescentes de vegetação significativa e paisagens naturais notáveis, áreas de reflorestamento e áreas de alto risco onde qualquer intervenção será analisada especificamente", enquanto que as ZEIS são porções do território destinadas, prioritariamente, à recuperação urbanística, à regularização fundiária e produção de Habitações de Interesse Social – HIS ou do Mercado Popular – HMP, incluindo a recuperação de imóveis degradados, a provisão de equipamentos sociais e culturais, espaços públicos, serviço e comércio de caráter local (PMSP – Plano Diretor Estratégico).

Mediante a explicitação das noções de vigilância e controle e da divisão social, técnica e territorial do trabalho no interior do *campo* considerado, elucida-se o florescimento, no período estudado, de todo um arcabouço institucional (organizações públicas, privadas e do terceiro setor) normativo (Estatuto da Cidade, Plano Diretor, Lei de Zoneamento, Lei de Uso e Ocupação do Solo) e cognitivo (mapas temáticos, índices, instrumentos e tecnologias de planejamento e gestão) sobre o espaço urbano. Essas dimensões compõem um complexo sistema abstrato destinado a impor os princípios de visão e de divisão do espaço na metrópole como categorias autoevidentes e conformam um mercado de bens simbólicos voltados para o controle do curso da urbanização.

Mostra também que, para que se produzam efeitos sociais duradouros, modelos de realidade urbana e formas de classificação devem, ao tempo em que são consagrados pelas instâncias de legitimação, difusão e financiamento do próprio *campo* de produção, estar associados às classificações espaciais validadas e homologadas pelo Estado que, como detentor do monopólio da violência simbólica legítima, é capaz de impor um limite à luta de todos contra todos em torno de determinadas definições. Destarte, as formas de classificação produzidas por especialistas e homologadas pelo Estado são incorporadas pelos

---

[72] De acordo com o Art. 167 – Zonas Especiais são porções do território com diferentes características ou com destinação específica e normas próprias de uso e ocupação do solo, edilícia, situadas em qualquer macrozona do Município.

demais agentes e leigos em geral, como estruturas cognitivas válidas, inculcadas de modo universal, para serem aceitas como naturais e autoevidentes na escala de um determinado âmbito socioespacial. Como lembra Bourdieu (1996:115), generalizando a hipótese de Durkheim, segundo a qual as "formas de classificação" que os "primitivos" aplicam ao mundo são produto da incorporação das estruturas dos grupos nas quais eles estão inseridos:

> [...] podemos supor que, nas sociedades diferenciadas, o Estado pode impor e inculcar de modo universal na escala de um certo âmbito territorial, estruturas cognitivas e de avaliação idênticas, ou semelhantes, e que é deste fato que deriva um "conformismo lógico" e um "conformismo moral" [expressões de Durkheim], um acordo tácito, pré-reflexivo, imediato, sobre o sentido do mundo, que é o fundamento da experiência do mundo como "mundo do senso comum".

Conclui-se que a tarefa de impor a definição legítima das divisões territoriais e, paralelamente, a divisão dos grupos sociais e sua localização no território, requer a mobilização de armas heurísticas e epistemológicas organizadas no interior de instituições e manipuladas por produtores simbólicos. Evidencia-se, assim, a correspondência existente entre as estruturas da vida social e as estruturas cognitivas pelas quais aquelas são reconhecidas e que tais estruturas cognitivas não são engendradas pelas consciências individuais, mas resultado do trabalho especializado de agentes dotados de competência cultural específica. Esse quadro indica que, no processo de constituição da ordem urbana, a exclusão socioespacial – interdição do acesso aos objetos e lugares de maior densidade de capital cultural e econômico, logo, de maior relevância material e simbólica – corre paralela à exclusão cognitiva, forma de espoliação simbólica de grupos que ocupam posições dominadas na estrutura de classes, e de desapossamento das condições necessárias à participação no campo. Existe, portanto, correspondência entre as posições dominadas do campo de produção e os espaços mais baixos da hierarquia socioespacial, ou seja, certa homologia entre a estrutura do campo e a estrutura de classes.

Gestão Organizacional e Inovação

A organização em redes sociocognitivas pode assumir variadas configurações e são formas de gestão mobilizadas pelos agentes para influenciar as políticas urbanas e, por meio delas, o processo de produção do espaço. No diversificado mercado de produtos cognitivos e sistemas abstratos relacionados à supervisão e controle do espaço, por vezes o poder estatal recorre a formas organizacionais diferenciadas como os consórcios privados que, ao agregarem capacidade cognitiva e capital técnico de um conjunto de empresas, reúnem maior potencial de agilidade e inovação no atendimento à demanda do que as organizações estatais seriam capazes de fazer de modo isolado. Acrescente-se que estas últimas tiveram sua capacidade de resposta aos problemas do *campo* extremamente reduzida, mormente em função da aplicação de cortes (*downsizing*) em seus quadros de especialistas e nos recursos orçamentários próprios. Esse fato decorreu das várias medidas de reorganização administrativa com base na utopia do Estado mínimo e na crença sobre a maior eficiência do livre mercado em relação às burocracias estatais.

Em que pese a necessidade do estabelecimento de um vínculo direto entre as políticas urbanas e o território no controle do curso da urbanização, o poder estatal, na esteira da desregulamentação, da terceirização e da privatização, perde, ao longo do tempo, muito da sua capacidade de formular e implementar políticas públicas de forma direta. Essa baixa capacidade de implementação de políticas vem se intensificando à medida que os órgãos de planejamento e gestão estatais são reestruturados nos termos das diretrizes da chamada reforma do Estado que, a rigor, resume-se à adoção de técnicas de gestão do setor privado pela esfera estatal, como as práticas da terceirização e privatização dos serviços de consumo coletivo. A reestruturação da Empresa Metropolitana de Urbanização – Emurb e da Anhembi Turismo, na gestão Marta Suplicy, para ficarmos no âmbito municipal, são exemplos da expansão de práticas administrativas vinculadas à cidade mercadológica e ao influxo das técnicas de gestão do setor privado na esfera do Estado, bem como do papel que a administração assumiu na coordenação entre oferta e demanda de serviços públicos urbanos.

> O Governo da Reconstrução transformou o Anhembi em empresa rentável e respeitada no mercado de turismo e eventos, atuando como elo entre o poder público e a iniciativa privada, por meio de parcerias possibilitando o aumento da representatividade da cidade em todo o mundo. Assim, a empresa retomou sua vocação de órgão oficial de turismo, implementando ações que estimulam decididamente o setor (PMSP, 2005).[73]

Nesse cenário, alastram-se as práticas de estabelecimento de parcerias com agentes não estatais especializados em assessorar o Estado na suplementação do trabalho de supervisão e controle do território, como no caso das iniciativas para o desenvolvimento do mapeamento digital da cidade visando à eficácia da administração tributária e dos serviços sociais prestados pela Prefeitura. A par de explicitar uma preocupação com o aperfeiçoamento dos meios de arrecadação, luta incessante de todas as esferas de governo para aumentar a receita fiscal, esse projeto traz outra característica importante observada nas políticas urbanas atuais. Trata-se da interssetorialidade, ou seja, ações coordenadas voltadas para a

[73] PMSP. Balanço da Gestão, 2001/2004.

integração de políticas setoriais no mesmo território, com a presença de um órgão coordenador e o envolvimento de outros órgãos relacionados à problemática em foco. Coordenado pela Secretaria Municipal de Planejamento Urbano (Sempla), o projeto mencionado envolve também as pastas de Finanças, Infraestrutura Urbana, Habitação, Verde e Meio Ambiente e dos Transportes, além da empresa de processamento de dados do município, Prodam.

Cumpre ressaltar que a participação do setor privado no processo de implementação de políticas urbanas não se resume à mera execução técnica. Neste caso, o Consórcio ConCidade, formado pelas empresas Aerocarta, Esteio, Engefoto e Aeroimagem, principal executor, agrega o capital técnico de empresas especializadas em serviços de auditoria e fiscalização como, por exemplo, a Fundação Aplicações de Tecnologias Críticas – ATECH, atividades estas que, tradicionalmente, eram vistas como sendo exclusivas do Estado. Outra característica específica do mercado de bens voltados ao controle socioterritorial é que, por vezes, as empresas do setor empresarial, ou do chamado terceiro setor, operam embutidas nas instituições estatais. No caso citado, o próprio prédio da Sempla – no 17º andar do Edifício Martinelli, em São Paulo – é compartilhado por agentes públicos e especialistas ligados ao Consórcio, o que por um lado traz agilidade ao processo de prestação do serviço contratado, mas por outro pode criar uma relação de conflito entre a empresa privada e o Estado, pela apropriação de recursos públicos no processo de organização das atividades contratadas. Além disso, o capital urbanístico institucionalizado acumulado nas instituições do Estado, o patrimônio cognitivo e a memória social nelas armazenada são apropriados com custo zero pelas empresas contratadas, que internalizam os ganhos dessa acumulação e, assim, podem dispor desse capital na expansão de suas atividades para além das estabelecidas em contrato.

Esse tipo de demanda estatal geralmente tem como objetivo "suprir a carência de informações cartográficas atualizadas e confiáveis sobre o território, por meio de um Sistema de Informações Georreferenciadas, que beneficiará todas as Secretarias, Subprefeituras e empresas municipais" (PMSP, 2004). A geocodificação, atribuição de uma chave única aos objetos, vincula a Base Cartográfica Digital aos cadastros tributário e de logradouros. Com isso, se torna possível a integração dos cadastros da Prefeitura, o que aumenta a eficácia do poder administrativo.

> [...] em termos mais amplos, a elaboração do novo Mapeamento Digital do Município de São Paulo vai dotar a Prefeitura de instrumentos eficazes para o controle do uso e ocupação do solo, a gestão de seu patrimônio imobiliário, melhor desempenho da arrecadação de tributos territoriais e elevação do padrão de atendimento aos cidadãos paulistanos, com oferta de mais e melhores serviços por parte da administração municipal (PMSP, 2004).

Já vimos que o trabalho de produção, consagração e transmissão de um *corpus* de conhecimento direcionado ao controle do processo de urbanização mobiliza um corpo de agentes e instituições socialmente reconhecidos como detentores exclusivos da competência específica para tal fim. Podemos agora acrescentar que a constituição de um campo urbanístico ocorre paralelamente à expropriação objetiva do capital urbanístico de agentes e instituições concorrentes e daqueles que se encontrem alheios a essa contenda, transformados em leigos e que, como já destacado, reconhecem a legitimidade dessa expropriação pelo fato de a desconhecerem enquanto tal. Segue que todo aquele que aspirar ao ingresso nesse espaço social hierarquizado e dotado de regras próprias irá se deparar com algo já instituído, cuja porta de entrada impõe aos pretendentes a submissão de seus corpos e mentes a um trabalho de socialização secundária, a certos honorários de admissão.

Opera-se aí um processo de transformação, em favor de agentes e instituições do *campo*, das disposições primárias trazidas pelos indivíduos e grupos pretendentes. Nesse particular, note-se a crescente produção e demanda por metodologias e instrumentos didático-pedagógicos para o convencimento, a formação, a educação e o treinamento, principalmente dos agentes já integrados ao campo, mas também dos leigos e do público em geral. Não há dúvida de que esta dinâmica tomou maior impulso com a aprovação do Estatuto das Cidades. Com ele, abriu-se a possibilidade de ampliação das formas de controle sobre os meios de gestão do território, dos ritos de instituição com vistas a disciplinar corpos e mentes, implantar ciclos temporais e impor regularidades e repetições às maneiras de pensar e agir. Como norma jurídica, o Estatuto e as demais regras formais assumem a forma de capital simbólico codificado que é, como tal, de maior eficácia na imposição do poder disciplinar e na conformação de ritos no interior do espaço social específico.

Na medida em que exerce socialização secundária sobre os corpos e mentes por meio da participação prolongada e duradoura e das aquisições cognitivas efetuadas pelos agentes, o *campo* também proporciona uma sensação de familiaridade, que faz com que determinado modelo de realidade urbana – imposto arbitrariamente por agentes e instituições que ocupam posições dominantes na estrutura do campo – pareça natural e autoevidente, um senso comum esclarecido. No processo de difusão e transmissão de modelos cognitivos do urbano, certos agentes estão em situação privilegiada para impor o seu sistema de representação, na forma de utopias e ideologias bem fundadas (e interessadas). Isto na medida em que controlam, ou pelo menos exercem influência especial, em instâncias de socialização secundária como órgãos públicos, movimentos sociais, universidades e cursos de formação, agremiações políticas e mídia especializada. A esse respeito, vale lembrar a criação de formas organizacionais diferenciadas para o ensino e a pesquisa, tais como os laboratórios de urbanismo no âmbito da Universidade de São Paulo, com o objetivo de:

> [...] buscar a participação direta da comunidade acadêmica na elaboração de políticas públicas voltadas para o conjunto da sociedade; e aproximar o conhecimento acumulado na universidade com as instituições que operam fora do setor público estimulando a criação de parcerias entre instâncias públicas e privadas.[74]

Conclua-se desse tópico que os destinos e os veredictos sobre o curso da urbanização estão muito menos relacionados à formação de uma ordem espontânea do que a um mercado estruturado, a um concerto sem maestro de agentes e instituições produtores e demandantes de bens materiais e simbólicos voltados para esse fim. Vale dizer, o ajuste entre oferta e demanda por bens urbanísticos advém da convergência entre duas lógicas aparentemente independentes: a do campo de produção especializado e a da sociedade de classes, como demandante desses produtos.

---

[74] Informação obtida em: http://lume.fau.usp.br/tikiwiki/tiki-index.php. Acesso em: 12.12.05.

Controle dos Meios de Gestão e dos Objetos: A Luta pelo Centro da Metrópole

Hoje São Paulo perdeu uma de suas ocupações mais históricas. O prédio da Rua do Ouvidor foi ocupado em 12 de dezembro de 1997 pelo MMC – Movimento de Moradia do Centro e completaria amanhã 7 anos e 11 meses, abrigando 89 famílias, mas foi despejado pelo governo do Estado. Propriedade da Secretaria Estadual de Cultura, que até agora não apresentou o que pretende fazer com o prédio, inúmeras vezes os moradores e as moradoras precisaram lutar contra pedidos de reintegração de posse. Na última vez, 2 dias antes da data agendada para o despejo, em 13 de maio deste ano, foi realizado um protesto junto à CDHU – Companhia de Desenvolvimento Habitacional Urbano. Nesta data ficou decidido que as pessoas teriam 6 meses para deixar o prédio e que ao longo deste período a CDHU sortearia 28 famílias para morar em um de seus prédios, na Mooca; algumas pessoas receberiam a quantia de R$ 2.500,00; e outras uma "carta crédito". Esta carta crédito é definida a partir da renda da família: se a família ganha um salário mínimo no mês recebe uma carta crédito de aproximadamente R$ 20 mil (dependendo da renda este crédito chega no máximo até R$ 40 mil). Com esta carta a família procura uma casa (uma quitinete) neste valor para comprar e, quando encontra, a CDHU paga esta quantia diretamente ao proprietário. Deste pagamento R$ 15 mil são subsídio do governo e o restante é pago pela família, em parcelas de R$ 80,00 ao mês + condomínio, quando houver. Este acordo poderia ser comemorado se pensarmos que todos os outros despejos realizados este ano no centro de São Paulo não ofereceram nenhuma alternativa aos despejados. Porém, é muito triste e revoltante pensar que, uma vez mais, ao invés do governo colaborar na reforma desses prédios, melhorando a condição de vida dessas pessoas – e existe um projeto de reforma da Rua do Ouvidor, proposto por alunos da FAU-USP (Faculdade de Arquitetura e Urbanismo da Universidade de São Paulo), o governo prefere deixar o prédio abandonado, fechado com cimento e esperar sua valorização imobiliária (CMI).

Com esta nota, o Centro de Mídia Independente – CMI noticiava no dia 11 de novembro de 2005 o despejo da ocupação da Rua do Ouvidor. Fatos como esses remetem à análise da dinâmica do *campo* urbanístico e ao trabalho de expropriação e controle dos objetos que instituições e agentes exercem uns sobre os outros na luta pela imposição de um determinado modelo de realidade que reivindica se tornar real. Vamos abordar essa dinâmica com mais elementos a partir do processo de "revitalização" do Centro da metrópole. Perpassando a última década, a necessidade de adequação do Centro da metrópole a modelos de realidade mais alinhados a determinados fins e interesses produziu uma dinâmica de competição e cooperação entre instituições locais, nacionais e globais em torno de regras e normas a serem aplicados na produção do espaço e na constituição da ordem urbana. Essa convergência, nada espontânea, advém principalmente do fato de que a escala de intervenção, os custos e os propósitos envolvidos na produção do Centro metropolitano só podem ser alcançados com o concurso de um conjunto de instituições, agentes e práticas socioespaciais, a começar pelo poder Estatal em seus diversos níveis federativos. Assim, o processo de produção do Centro da metrópole em anos recentes se torna um aspecto privilegiado para a compreensão de algumas características relativas à lógica específica do campo e suas interações com a estrutura de classes.

Com base nas análises feitas em capítulos anteriores, abordam-se aqui dois movimentos importantes no campo da produção, explicitando a conduta dos agentes em diferentes momentos. O primeiro diz respeito ao abandono do Centro histórico pelas camadas dirigentes e grupos dominantes que, nas últimas décadas e mais fortemente nos anos de 1980, partiram para a formação de novas centralidades, abrindo espaço à ocupação do Centro histórico por camadas populares do estrato social. O segundo momento caracteriza-se pelo retorno de instâncias burocráticas e camadas dominantes ao Centro, os quais se utilizam dos meios de violência física e simbólica para a expropriação desse objeto de outras camadas e agentes, não sem certa resistência por parte dos expropriados.

Deslocamentos, Remoções e Reconversão de Objetos

O esgotamento do obreirismo modernizador como modelo sociocognitivo de ordem urbana ocorre paralelamente à desfuncionalização e abandono de seu principal teatro de operações e intervenções (o Centro histórico da cidade de São Paulo) em razão do direcionamento do capital econômico e cultural para a construção de novas centralidades. Essa deterioração é acompanhada e reforçada pelo deslocamento da classe dirigente e de grupos dominantes, mormente aqueles ligados aos serviços do terciário avançado, das áreas centrais. Em pouco mais de duas décadas os negócios hegemônicos se deslocam do "Centro Velho", correspondente aos distritos Sé-República, para a Avenida Paulista, Avenida Faria Lima, Avenida Luiz Carlos Berrini e Marginal Pinheiros, em uma busca incessante do capital imobiliário por novas áreas de rentabilidade e valorização. Acompanham esse movimento as instituições estatais, políticas e burocráticas e as camadas sociais correspondentes, atraídas pelas novas possibilidades de consumo e a busca intencional pela raridade distintiva. Trata-se aqui do senso de posicionamento que se manifesta pelo do abandono de lugares, práticas e objetos desvalorizados, que se tornaram comuns, em busca de territórios, lugares, práticas e objetos com funções não somente técnicas, mas também estéticas.

Assim, ao longo desse período, a área correspondente aos atuais distritos da Sé e República perdia sua condição de centralidade única, lugar geométrico do poder simbólico objetivado no patrimônio histórico-arquitetônico e na monumentalidade que confere distinção aos poderes público e privado. A necessidade constante de modificações tecnológicas e de tamanhos diferenciados de pavimento levava à migração das empresas do terciário avançado dos bairros centrais para as novas regiões do eixo composto pelas avenidas Marginal Pinheiros e Luiz Carlos Berrini.

Essas novas áreas, apesar das limitações de infraestrutura de transporte e outras comodidades, ofereciam um novo parque de objetos compatíveis com os novos padrões de uso: pavimentos maiores, de até 2.000 m^2, edifícios já equipados com infraestrutura de comunicação e informação em tempo real, conhecidos como "edifícios inteligentes". Esse fenômeno de deslocamento foi diagnosticado como "um processo de esvaziamento das regiões centrais da cidade, com consequente desvalorização dos imóveis, mesmo com a vasta oferta de transporte (ônibus e metrô) e infraestrutura (energia praticamente sem falhas e telefone).[75] Apesar desses fatores, o parque de objetos do Centro já não atendia às necessidades das empresas da nova economia e do terciário moderno. Em geral, apresentava problemas hidráulicos e elétricos, dificuldade de manutenção dos caixilhos pela idade e falta de peças de reposição, elevadores lentos e com altos custos de manutenção, insuficiências para suprir às novas necessidades de redes de computadores e telefonia, instalações de ar condicionado ineficientes, além de valor de condomínio muito elevado em relação aos serviços oferecidos.[76] Enfim, há um claro processo de deslocamento do capital econômico, cultural e simbólico, caracterizado pelo abandono do antigo parque de objetos e a busca por outro, mais adequado ao novo padrão de acumulação e da busca pelo novo, raro, distinto em oposição ao antigo, deteriorado e vulgar.

Esse deslocamento dos agentes econômicos é acompanhado e reforçado pelos investimentos estatais, quer pela transferência de órgãos públicos para as novas áreas de expansão, quer pela inversão do fundo público na criação de objetos específicos para o consumo das classes aí assentadas, como, por exemplo, os já aludidos túneis da região sudoeste.[77] Sobre a produção de novas centralidades na metrópole de São Paulo, Frúgoli Jr. (2000:26) argumentou que o fenômeno está conectado:

> [...] à configuração de um contexto multipolar, dentro do qual o centro passa a competir com os demais, principalmente do ponto de vista econômico. O processo de expansão metropolitana, portanto, torna a questão da centralidade ainda mais complexa. Em alguns casos, os subcentros guardam relações de complementaridade com o núcleo central, mas passam muitas vezes a competir economicamente de forma mais acirrada com o centro tradicional, de modo a se tornarem ou almejarem se tornar os "novos centros". Isso se dá, em particular, pela lógica dessa expansão, que acarreta muitas vezes a fuga de

---

[75] "O Centro Contemporâneo". Revista Urbs, n° 11, fevereiro/março, 1999.

[76] "Retrofit, alternativa para valorizar o imóvel". Revista Urbs, n° 30, abril/maio, 2003.

[77] Essa deterioração e abandono foi detectada por vários estudos, dentre os quais o Relatório da Comissão de Estudos sobre Habitação na Área Central, da Câmara de Vereadores de São Paulo.

empresas para o subcentros e a deterioração urbana do núcleo original, concomitante à mudança na composição social da população que passa a habitar essa última, marcada pela forte presença das classes populares (Frúgoli Jr., 2000:26).

De modo geral, a construção de centralidades requer a criação de objetos finitos e autossuficientes (shopping centers, condomínios de alto padrão) para o consumo e distinção de determinadas frações de classe, aliado à criação de paisagens e espaços especializados, concebidos para o atendimento da demanda de corporações multinacionais do chamado terciário avançado. Esse segmento inclui a produção de novo parque de objetos relacionados a serviços de hotelaria, centros de convenções, tecnologias da informação, telecomunicações, segurança e transportes adaptados ao fluxo da economia global. A emergência e o atendimento de tais demandas engendram o surgimento de novas espacialidades e descontinuidades territoriais, seja na forma da criação de novos objetos ou na redefinição das características daqueles produzidos em períodos precedentes. Esses condicionantes levaram ao aparecimento, nos últimos anos, de territórios e objetos específicos que pudessem satisfazer às exigências dos capitais envolvidos em sua produção e consumo, deflagrando o processo de deslocamento, expansão, complementaridade ou competição entre áreas e lugares concorrentes para a absorção de tais funções. A migração de atividades e grupos sociais para áreas superiores ao Centro histórico na hierarquia socioespacial, quando atinge proporções irreversíveis, se caracteriza como um processo de abandono do Centro pelas classes dominantes, captado atentamente por um observador da metrópole:

> São Paulo cometeu a loucura de abandonar o Centro e correr atrás da utopia maluca de construir outra cidade na Avenida Paulista, depois na Faria Lima, na Berrini e sabe-se lá mais onde. E paga um preço muito alto por isso, inclusive no que diz respeito à autoestima, à noção de referência das pessoas. (...) É absurdo o abandono do Centro durante a noite. Vira uma cidade fantasma, assustadora. Você simplesmente declara morta uma realidade — morreu, é cidade fantasma, foi abandonada pelos seus habitantes e ponto final. É isso que você percebe quando visita o Centro depois das oito da noite.[78]

Ocupação do Centro por Camadas Populares

Simultaneamente a esse deslocamento das classes dominantes ocorre, ao longo das décadas de 1980-90, o fenômeno da popularização do Centro, ou seja, a ocupação das áreas centrais pelas classes populares e mesmo por uma espécie de lumpesinato urbano tipificado na figura do morador de rua, dos catadores de papelão e usuários de drogas. Esses agrupamentos sociais se alojam

---

[78] Depoimento do jornalista Roberto Pompeu à Revista Urbs, nº 20, fevereiro/março de 2001.

principalmente nas áreas menos valorizadas ou em processo de "deterioração" do ponto de vista do capital imobiliário, como a região de Santa Cecília, Pari, Braz, Bela Vista, Luz e Santa Ifigênia. Muitas dessas localidades seguem, mais ou menos, o traçado do Minhocão, onde os imóveis tiveram seus preços de mercado reduzidos a um terço do valor que possuíam no período anterior à construção do Elevado.

A desvalorização imobiliária desses distritos foi também acompanhada por um afrouxamento dos dispositivos de vigilância e controle do Estado sobre a área central, propiciando que, a partir de meados dos anos dos anos 1980, houvesse um afluxo ao Centro de grande contingente das classes populares vindo de outras regiões da cidade, que viam agora possibilidades de arcar com as despesas da moradia em bairros centrais e até mesmo nos distritos da Sé e República, agora classificados como Centro Velho.

O deslocamento para outras regiões de certos negócios privados e atividades do Estado havia deixado um número expressivo de imóveis públicos e privados vazios, cujos proprietários nem sequer recolhiam as taxas e os impostos urbanos. Em meados da década de 1990, movimentos sociais de luta por moradia passam a ocupar esses imóveis como meio de denunciar a ausência de política habitacional, bem como a retomada da repressão às reivindicações populares após um período por eles considerado de avanços nas lutas e conquistas durante a gestão Luiza Erundina. As ocupações foram parcialmente toleradas pelo poder hegemônico por vários motivos. O primeiro deles foi a legitimidade conquistada por esses movimentos após anos de reivindicação por moradia, favorecidas pelo contexto de expansão das regras democráticas, proporcionando a ascensão constante dos agentes vinculados ao ideário do direito à cidade mais abertos e permeáveis às reivindicações dessa classe de leigos e dispostos a atuar na sua mobilização. Note-se que, simultaneamente ao declínio do obreirismo e à consolidação democrática também ganhava força a ideia de que a cidade deveria ser gerenciada como uma empresa, nos termos da cidade mercadológica, tal como descrita no Capítulo 5.

Esse equilíbrio precário entre modelos de realidade urbana, grosso modo, opunha os partidos de esquerda aos de direita, se quisermos realizar uma classificação em termos do espectro ideológico, inclusive com alternância de poder nos municípios da RMSP. Assim, sucederam-se no poder municipal em São Paulo, o Partido dos Trabalhadores (Luiza Erundina – 1989-1992 e Marta Suplicy – 2001-2004) e o Partido Progressista (Paulo Maluf – 1993-1996 e Celso Pitta – 1997-2000), enquanto que Partido da Social Democracia do Brasil – PSDB mantinha-se hegemônico no Governo do Estado com as gestões de Mario Covas e Geraldo Alckmin. Embora o embate entre modelos de metrópole no interior do *campo* urbanístico se dê com veemência e mesmo contundência, essa alternância no poder sugere a ocorrência de uma divisão do trabalho de dominação da metrópole entre as várias frações da classe dominante, quer no aspecto temporal da sucessão dos grupos no poder, quer no hibridismo das práticas urbanas, pela combinação das características dos vários modelos. Somente com a eleição de José Serra, para a gestão 2005-2008, é que se estabeleceria mais claramente o modelo cidade mercadológica como princípio dominante de dominação na administração da cidade de São Paulo, sendo que em outros municípios da RMSP ainda era observada a continuidade da dinâmica anterior.

Outro motivo constatado para a relativa tolerância à ocupação do Centro histórico por camadas populares era o desinteresse da classe de proprietários em retomar esses imóveis e áreas, de resto, pouco competitivos e considerados "degradados" por setores do *campo* urbanístico e econômico, se comparados às novas frentes de expansão imobiliária situadas a sudoeste da metrópole. Estas últimas recebiam, mormente no período Maluf-Pitta, investimentos públicos maciços com a abertura de novos túneis, viadutos e avenidas – dentre as quais se tornou memorável a Avenida Águas Espraiadas, atual Roberto Marinho, pela prática de superfaturamento e desvio de verbas públicas operada durante sua construção, cuja investigação pelo Ministério Público levaria à prisão do ex-prefeito Paulo Maluf (ver Capítulo 3).

A desativação de albergues e manicômios, assim como a ausência de políticas urbanas de caráter residual em contexto de desmantelamento do que havia entre nós que lembrasse o estado de bem-estar social contribuíram para o aparecimento de uma subclasse de desvalidos (crianças fora da família nuclear, desempregados, loucos e despossuídos de toda ordem) nas ruas e logradouros do Centro. Juntaram-se a eles profissionais do sexo, usuários de drogas – culminando na instituição da "Cracolândia", no bairro da Luz – e toda sorte de diversões baratas e atividades "malditas" como, por exemplo, o comércio ambulante, o que contribuiu para o afastamento de contingentes da classe média, intolerantes à proximidade física a grupos socialmente distantes e, por isso, determinadas à busca de territórios mais raros e distintos tanto para o trabalho como para o lazer. Além disso, novas levas migratórias de chineses, coreanos, bolivianos e nigerianos vieram se somar a este contingente, se dedicando, sobretudo, ao ramo de confecções nos bairros do Brás e Bom retiro. Este último assistiu à expansão de uma cadeia completa de produção, a chamada verticalização da indústria da moda, compreendendo desde o design da peça, até sua comercialização, passando pelas etapas envolvidas na fabricação. Esse setor foi, aliás, um dos primeiros a revelar as conexões do Centro histórico com os mercados globais emergentes, oferecendo produtos de toda ordem e procedência, sobretudo chineses e coreanos, constituindo uma conexão perversa entre trabalho escravo de imigrantes latino-americanos, produtos contrabandeados, corrupção de agentes públicos e comércio informal. O trabalho semiescravo, de resto mais rentável do que o que conseguiam exercer em seus países de origem, era possível em função da situação de clandestinidade do imigrante que, para não serem descobertos pelos órgãos de vigilância e controle, estabelecem cumplicidade objetiva com tal modo de produção.

Assim, constitui-se no Centro histórico uma ordem urbana de caráter popular, baseada, em grande medida, na economia informal, no trabalho precário, no afrouxamento das funções de supervisão e vigilância administrativa e na atuação de movimentos sociais de luta por moradia. Essas relações de produção, bem ou mal, garantiam a subsistência diária de parcela da população, excluída dos mercados mais lucrativos do terciário avançado e das políticas públicas. Camelôs, catadores de material reciclável, trabalhadores de condomínio e outros optaram por se estabelecer no Centro, sobretudo em função da proximidade do local de trabalho e das oportunidades de emprego, bem como das oportunidades de acesso a equipamentos urbanos necessários à vida na metrópole, como creches, escolas, hospitais e áreas de lazer, em oposição à destituição material e cultural dos bairros periféricos de onde provinham.

Essa ocupação era também realizada com a expansão das áreas de cortiços e favelas. A Favela do Gato, na confluência do Rio Tamanduateí com o Rio Tietê, situado do outro lado do rio em relação ao Parque Anhembi, foi por muitos anos a única favela da área central da cidade. A remoção dessa favela na gestão Marta Suplicy, com sua transformação em parque urbanizado (o Parque do Gato), teve um efeito singular na movimentação da população que ali residia, podendo ser citada como exemplo da resistência que as camadas populares oferecem à sua remoção do Centro da cidade. Após a reurbanização, um contingente foi contemplado com unidades habitacionais no próprio Parque do Gato. Outro contingente, não contemplado com moradia, mas que também não aderiu à proposta oficial,[79] construiu nova favela em área situada entre os trilhos da ferrovia que corta a região central, ao lado de um moinho abandonado, nascendo assim a Favela do Moinho no Bom Retiro.

Profissionais do setor formal de menor renda, como algumas camadas de servidores públicos e comerciários, realizaram a mesma escolha, passando a conviver – não sem certo mal-estar, discriminação e preconceito – com a

---

[79] Geralmente, a Prefeitura oferece uma das seguintes alternativas às famílias removidas ou despejadas: passagem de volta para a cidade de origem; mudança paga para casas de parentes ou mudança temporária para albergues da Prefeitura. A administração José Serra paga até R$ 5.000 para famílias de sem-teto deixarem a cidade de São Paulo. Segundo o secretário da Habitação, Orlando Almeida, sem-tetos de duas invasões receberam a verba neste ano --as das ruas Plínio Ramos e Paula Souza, ambas no centro. "[O valor] depende de cada caso. Tem gente que tem família grande, vários filhos, então a gente dá R$ 5.000. Se é sozinho, não precisa de R$ 5.000, pode ser R$ 1.000, R$ 1.500" (Folha de S.Paulo, 06.02.2006).

subclasse recém-instalada. Permaneceram ainda na área central algumas atividades públicas, sobretudo os órgãos do poder judiciário e organizações financeiras – dentre as quais a Bolsa de Valores e a Bolsa Mercantil e de Futuros – além da classe média menos abastada, que não teve como acompanhar a movimentação territorial das camadas de alta renda.

Essa dinâmica de ocupação se acelerava à medida em que novas informações e formas de luta eram mobilizadas por pretendentes à moradia no Centro, considerado local privilegiado e de possibilidade de ascensão social para os que se percebiam como excluídos da metrópole. Em meados da década de 1990, estatísticas davam conta de que o número de domicílios vazios na região central da cidade era da ordem 20 mil entre prédios e casas, além de centenas de imóveis comerciais, muitos deles literalmente abandonados, com impostos e taxas atrasados há anos, sem manutenção ou limpeza. É nesse contexto que os movimentos por moradia do Centro passam a reivindicar a aplicação do Estatuto da Cidade, especialmente a aplicação do princípio da função social da propriedade e da cidade.

> [...] queremos morar nas regiões urbanizadas, perto de nosso emprego; que a prefeitura de São Paulo desaproprie imediatamente os imóveis cujos proprietários não pagam impostos; que essas propriedades sejam transformadas em projetos habitacionais e sociais (Boletim da Luta por Moradia).

Movimentos sociais organizados se especializavam no trabalho de levantamento de informações sobre imóveis e na organização de meios para realizar ocupações nos distritos centrais e adjacentes. A cada ocupação desses objetos, eram eles convertidos e adaptados à função de moradia para famílias de sem-teto, cujo efeito demonstração tornava visível a outras famílias despossuídas a possibilidade de conseguir moradia no Centro por meio dessas ações, o que resultava no recrutamento de mais pessoas para essas lutas.

Trata-se aqui de uma concepção de centro de metrópole até certo ponto oposta àquela voltada ao alcance de fins econômicos, na medida em que reafirma a região central como espaço democrático de inclusão social e de convivência entre as classes. Essa concepção é bem representada pelo Fórum Centro Vivo – FCV, uma entidade que reúne inúmeros movimentos populares que atuam no Centro histórico, cujo documento de fundação proclama:

> [...] centrado no problema da exclusão social produzida pelo atual processo de renovação e as alternativas que a ele podem ser contrapostas. Evaniza Rodrigues, da UMM explicou que a origem dos movimentos de moradia na região parte justamente "da luta pelo direito a permanecer e viver dignamente no Centro da cidade, questionando a lógica dominante de expulsão permanente da população para a periferia". Evaniza também lembrou o dia simbólico da inauguração da Sala São Paulo: "Quando o presidente chegou nós o

obrigamos a entrar pelos fundos. Foi quando eles perceberam o quão perigoso é deixar o povo morando no Centro: um contato tão próximo nunca é desejado pelos governantes e pelas classes dominantes. As pessoas que moram no centro não passaram da porta, aliás acompanhadas por uma grossa fila de policiais. Esse é o símbolo da disputa travada hoje no Centro." Heloísa Gabriel, da CMP, afirmou que "o que está acontecendo no centro não é apenas um projeto da elite de São Paulo, mas um projeto de uma elite nacional que comanda o país e que não tem compromisso nenhum com a sua população." Ao que completou Marcos Maldonado, da CUT e do Sindicato da Economia Informal: "Por isso estamos propondo uma alternativa, o Centro Vivo, e que pretende discutir a cidade na ótica da inclusão".[80]

O Fórum Centro Vivo se constitui na luta pela defesa de valores e princípios que considera opostos àqueles defendidos pela Associação Viva o Centro, vista como um instrumento das elites para retomar o Centro e expulsar os pobres, como denota a fala do Padre Júlio Lancelloti, reconhecido pelo FCV como legítimo defensor das camadas populares que habitam o Centro:

O Centro é sempre um retrato concentrado de toda a cidade. É, portanto, uma fotografia do sofrimento, da miséria, do descaso do poder público com a população mais empobrecida. Mesmo nas áreas centrais, que têm muitos equipamentos sociais, não existe uma política pública. Por outro lado, a gente vê a força de alguns grupos, como a Associação Viva o Centro, que querem fazer do centro novamente o espaço do seu poderio: o espaço simbólico, real e econômico das elites, do empresariado e dos bancos. Eles tentam fazer isso escondendo aquilo que consideram inadequado, aquilo que supostamente enfeia a cidade. Acredito que a tensão que existe hoje é porque não se pensa o centro a partir da própria periferia que está lá, mas do centro hegemônico de poder econômico, imobiliário. Isso só traz acirramento do conflito, não solução.[81]

Fundado no dia 10 de dezembro de 2000, o FCV surgiu no encontro "Movimentos populares e Universidade", organizado por estudantes da Universidade de São Paulo (USP), pela Central dos Movimentos Populares (CMP) e pela União dos Movimentos de Moradia (UMM), em maio de 2000, "com o objetivo de articular todas as pessoas que lutam pelo direito de permanecer no Centro e transformá-lo num lugar melhor e mais democrático, contrapondo-se, assim, ao processo de renovação urbana e exclusão que vem ocorrendo em São Paulo".[82]

Desde sua fundação, o FCV se propõe a reunir aqueles que pretendam defender os seguintes princípios, de resto, perfeitamente alinhados com o

---

[80] Jornal do Fórum Centro Vivo, nº 1, 2001, acessado no endereço eletrônico: www.forumcentrovivo.hpg.ig.com.br. Acesso em: 18.07.2005.
[81] Idem, ibidem.
[82] Jornal do Fórum Centro Vivo, nº 1, 2001.

sistema de valores do direito à cidade e em aberta oposição aos fins e meios da "cidade-mercado".

- Lutar por Justiça Social e pela Reforma Urbana, contra toda forma de segregação por classe social, raça, etnia, gênero, orientação sexual e faixa etária.
- Defender a função social da propriedade, contra a especulação imobiliária e a retenção de imóveis vazios, sejam estes públicos ou privados.
- Por uma política de habitação popular para a área central com ampla participação, desde sua formulação até a execução e gestão.
- Apoiar as formas de produção e distribuição por cooperativas e empresas autogeridas, baseadas nos princípios da construção de uma economia solidária.
- Pelo uso democrático do espaço público e, por isso, contra o controle privatizado das ruas, calçadas e praças.
- Garantir a acessibilidade ampla ao Centro, privilegiando o transporte coletivo e seu planejamento, a manutenção dos calçadões de pedestres e a redução de barreiras físicas para idosos, crianças e portadores de deficiência. Contra a ampliação da circulação de automóveis particulares.
- Defender a preservação da história e da memória como patrimônio vivo, transformado no uso e apropriação cotidianos e, assim, contra a sua monumentalização e museificação.
- Por uma política cultural que inclua o acesso democrático à produção, circulação e fruição dos bens culturais, assim como o direito à informação, como instrumentos essenciais à construção da cidadania e de uma cidade justa e solidária.
- Contra o tratamento repressivo da população na área central (principalmente do povo de rua, prostitutas, gays e travestis, crianças e adolescentes, encortiçados, movimentos populares e ambulantes).
- Questionar a legitimidade de Operações Urbanas e outras ações do poder público, que tenham por fundamento um processo de valorização imobiliária, mesmo que sob a justificativa de gerarem contrapartidas sociais.
- Garantir a Participação Popular na Subprefeitura do Centro, nos Conselhos de Representantes e no Orçamento Participativo, na definição das Políticas Urbanas e no acompanhamento dos investimentos e serviços públicos na região.
- Apoiar os movimentos populares e outras formas de luta pelos direitos sociais no Centro (como, por exemplo, o direito à moradia reivindicado nas ocupações de imóveis públicos vazios realizadas pelos movimentos).[83]

De Volta ao Centro da Metrópole

Este cenário de ocupação do Centro pelas classes populares como um conjunto de novas relações de produção caracterizando uma formação social

---

[83] Jornal do Fórum Centro Vivo, n° 1, 2001.

distinta começaria a ser revertido a partir do início da década de 1990, com a chegada dos projetos de revitalização e renovação dos centros históricos, difundidos pelas instâncias de consagração e financiamento de modelos cognitivos de metrópole, no contexto de consolidação dos princípios e diretrizes da cidade mercadológica. Nesse novo cenário descortina-se a produção de centralidades em série, como uma coleção de objetos que se comunicam em escala global por meio de tecnologias cognitivas próprias do atual estágio de acumulação do capital. O Centro da metrópole, ainda que lentamente, reassume o papel de lócus privilegiado de acúmulo de poder material e simbólico, como lugar geométrico da objetivação e materialização de novos modelos de realidade urbana, que se reificam com a criação e lançamento de novas camadas de objetos, de órteses e de próteses sobre a cidade existente.

O retorno de negócios e camadas sociais de renda média e alta ao Centro sugere que novas formações frequentemente incorporam os locais tradicionais da metrópole, ao mesmo tempo em que opera uma mudança qualitativa, em termos de disputas e convergências que se estabelecem entre os agentes e instituições do campo urbanístico e na sociedade em geral. Pode-se assim compreender por que a produção de novas centralidades e a definição legítima do Centro da metrópole tornaram-se, em período recente, um dos principais móveis de luta no interior do campo da produção do espaço. Nessa luta são mobilizados, como violência simbólica, modelos de realidade urbana, mormente o direito à cidade, a cidade mercadológica a cidade sustentável e a cidade inteligente, em muitos aspectos contraditórios e divergentes aos do higienismo, obreirismo e do planejamento tecnocrático dos períodos anteriores.

Para melhor apreensão da conduta dos agentes nesse contexto é preciso primeiramente observar que, na última década, investimentos maciços começam a ser carreados para projetos de "revitalização" de centros históricos, fazendo com que novamente estes se tornassem polos de atração para produtores e consumidores de espaço. Em meados da década de 1990 os aportes para esses projetos chegavam à casa de bilhões de dólares, o que potencializava a obtenção de ganhos materiais e simbólicos que pudessem advir do investimento nessa contenda. Modelos de cidade, de revitalização e de renovação urbanas passavam a ser oferecidos a granel por consultores – idealistas ou simples mercadores de projetos –, vinculados ou não às grandes consultorias internacionais e que traziam no currículo a experiência da produção de tais serviços para cidades norte-americanas e europeias que já haviam passado por esse processo, sendo emblemáticos o caso de Barcelona e as consultorias catalãs de revitalização urbana. Outras experiências oferecidas como modelos eram as de Bilbao, Londres, Berlim, Boston e Baltimore.

No caso da cidade de São Paulo, já na gestão Paulo Maluf foi criada uma instância de coordenação para as atividades de recuperação do Centro, o ProCentro, com o intuito de colocar a cidade nas linhas de financiamento das instituições financeiras globais a esses projetos. A definição legítima do que vem a ser centro / periferia, degradação / revitalização, invasão / ocupação, produtivo/improdutivo e outras tantas noções em disputa opõe grupos de agentes e instituições que têm a prerrogativa de mobilizar o capital acumulado no campo. Na luta pelas classificações e definições, o que para alguns se tratava de ocupação e direitos, para outros era invasão, degradação, desqualificação, caos e desordem. Para esses, o Centro precisava ser "revitalizado". Nesse sentido, a primeira estratégia mobilizada pelas classes dominantes foi a reconstrução de sua ligação histórica com o Centro a partir de um investimento em ações que pudessem restabelecer seus vínculos afetivos com o território e os objetos. Observa-se aqui o surgimento de ações pretensamente desinteressadas, ou melhor, alicerçadas no interesse pelo desinteresse, visando dissimular e eufemizar o projeto de dominação e controle do território em curso. Nada mais expressivo do que o gesto de "adoção" de praças, monumentos e outros espaços públicos por empresas e organizações privadas, mediante a concessão de espaço publicitário, como as emblemáticas adoções do Vale do Anhangabaú pelo BankBoston – cuja mudança para a região da Berrini deixou o Vale novamente órfão – e a do Obelisco da Ladeira da Memória pela CBA-Votorantim.

Reestabelecidas as ligações afetivas com o Centro, a constituição de organizações *ad hoc* e o recrutamento de profissionais da produção simbólica se afiguravam passos decisivos para a produção do sentido e a legitimidade da reocupação. Nesse contexto, a coalizão do capital econômico com uma fração detentora de capital cultural tornava-se crucial para a elaboração de sociodicéias que pudessem, em última instância, justificar e legitimar o uso da violência física para a imposição da ordem socioterritorial. Um bom exemplo nesse sentido são os vários eventos realizados para debater o Centro, dentre os quais o Seminário Internacional Centro XXI, realizado em 1995 pela Associação Viva o Centro, com apoio da FAU/USP e da Agência Habitat da ONU, como Encontro Preparatório ao Habitat II, com a participação de urbanistas de todo o mundo e abertura do então presidente Fernando Henrique Cardoso (Viva o Centro, 2001). É nesse contexto que se pode compreender a emergência dos vários programas de requalificação e revitalização da área central, desde a embrionária Operação Anhangabaú, ainda na gestão Erundina, até o Programa Ação Centro, na gestão Marta Suplicy, passando pela Operação Urbana Centro e pelo PróCentro, das administrações Maluf/Pitta. Mesmo admitindo diferenças de orientação de um programa a outro, não se pode deixar de notar que todos possuem certa continuidade e coerência no que tange à devolução dos destinos do Centro histórico a uma forma de dominação organizada definida *a priori* por profissionais da produção simbólica. As diferenças dizem respeito às disputas internas ao campo urbanístico em torno de modelos cognitivos distintos de ordem urbana e, ainda, pela cisão das representações da classe dominante a esse respeito. Temos aqui mais uma vez evidências de que modelos cognitivos, mesmo em posições opostas no campo, quando transpostos para a sociedade de classes podem operar em solidariedade orgânica na divisão do trabalho de dominação.

Tal *démarche* não se resumia a mero debate de especialistas, mas visava a resultados práticos. Dizia respeito à recuperação, manutenção ou remoção de objetos, ao estabelecimento ou aperfeiçoamento da vigilância e supervisão sobre o território e à inculcação de rotinas e de disciplinas ao cotidiano da "população-alvo". Sem aprofundar o debate interno ao campo urbanístico em torno do que venha a ser requalificação, revalorização, revitalização ou outros termos utilizados por especialistas na luta pela definição legítima do dever-ser do Centro, vale enfatizar que essa luta entre agentes que ocupam posições distintas na estrutura do campo e na estrutura de classes será decisiva para orientar as decisões e ações de política urbana.[84] Nesse contexto não foi possível, por exemplo, estabelecer a coalizão necessária para a remoção de objetos típicos do obreirismo, como a demolição dos viadutos que cortam o Parque D. Pedro II, no âmbito da reurbanização da área proposta na gestão Erundina, nem para a construção da Torre Maharish, empreendimento privado proposto na gestão Pitta para a região do Pari e que se tornaria, se construído, o edifício mais alto do mundo.[85] Mesmo a chamada "guerra dos camelôs", uma ação ostensiva contra o comércio informal, perpassou todas as administrações, em que pese diferenças na abordagem do problema, que vão desde a criminalização e repressão total das gestões Jânio e Maluf, até a tolerância regulada nas gestões Erundina e Marta.

Deve-se considerar também o grande peso das instituições globais no resultado dessas batalhas e na sua homologação pelo poder Estatal, especificamente do Banco Interamericano de Desenvolvimento – BID, como grande financiador do projeto de revitalização e, pela sua carteira de capital, capaz de impor ao poder local um conjunto de regras de atuação. Para maior clareza, vamos explicitar as diretrizes do Programa Ação Centro, financiado pelo BID e no qual o Estado, por via contratual com o Banco, orienta a sua ação por meio das seguintes diretrizes:[86]

---

[84] Um panorama mais abrangente desses embates pode ser obtido em SIMÕES JÚNIOR (1994), MARICATO (2001) e PMSP/CEBRAP (2004), além do já citado Relatório da Comissão de Estudos sobre Habitação na Área Central.

[85] Ver a esse respeito, "A torre". Revista Urbs, nº 15, dezembro de 1999/janeiro de 2000.

[86] Conforme PMSP, Contrato BID/PMSP, 2004.

- Reversão de desvalorização imobiliária e recuperação da função residencial. Este item se refere ao financiamento da contração de Planos Diretores das Subprefeituras da Sé e Mooca; a recuperação de grandes áreas urbanas como o Parque Dom Pedro II; o financiamento de programas residenciais com contrapartida da Caixa Econômica Federal (CEF), incluindo a urbanização de favelas e a reabilitação de prédios degradados.
- Transformação do perfil econômico e social: criação de mecanismos de articulação com o setor privado; ações de divulgação do programa; regularização do comércio informal e atenção aos grupos vulneráveis; vigilância comunitária e segurança.
- Recuperação do Ambiente Urbano: gestão e operação de equipamentos e infraestrutura; requalificação de espaços públicos como calçadas e áreas verdes; requalificação de edifícios públicos como bibliotecas, mercados, incluindo recuperação de fachadas; controle de inundações e gestão de resíduos sólidos.
- Transporte e circulação: fortelecimento institucional de órgãos reguladores; circulação e acessibilidade; infraestrutura de transporte público e operações de trânsito.
- Fortalecimento institucional do município: fortalecimento do sistema de planejamento urbano do município; apoio à transferência de órgãos municipais para o centro; formação de gerentes sociais.

O engajamento de instituições civis na produção do espaço no Centro teve motivações díspares e se, por um lado, sugere o fortalecimento de utopias de gestão democrática e participativa, por outro, revela a existência de uma dinâmica de apropriação do espaço público por instituições semi-públicas ou privadas por meio de ações de controle e supervisão do território, dentro de processo de expansão dos pressupostos da cidade mercadológica e do encolhimento do Estado. A título de ilustração, tomemos as atividades da Associação Viva o Centro, uma entidade que agrega essencialmente empresas do setor financeiro e condomínios comerciais e residenciais da região central e que se lançou, desde a sua fundação, em uma intensa mobilização de capital material e simbólico pela produção, apropriação e consumo do Centro da metrópole. De modo geral, esta organização ocupa uma posição antagônica à do FCV no campo de disputas pelo Centro, sendo que suas motivações podem ser observadas com mais clareza no projeto de supervisão do Centro de São Paulo por microrregiões, apresentado em 2004. Nele, a organização propõe:

> [...] a implantação de um Sistema Territorializado (por microrregião) de Zeladoria Urbana, Segurança e Fiscalização sobressai por sua simplicidade, baixo custo, eficiência e rápida aplicação, além de possibilitar resultados extraordinários em termos de qualidade ambiental e social a curto prazo. A proposta consiste em dividir o Centro Histórico (distritos Sé e República), com seus 4,4 km², ou 0,5% da área da cidade, em 12 microrregiões e, para cada uma delas, designar um Supervisor de Área que, dotado de uma pequena estrutura de apoio, terá a incumbência de fiscalizar a qualidade e a eficiência da zeladoria urbana e da rede de proteção social na sua microrregião. Caberá à Supervisão de Área acompanhar o atendimento à população carente, o controle do uso e ocupação

do espaço público, a fiscalização da manutenção de calçadas, iluminação e limpeza pública e poluição visual e sonora, entre outros itens arrolados abaixo sob o título "Atribuições". Objetiva-se, também, que tão logo quanto possível, estruturas incumbidas de zelar pela segurança pública, como a Polícia Militar e a Guarda Civil Metropolitana, adotem esta mesma divisão do Centro, promovendo-se, assim, um saudável intercâmbio de informações na área e mútua colaboração na microrregião. Esse sistema de controle intenso e permanente, necessário a uma região que recebe diariamente cerca de 2 milhões de pessoas, terá como contrapartida a colaboração da coletividade já organizada do Centro em mais de 40 Ações Locais, coordenadas pela Viva o Centro (Associação Viva o Centro, 2004).[87]

Embora as propostas da Associação Viva o Centro possam ser classificadas de higienistas – o que geralmente ocorre na luta pela hegemonia no *campo* –, elas se orientam muito mais pelos princípios da cidade mercadológica. A higiene e o embelezamento são mobilizados para ampliar as possibilidades de supervisão dos agentes agrupados sobre o território e, desse modo, reforçar o potencial econômico da região. Assim, o programa mencionado prevê a divisão do território em 12 microrregiões a serem supervisionadas por 20 supervisores capacitados a atuar em qualquer dimensão da vida urbana passível de sofrer algum tipo de supervisão e vigilância, a saber:

- Limpeza: fiscalização de varrição, lavagem, coleta, colocação de lixo fora do horário, existência de lixeiras, distribuição de panfletos, pichação etc.
- Água/esgoto: fiscalização de vazamentos de água/esgoto e exalação de odores provenientes de esgotos.
- Bueiros e Bocas de lobo: condições de bueiros e bocas de lobo (limpeza, reparos e reposição de tampas).
- Calçada/Leito Carroçável: Condições das calçadas: buracos, reparos no acabamento do piso, obstrução da travessia de transeuntes.
- Luz e Força: condições de iluminação da área, lâmpadas queimadas, curto-circuito, ligações clandestinas.
- Taxi e Ônibus: pontos irregulares, taxistas fechando o acesso a calçada, abusos por parte de motoristas, estacionamento em fila dupla etc.
- Áreas Verdes e Jardins: árvores comprometidas, precisando de poda, risco a rede elétrica, canteiros que precisam de manutenção etc.
- Mobiliário Urbano: instalação de equipamentos irregulares, bancas de jornal, floreiras, lixeiras etc.
- Poluição Visual: outdoor, placas, painéis publicitários irregulares.
- Gás: prováveis vazamentos, armazenamento irregular de gás.
- Poluição Sonora: emissão abusiva de ruídos, show informal etc.

---

[87] Revista Urbs, n° 38, 2005.

- Poluição do Ar: fiscalização dos agentes causadores de poluição do ar.
- Promoção Social: encaminhamento de crianças/adolescentes e adultos em situação de rua.
- Segurança: identificação de locais que possam ser alvos de ações criminosas.
- Ocupação Irregular do Espaço Público: ocupação do espaço público por camelôs/lojistas/bancas.
- Vigilância Sanitária: observar possibilidades de riscos/agravos a saúde pública devido à falta de higiene e/ou inadequação na manipulação dos alimentos em estabelecimentos da região.
- Manejo Ambiental das Pragas Urbanas: verificação de possíveis focos de dengue, pombos, roedores, morcegos, baratas.
- Sinalização/Tráfego: observação das condições de tráfego e necessidade de sinalização.
- Banheiros Públicos: existência de banheiros públicos e suas condições.
- Defesa Civil: observar objetos em janelas e/ou em varandas com risco de cair e irregularidades existentes nas obras, colocando em risco trabalhadores e transeuntes.

(Associação Viva o Centro, 2004).

Note-se aqui que, a demanda por bens simbólicos que possam ser mobilizados na definição legítima do dever-ser do centro da metrópole chega até mesmo ao que poderíamos chamar de nível microlocal, lugares específicos do território de interesse de determinados agentes e instituições. Em coalizões e parcerias com outras organizações, a Viva o Centro atua na produção de bens simbólicos que possam ser aplicados à "refuncionalização" de objetos de seu interesse nas áreas centrais. Dissimulado no interior do campo de disputas, esse interesse particular se reveste de um caráter universal, afinal, o Centro pertence a todos, desde que se mantenha a possibilidade de afastamento e expulsão de frequentadores considerados inconvenientes. Juntamente com outras organizações interessadas (Promon Engenharia, JBMC Arquitetura e Urbanismo, Geométrica, Engenharia de Projetos), a Viva o Centro reivindica participação na refuncionalização do Vale do Anhangabaú pelo poder estatal, oferecendo um modelo de divisão e classificação territorial elaborado por técnicos da entidade. O projeto consiste na reabertura do Vale ao transporte individual de maneira a gerar clientela para os negócios dos associados da entidade, porém com a utilização de recursos do orçamento municipal.

Tanto que, no início da gestão José Serra, já se podia observar uma luta aberta pelo controle do território. Os embates assumiam a forma reificada de novos polos de valorização fundiária, de revitalização e requalificação de lugares, de remoção compulsória da população favelada ou encortiçada, de expulsão dos camelôs e sem-teto, de interdição de áreas ao "povo da rua" e de criminalização de movimentos sociais. Ganhava força a ideia de que o Centro deveria ser devolvido às camadas de renda média, com potencial de consumo, capazes de gerar novas demandas e dinamizarem a economia da região. Essa diretriz foi claramente colocada na reavaliação do programa Ação Centro, no qual "havia uma grande ênfase para a habitação de baixa renda. Acreditamos que deve haver preocupação com os diversos níveis de renda".[88]

O instrumento da reintegração de posse de imóveis ocupados pelas camadas populares passava a ser utilizado em larga escala, configurando um quadro de expropriação sistemática dos objetos por elas controlados, em que pese manifestações veementes contra tal mandato. O Centro pelo Direito à Moradia contra Despejos – COHRE – Programa das Américas, organização internacional de defesa do Direito Humano à Moradia Adequada, tem atuado nesses casos de despejo, alegando que:

- O direito à moradia é reconhecido juridicamente como um direito humano fundamental pelos tratados internacionais de direitos humanos do qual o Estado Brasileiro é signatário e legalmente obrigado, com base no artigo 6º da Constituição Brasileira.
- São componentes do direito à moradia adequada[89] a segurança jurídica da posse, condições físicas de habitabilidade, o custo acessível, a acessibilidade, a adequação cultural, o acesso à infraestrutura e serviços básicos e a boa localização, que no caso em tela significa o direito da população de baixa renda morar no Centro da cidade, por ser este servido de infraestrutura e serviços, próximo às opções de trabalho, lazer, saúde e educação.
- O dever constitucional dos imóveis urbanos públicos e privados cumprirem sua função social, conforme Artigos 5º, inciso XXIII, 170, inciso III e 182 da Constituição Brasileira e Estatuto da Cidade, cabendo ao Governo Brasileiro, mediante a implementação de políticas e programas habitacionais para baixa renda, bem como da regularização fundiária, garantir o direito à moradia adequada à população de baixa renda.
- O dever de o Poder Judiciário zelar pelo respeito ao ordenamento jurídico nacional, em especial, a legislação municipal que, através da Lei nº 13.430/2002, regulamentou o Plano Diretor da cidade de São Paulo, definindo como prioridade a regularização fundiária das áreas ocupadas por população de baixa renda, a garantia do direito à moradia adequada e do direito à cidade para todos.
- De acordo com a legislação nacional e internacional o despejo forçado significa frontal violação ao direito à moradia,[90] sendo por esta razão a última solução possível para a resolução de conflitos possessórios.

---

[88] Depoimento de Antonio José Zagatto, coordenador do programa na gestão José Serra, à Revista Urbs, nº 39, dezembro de 2005/Janeiro de 2006.

[89] Segundo Comentário Geral nº 4 do Comitê de Direitos Econômicos Sociais e Culturais das Nações Unidas.

Segundo a Convenção Internacional de Direitos Econômicos, Sociais e Culturais (Comentário Geral nº7 do Comitê DhESC), ao qual o Brasil é membro, a prática de despejo forçado, por ser medida de caráter excepcional, para ser considerada legal, exige ampla garantia da integridade física, psicológica e material dos ocupantes de casas e terras além de dever-ser planejada para controlar severamente as circunstâncias sob as quais despejos possam ser praticados. A legislação é aplicável a todos os agentes agindo em nome da

Porém, no momento em que essas linhas são escritas chega a notícia da reintegração de posse iminente do prédio da Rua Prestes Maia.[91] O comandante do 7º batalhão, responsável pelo cumprimento da reintegração adiantou:

> Nós não somos a favor do despejo, apenas cumprimos ordens quando não há mais meios legais e políticos possíveis para evitar a ação. Estaremos preparados para o pior. Vocês devem sair antes, quem não tiver para onde ir terá que ficar na rua mesmo.[92]

Nessa luta desigual, os dominantes sempre se beneficiam das relações entre posições homólogas que ocupam no *campo* do poder, no *campo* urbanístico e no *campo* jurídico, o que facilita a conversão de capitais diversos em capital urbanístico de maior eficácia simbólica nas disputas pelo controle dos meios de gestão e dos objetos. No limite, essa homologia de posições proporciona o acesso célere ao sistema judiciário em processos de reintegração de posse, cuja decisão favorável permite a utilização da violência física do Estado para a expropriação de objetos sob o controle de agentes concorrentes. Os dominantes do *campo* urbanístico são claramente favorecidos pela posição também dominante que ocupam na estrutura da sociedade de classes e, se a baixa autonomia do *campo* é, à primeira vista, uma desvantagem, ela permite, no entanto, a coalizão política e cognitiva entre os agentes e instituições de outros espaços sociais, como denotado na observação do presidente da Associação Viva o Centro a respeito do Projeto de Supervisão Urbana mencionado:

> A proposta da Viva o Centro também visa a que, tão logo quanto possível, estruturas incumbidas de zelar pela segurança pública, como a Polícia Militar e a Guarda Civil Metropolitana, adotem esta mesma divisão do Centro. Com isso teríamos na região

---

autoridade do Estado ou àqueles que possam ser responsabilizados pelas ações. As proteções quanto ao procedimento que devem ser aplicadas em relação aos despejos forçados incluem: (i) Uma oportunidade para a consulta genuína às pessoas afetadas; (ii) Notificação de despejo adequada e razoável para todos os afetados, (iii) Informação sobre o despejo proposto e, onde for cabível, informações sobre o propósito que será destinado a área. Estas informações devem ser postas á disposição, em tempo hábil, à todos os afetados, (iv) Que os oficiais do Governo ou seus representantes estejam presentes durante o despejo; especialmente quando grupos de pessoas estejam envolvidos; (v) Todas as pessoas que estejam realizando um despejo devem estar devidamente identificadas; (vi) Que os despejos não sejam realizados em circunstâncias de mau tempo ou a noite, a não ser que as pessoas envolvidas consintam em assim proceder; (vii) Provisão de remediações legais; (viii) Provisão, caso possível, de assistência jurídica às pessoas que dela necessitam para buscar reparações judicialmente (Cf. Carta do CORHE enviado ao Excelentíssimo Senhor Doutor Juiz De Direito da 25ª Vara Cível Do Fórum Central Cível João Mendes Júnior da Cidade de São Paulo/SP).

[91] A Prestes Maia é a maior ocupação urbana do país, com 468 famílias, em um total aproximado de 2.500 pessoas. Ocupado em 2003, o prédio estava abandonado há quase 20 anos e possui dívidas de mais de 5 milhões de reais de IPTU.

[92] Fala do Comandante do Batalhão da PM, em reunião com moradores do prédio.

central um saudável intercâmbio de informações na área e mútua colaboração na microrregião.[93]

Os resultados dessas lutas já se fazem notar por toda a área central. Na razão direta da valorização fundiária de determinados lugares pelos investimentos estatais, seguida de inversões privadas, os territórios ocupados pelas classes populares vão sofrendo o que já é bastante conhecido na literatura urbanística como processo de *gentrificação*, quer dizer, transferência forçada para outro lugar de modo a ceder espaço às camadas de renda mais alta. Como o problema social não é resolvido, a população desalojada realiza uma migração forçada para áreas contíguas, cujos habitantes logo rejeitam os novos vizinhos por seus costumes, gestos, linguagem e aparência. A proximidade física com pessoas socialmente distantes, percebida como degradação e promiscuidade, é o que motiva as agressões daqueles que, por não estarem aptos a mobilizar a violência estatal, resolvem fazer "justiça social" com as próprias mãos.

A reocupação do Centro da metrópole por camadas de renda mais elevada segue o rastro da retomada dos negócios que passam a escolher a região como local de instalação, devido às novas vantagens competitivas criadas pela intervenção do Estado e pelas novas tecnologias à disposição no mercado. A título de exemplo, pode-se citar a prática do *retrofit* e o cabeamento do subsolo por fibras óticas, realizando a conversão do Centro de objeto sólido em objeto líquido, para utilizar a expressão de Bauman (1999), mais adequado à operacionalização de negócios emergentes como o telemarketing e a transmissão de dados *on-line*. A instalação de fibras óticas no subterrâneo tem como objetivo transmitir dados em alta velocidade, de acordo com as necessidades atuais dos negócios operados em tempo real. O chamado anel ótico vem sendo instalado pelas empresas Embratel, metroRED e Netstream, sendo que a capacidade dessas redes representa possibilidades quase infinitas em telecomunicações.[94]

No caso do *retrofit*, novas tecnologias, conceitos e materiais são incorporados ao edifício, aumentando sua vida útil e possibilitando a redução dos custos condominiais. Assim, com a troca de caixilhos e das máquinas de ar condicionado, associadas à utilização de vidros eficientes termicamente e à revisão do sistema de distribuição, pode-se alcançar uma economia de até 30% no consumo de energia elétrica; a substituição de luminárias por outras mais eficientes energeticamente e a utilização de sensores de presença, que desligam as luminárias quando não há presença humana no recinto, podem proporcionar uma economia de até 70% no consumo de energia relacionado à iluminação.

---

[93] Depoimento de Marco Antonio Ramos de Almeida à Revista Urbs, nº 38, 2005.
[94] O Centro Contemporâneo. Revista Urbs, nº 11, fevereiro/março, 1999.

Além disso, a substituição de louças e metais sanitários por linhas com baixo consumo de água pode proporcionar uma economia de até 30%.

Há ainda a possibilidade de o proprietário se beneficiar de incentivos fiscais tais como a isenção do pagamento do IPTU por 10 anos pela reforma de fachadas e pela manutenção em imóveis tombados ou preservados (localizados em um raio de 300 metros de um bem tombado), a venda de potencial de construção não utilizado para outros imóveis localizados na área central, delimitada pela Operação Urbana Centro e o financiamento da reforma pela Caixa Econômica Federal. Em função dessas vantagens, a técnica do *retrofit* vem sendo amplamente utilizada pelo setor público, em intervenções como o restauro da Estação Júlio Prestes, a implantação da Sala São Paulo, a conversão do prédio do antigo DOPS, a reforma da Praça do Patriarca, da Rua Xavier de Toledo e da Praça Dom José Gaspar, incluindo a reforma da Biblioteca Mário de Andrade. O setor privado também adotou a técnica em inúmeras intervenções, tais como o SESC da Rua 24 de Maio e o Hotel Jaraguá.[95]

Naturalização de Modelos e de Práticas Socioespaciais

Das análises precedentes, fica consignado que o valor da produção urbanística como tal – fundamento do valor de qualquer produto simbólico ou objeto singular – e a crença que lhe dá sustentação, se alicerçam nas incessantes e inumeráveis lutas políticas e cognitivas travadas com a finalidade de produzir a definição legítima do dever-ser da urbanização por meio da competição e cooperação entre instituições e agentes no interior do *campo* da produção. Nesse sentido, os modelos cidade mercadológica e direito à cidade expressam essa luta pela definição legítima do dever-ser do Centro da metrópole, mas também concorrem para a maior eficácia do *campo* no controle do processo de produção do espaço, na medida em que, no decorrer dessa luta, realizam a atualização e a inovação das práticas e da ordem simbólica e material do *campo*.

Essa dinâmica aponta para um novo patamar de equilíbrio entre instituições e agentes, quer dizer, das forças vinculadas à produção do espaço, absorvendo o grande impacto que tiveram as subversões simbólicas do direito à cidade e da cidade mercadológica. Mostra ainda que está em curso um processo de naturalização dos cânones, das normas e regras sociais arbitrárias, produzidas e universalizadas por um Estado-maior cognitivo responsável pela produção de uma ordem simbólica dominante para o dever-ser da urbanização. Estamos, talvez, a um passo da conformação de um novo *habitus* pela imersão das instituições dos agentes, dos corpos e das mentes em uma lógica interna estável,

---

[95] Retrofit, alternativa para valorizar o imóvel. Revista Urbs, n° 30, abril/maio, 2003.

em um quadro de forças e de posições em equilíbrio, expresso na divisão do trabalho de dominação organizada por solidariedade orgânica entre modelos de realidade produzidos pelo *campo* e transpostos para a sociedade de classes por meio da política urbana.

É no decorrer dessa trama institucional-cognitiva que os esquemas classificatórios que mediatizam a percepção da ordem urbana (norte / sul; leste / oeste; campo / cidade; rural / urbano; planejado / desordenado; centro / periferia; excluído / incluído; favela / bairro; público / privado; vulnerável / invulnerável; nobre / popular; formal / informal; produtivo / improdutivo; degradado / revitalizado; distinção / relegação; raro / vulgar) se tornam um transcendental comum ao conjunto dos agentes inseridos nessa mesma ordem e viabilizam o acordo lógico e moral, mesmo entre agentes situados em posições antagônicas no *campo* de disputas. A naturalização das classificações é engendrada mediante o estabelecimento de códigos e procedimentos mais ou menos enraizados, sancionados por ritos de instituição e incorporados ao senso comum como conhecimentos práticos. Pode estar aí a chave para a compreensão de como dominantes e dominados chegam ao consenso e aceitação dóxica sobre as regras para a vida de todo o dia na metrópole. Uma vez que os atos de instituição adquirem a forma de atos cognitivos compartilhados, todos passam a dispor, bem ou mal, dos mesmos esquemas de percepção e avaliação. Pela difusão e imposição da lógica de reprodução do *campo*, os dominados passam a aplicar as mesmas estruturas de percepção que os dominantes utilizam para produzir tais atos.[96] Os atos de instituição adquirem assim o caráter de imperativos categóricos, tornando-se atos de violência simbólica e, nessa condição, exercidos com a cumplicidade objetiva dos dominados. Desse modo, os modelos cognitivos, as representações do urbano e a reprodução das práticas socioespaciais produzidas pelo campo se tornam possíveis porque, ao se transferir para a esfera do poder e serem sancionadas pelo Estado, passam por um processo de desreconhecimento do caráter arbitrário de sua fundação e aparecem naturalizadas, como resultado do funcionamento do mercado e da regulamentação do Estado, organizando a vida cotidiana ao estabelecer as regras para a produção e o consumo do espaço.

É importante enfatizar ainda uma vez a total proeminência do Estado na disciplina e educação dos corpos e das mentes por meio da reprodução e repetição de ciclos de atividades e procedimentos, mesmo na predominância de

---

[96] Retoma-se aqui a noção de estabilidade da estrutura do campo. No dizer de Bourdieu: dado que as estruturas de percepção e avaliação são, no essencial, produto da incorporação de estruturas objetivas, a estrutura de distribuição do capital simbólico tende a demonstrar grande estabilidade. E as revoluções simbólicas supõem uma revolução mais ou menos radical dos instrumentos de conhecimento e das categorias de percepção (BOURDIEU, 1996:172).

regras oriundas da sociedade civil e do mercado. Como instância reguladora das práticas, o Estado "exerce, de modo permanente, uma ação formadora de disposições duradouras através de todos os constrangimentos e disciplinas corporais e mentais que impõe, de maneira uniforme, ao conjunto dos agentes". Para retomar Bourdieu (1996:116), é importante notar que a obediência que os agentes concedem às injunções estatais não pode ser compreendida como submissão mecânica a uma força, nem como consentimento consciente a uma ordem. A submissão à ordem estabelecida é o produto do acordo entre as estruturas cognitivas inscritas pela história coletiva (filogênese) e individual (ontogênese) nos corpos e nas estruturas objetivas do mundo ao qual elas se aplicam. As injunções do Estado impõem-se tanto mais poderosamente pelo fato de haver logrado impor as estruturas cognitivas segundo as quais ele é percebido. Até que a ordem simbólica e as formas de classificação socioespaciais, enquanto estruturas cognitivas naturalizadas, não sejam mais formas conscientes, mas disposições do corpo, esquemas práticos, *habitus*. É assim que modelos de realidade urbana são transpostos para o tempo cotidiano, instaurando-se a cotidianidade que só poderá ser quebrada por uma nova crise da ordem simbólica do campo de produção, alterando de modo mais ou menos radical os esquemas de percepção e apreciação que garantem sua reprodução. Do contrário, a dinâmica do *campo* adentra a uma inércia e tende a ser governada mais pela permanência dos esquemas de apreciação e percepção vigentes do que pela mudança e transformação destes.

É por isso que o Estado e o mercado, quer dizer, os campos do poder e econômico, permanecem como instituições fundamentais na influência e condicionamento que o *campo* urbanístico exerce na vida social. Na medida em que estabelecem regras universais, e ainda pelo efeito de neutralidade e impessoalidade, criam as condições para a orquestração imediata do *habitus* que constitui, por sua vez, o fundamento de um consenso sobre esse conjunto de evidências partilhadas, capazes de conformar o senso comum sobre o dever-ser da urbanização e da ordem urbana. É precisamente nessa acomodação de forças e posições que a dominação racional cognitiva adquire ares de dominação tradicional, mergulhando os objetos, os lugares e as práticas socioespaciais na inércia da vida cotidiana, em um passado eterno que deságua no presente. Aquela inércia obscura que, como diz Braudel (1985), nos condiciona a vida sem que o saibamos, por meio de gestos herdados, infinitamente repetidos para chegarem até nós, que nos ajudam a viver, aprisionam-nos e decidem por nós ao longo de toda a nossa existência. É nesse jogo da vida cotidiana que as práticas socioespaciais se transformam em crença, quer dizer, em normas de conduta que permanecem fora da consciência clara dos agentes, que passam a ser muito menos atores do que agidos. A vida de todo dia na metrópole se torna mais suportada do que moldada. Todos, leigos e especialistas, são mergulhados em um oceano de águas sem idade, no qual se sucedem os nascimentos, as mortes, os fracassos, os êxitos, os planos, os projetos, os zoneamentos, os mapas, os governos, as tragédias, enfim a realidade do modelo reificado e instaurado como o dever-ser realizado, como destino.

Conclusão

A investigação sociológica das relações entre produção do espaço e constituição da ordem social na Região Metropolitana de São Paulo pôs em evidência uma comunidade humana que reivindica, com relativo êxito, o controle do processo de produção do espaço e que luta pelo monopólio da cultura urbanística legítima, quer dizer, da definição legítima do dever-ser da urbanização. O aparecimento e estruturação de tal agrupamento caracteriza um espaço social singular e hierarquizado de agentes e instituições que estabelecem relações objetivas entre si, conformando o que aqui se denomina campo da produção do espaço, campo da produção urbanística ou campo urbanístico, dotado de certas propriedades e regularidades.

Utilizando-se de informações empíricas da RMSP, reconstituiu-se a gênese, estruturação e reprodução do campo urbanístico em dois polos interdependentes: o da produção simbólica e o da produção material. A reconstituição histórica do campo como agrupamento social singular mostrou que ele adquire autonomia relativa, isto é, cria suas próprias regras de funcionamento e de reprodução em relação a outros espaços sociais (jurídico, político, científico, econômico), embora esteja sujeito às regras gerais vigentes na sociedade de classes. É nessa medida que se pode afirmar que a atividade social de produção do espaço é mediada por uma classe de agentes e instituições especializados, dotada de competência cultural específica (capital urbanístico) que participa da divisão do trabalho de dominação e, assim, contribui para a produção e reprodução da ordem social. A constituição e legitimação desse agrupamento social singular está, sem dúvida, relacionada ao fato de que, na medida em que o ambiente natural vai sendo substituído por um ambiente construído e artificial, mormente em condições de urbanização completa da metrópole, parte considerável do que chamamos ordem social, isto é, a dominação legítima na sociedade de classes, é vinculada à atividade de produção do espaço e ao controle do curso da urbanização.

A explicitação de traços da conduta dos agentes e de características das instituições permitiu avaliar em que medida o campo influencia ou condiciona a produção do espaço e a produção/reprodução da ordem social na metrópole, bem como revelar especificidades da política urbana, como conhecimento prático mobilizado pelo Estado para intervir no espaço-tempo da urbanização. Assim, constatou-se que as relações objetivas que se estabelecem entre os agentes e instituições do campo urbanístico, para além de laços tradicionais, afetivos e de relações pessoais, tornam-se predominantemente vínculos político-institucional-cognitivos. A apreensão dessa transformação qualitativa nos vínculos sociais se mostrou essencial para a compreensão da influência que o campo exerce sobre o processo de produção do espaço.

O corpo especializado de agentes aqui estudado tem como principal meio de poder e controle sobre o processo de produção do espaço a acumulação de capital urbanístico, ou seja, a produção de modelos cognitivos de apreciação, avaliação e explicação com vistas à definição legítima do dever-ser da urbanização. Tal acumulação se dá mediante a competição pelo monopólio da produção da cultura urbanística legítima e pela conversão de diferentes modalidades de capital (econômico, cultural, social) em capital urbanístico propriamente dito, mobilizado no exercício da violência simbólica para o alcance da hegemonia no *campo* ao longo de intermináveis lutas políticas e cognitivas que se desenvolvem entre agentes e instituições, para a transformação ou conservação das forças e das posições por eles ocupadas na estrutura do campo e, por homologia, na estrutura de classes.

A objetivação do espaço social no espaço físico, quer dizer, a materialização do capital urbanístico na forma de coleções de objetos técnicos (capital urbanístico objetivado) e o controle dos meios de gestão da metrópole (capital urbanístico institucionalizado) é mediada por modelos sociocognitivos de ordem urbana, produção simbólica do *campo* que, na medida em que são transpostos para a estrutura de classes, resultam em tipos de dominação organizada da produção do espaço e do curso da urbanização. Como fração dominada da classe dominante, o campo desenvolve saberes e práticas que, sendo explicações válidas do mundo social, ao serem homologados e sancionadas pelo Estado como capital simbólico codificado em normas jurídicas, lhes permite uma participação distinta na divisão do trabalho de dominação e nos lucros materiais e simbólicos que disso possam advir. Para controlar o processo de produção do espaço, o *campo* necessita do capital econômico e político que a classe dominante esteja disposta a investir na reprodução da ordem social. Por outro lado, a reprodução da ordem social, principalmente no que diz respeito à aceitação dóxica e cumplicidade objetiva dos dominados, depende da produção material e simbólica do *campo,* quer dizer, de uma ordem simbólica estruturada como explicação válida da urbanização e do mundo social, e também da materialização e reificação das relações sociais na forma de objetos técnicos fixados no território. As trocas materiais e simbólicas que desse modo se realizam asseguram a convergência dos momentos de produção do espaço e de reprodução da ordem social.

Observou-se que a dinâmica de cooperação e competição entre agentes e instituições pelo monopólio da cultura urbanística legítima como capital específico a ser acumulado, bem como pela expropriação de outros agentes, leva a uma complexificação da divisão do trabalho de controle do curso da urbanização, mediante o jogo de harmonização interescalar, na forma de um alongamento da cadeia de produção do espaço, situando as instâncias de consagração e difusão de modelos no âmbito das instituições globais (Banco Mundial, Conferências Mundiais da ONU etc.). Há, portanto, um claro distanciamento daquelas instâncias das de supervisão e gestão do território, descentralizadas para instituições e agentes situados nas esferas nacional, regional e local. A dominação organizada da produção do espaço passa assim a ser mediada por um padrão de política urbana caracterizado pela peculiar distribuição do capital urbanístico institucionalizado nas diversas instâncias do *campo,* do seguinte modo:

1. Especialização do nível local como implementador (executor ao nível técnico) da política urbana, inclusive com a criação de instâncias sublocais (por exemplo, subprefeituras) para o aumento da eficácia do controle e supervisão territoriais. É instância de socialização secundária (violência física e simbólica exercida sobre os agentes do *campo,* mas também sobre os leigos: cidadãos, consumidores e mercadores do espaço) pela imposição de disciplinas corporais e mentais e aplicação de instrumentos de regulamentação (por exemplo, plano diretor e lei de uso e ocupação do solo), fiscalização e repressão, principalmente aqueles invisíveis e dissimulados que ocorrem no interior de objetos específicos;

2. Consolidação do Estado-Nação como coordenador da política urbana regional e nacional (pacificação interna) e ainda como agente de intermediação das trocas materiais e simbólicas destes com as instituições globais. Instância de acumulação de capital urbanístico na forma institucionalizada, por meio da monopolização dos meios de gestão, concentrando as funções de normatização e regulamentação do *campo*, mormente com o advento da Lei 10.257, o Estatuto da Cidade, e da Lei 12.378/2010, como capital simbólico codificado e homologado pelo Estado na forma jurídica;

3. Emergência de instituições globais, lugar geométrico da consagração, legitimação e difusão de discursos, paradigmas, modelos e diretrizes gerais sobre o dever-ser da urbanização. Responsável pela coordenação do processo de produção do espaço em nível global. Instância de exercício da violência simbólica por excelência, por meio, por exemplo, da difusão das "melhores práticas urbanas" ou da coerção dos agentes pela mobilização de grandes quantidades de capital econômico (financiamento da produção de objetos em escala global como a reestruturação de centros históricos) e político.

A dinâmica interescalar da divisão técnica, espacial e social do trabalho no campo aponta para outra conclusão importante, a saber, a formação de uma política do espaço propriamente global em seus princípios, práticas e consequências, o que aumenta sobremaneira o efeito de campo na conformação da ordem urbana (Figura 7).

Política Urbana Global: Divisão do Trabalho de Dominação e Controle da Urbanização

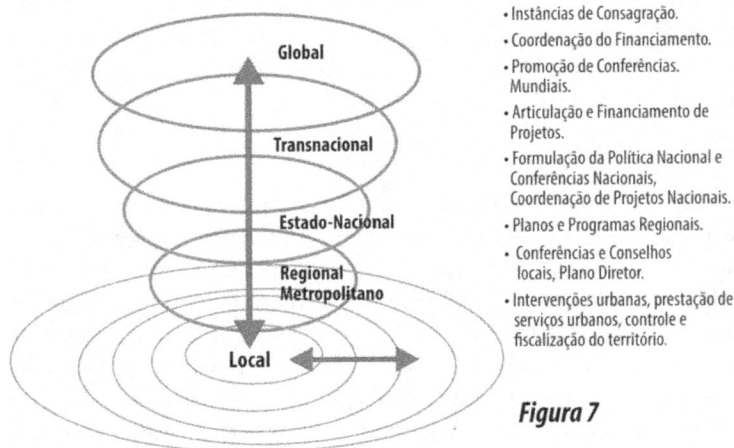

- Instâncias de Consagração.
- Coordenação do Financiamento.
- Promoção de Conferências. Mundiais.
- Articulação e Financiamento de Projetos.
- Formulação da Política Nacional e Conferências Nacionais, Coordenação de Projetos Nacionais.
- Planos e Programas Regionais.
- Conferências e Conselhos locais, Plano Diretor.
- Intervenções urbanas, prestação de serviços urbanos, controle e fiscalização do território.

Figura 7

Figura 7. O efeito de campo na conformação da ordem urbana.

É verdade que as instituições e práticas sociais não estão o tempo todo voltadas para questões globais, no entanto, as articulações do local como o espaço-tempo global tornam-se um aspecto essencial para a compreensão da conduta do agrupamento social observado. Nesse sentido, o processo de urbanização global fornece explicações para práticas socioespaciais de agentes situados ao nível local. Atente-se para o seguinte: a internacionalização ou a globalização da política urbana não levam necessariamente ao enfraquecimento ou diminuição da responsabilidade do Estado-Nação e dos níveis estatais subnacionais como sujeitos da questão urbana. Portanto, reafirma-se a possibilidade de influência do nível local ou do Estado-Nação na construção da política urbana global. Nesse aspecto, o estudo mostrou que o protagonismo do Estado, em seus vários níveis federativos, permanece mesmo na vigência da cidade mercadológica como modelo hegemônico de realidade urbana.

Isto porque somente ele, o Estado, é capaz de organizar a dominação em extensões territoriais que ultrapassam o domínio dos agentes privados, na medida em que possui o controle dos meios de gestão e da violência (física e simbólica) capazes de extrair da sociedade o capital econômico necessário às intervenções e, principalmente, de fazer valer uma concepção de urbanização – que é desconhecida como arbitrária e, portanto, reconhecida como legítima –, mesmo com a oposição de outras instituições e agentes. É na esfera do Estado, pela investidura dos agentes do campo em cargos políticos e burocráticos, que o capital urbanístico se converte em capital político e em poder administrativo, transpondo para a sociedade de classes a ordem simbólica construída no campo de produção.

Uma vez que a atividade social de produção do espaço é condicionada pela lógica do *campo* urbanístico como dominação organizada, investigou-se em que condições indivíduos e grupos, mormente as classes populares, estão dispostos a estabelecer cumplicidade objetiva, quer dizer, colaborar com o projeto de sua própria dominação em favor da construção de um determinado modelo de ordem urbana. Nesse aspecto, o estudo mostrou que o conformismo lógico e moral necessário à instauração e manutenção de relações duráveis e úteis à dominação organizada é produzido pelo trabalho de instituições e agentes especializados na produção de sentido, certa concepção homogênea de tempo, espaço, causas e efeitos (ordem simbólica) e na produção espaço-temporal de objetos direcionados às aspirações das classes dominadas. Mas atenção: essa cumplicidade objetiva não é eterna nem imutável, pois o monitoramento reflexivo que os agentes realizam de sua conduta e dos demais os leva a modificar parcelas do conhecimento e das formas de percepção e apreciação da ordem social e, assim, mudar coalizões e empreender novas formas de mobilização.

A análise do desenvolvimento histórico do campo de produção do espaço mostrou que a ordem urbana na RMSP passa por transformações profundas e abrangentes, denotadas no florescimento de concepções e representações distintas de cidade que geram disputas e negociações no *campo* em torno de modelos de realidade urbana a serem implementados. Destarte, o direito à cidade se apresenta como um modelo sociocognitivo fundado em um sistema de valores que, até certo ponto, nega a proeminência dos fatores econômicos na produção da ordem urbana. Caracteriza-se pela especialização em monopolizar os meios de gestão na busca por uma dominação racional com relação a valores apresentados com pretensões de universalidade, tais como a gestão participativa e a função social da propriedade e da cidade.

Tal modelo se constitui essencialmente a partir da coalizão entre agentes detentores de capital social (movimentos sociais, ONGs) com frações dominantes do *campo*, detentores de capital cultural, mas que buscam o apoio das frações dominadas organizadas nas lutas pela definição hegemônica do dever-ser da urbanização. Essa coalizão, que se dá principalmente em função da cisão dos dominantes, permite aos dominados participar da luta pela definição legítima do dever-ser da urbanização e, desse modo, aumentar seus ganhos materiais e simbólicos a exemplo da participação na produção da habitação de interesse social. Essa participação pôde ser observada claramente em instâncias colegiadas como os Conselhos das Cidades e as Conferências das Cidades nos diversos níveis federativos. Chega-se, por essa via, a um "sistema nacional de cidades" como dominação organizada com relação a valores.

A cidade mercadológica, por sua vez, se constitui em modelo sociocognitivo de ordem urbana erigido sobre princípios propriamente econômicos, caracterizando uma utopia urbana baseada na universalização da ideia de livre-mercado como dominação organizada em relação a fins econômicos. Aqui, a metrópole é um meio de produção que organiza outros meios de produção na consecução de fins econômicos, como eficiência, produtividade e competitividade, direcionadas à apropriação e consumo do espaço. A carteira de capital econômico mobilizado se assenta principalmente no capital material e simbólico acumulado em instituições globais e em agentes do mercado. Mostramos que, como construções heurísticas, esses modelos não existem de modo objetivo na realidade. Não obstante, permitem avaliar o montante de capital urbanístico acumulado, sua distribuição e mobilização pelos agentes. Estamos aqui diante de formas variadas de combinação das modalidades de capital urbanístico (incorporado, institucionalizado e objetivado) por meio de liames cognitivos e institucionais voltados para a dominação organizada do curso da urbanização.

É por meio desse capital específico que o *campo* produz seus efeitos e exerce a violência propriamente simbólica, na medida em que impõe de modo arbitrário – ainda mais quando não seja percebido como tal – maneiras de pensar e agir, condutas mais ou menos definidas, regularidades, repetições, veredictos que, produzidos e consagrados em ritos de instituição próprios do *campo*, são sancionados, legalizados, codificados e homologados pelo Estado. Assim, engendram determinadas formas de organização racional do trabalho de produção do espaço, criam instâncias legítimas de produção e consagração de bens simbólicos, identificando aspirações particulares aos interesses gerais e, mais além, produzindo seu próprio sistema de objetos e formas de conectividade entre eles, assegurando a continuidade administrativa necessária à dominação organizada do espaço.

A análise desses fatores explicitou a divisão horizontal do trabalho de dominação do espaço, que sugere a especialização do direito à cidade como controlador dos meios de gestão para a promoção da pacificação interna entre dominantes e dominados, enquanto a cidade mercadológica se especializa como produtora de objetos adaptados aos fluxos globais de matéria e energia. Por essa ótica, embora ocupem posições antagônicas na estrutura do *campo específico*, esses modelos, quando transpostos para a estrutura de classes, podem ser vistos em solidariedade orgânica na divisão do trabalho de dominação organizada do curso da urbanização. É preciso reconhecer, todavia, que esse ponto merece análises e pesquisas mais aprofundadas do que as aqui realizadas.

Todavia, fizemos notar que a autonomia do *campo* urbanístico é relativa, fazendo com que ele esteja sujeito às injunções e demandas de agentes situados em outras esferas do mundo social, quer dizer, em relação a *campos* mais autônomos e estruturados. Se, por um lado, esse aspecto dificulta sobremaneira a análise da dinâmica específica do *campo* urbanístico, por outro abre possibilidades de uma melhor apreensão do grau de influência que ele exerce na produção da ordem social geral. Com efeito, é por meio das trocas materiais e simbólicas, dos fluxos e contrafluxos, da conversão e reconversão das diferentes modalidades de capitais entre os diversos *campos* que se constitui, de fato, a ordem urbana e social. A análise das trocas entre os diversos *campos* sugere que:

1. As relações objetivas com o Estado (campo do poder) e seu monopólio do exercício de violência física e simbólica legítima – mormente pelo emprego de quadros administrativos especializados e controle dos meios de gestão – permitem aos agentes do campo conquistar o Estado e aí estabelecer instituições capazes não só de impor uma interpretação hegemônica do processo de produção do espaço, mas também direcioná-lo e moldá-lo por meio da imposição de produtos simbólicos (Estatutos, plano diretor, lei de uso e ocupação do solo) e de objetos específicos (infraestrutura e serviços urbanos) que, bem ou mal, condicionam influenciam a ordem urbana e organizam a vida social.

2. As trocas com o campo jurídico, por sua vez, ensejam a codificação do capital urbanístico, em normas jurídicas de maior eficácia simbólica, mormente por ser capaz de impor condutas por meio de regras, normas, procedimentos e ciclos de atividades. É notável, no período estudado, o grande impulso no desenvolvimento do direito urbanístico, com a consolidação do jurista-urbanista como agente do campo.

3. As interações do campo urbanístico com o campo científico possibilitam a conversão de capital urbanístico em capital científico – e vice-versa –, sendo capazes de exercer o efeito de teoria, ou seja, estabelecer uma interpretação válida do processo de produção do espaço e o caminho que a urbanização deve seguir (sociodicéia).

4. Finalmente, as interações do campo urbanístico com o campo econômico são a principal via para a produção de objetos condizentes a cada época ou etapa do processo de urbanização. Observa-se aqui um complexo processo de conversão e reconversão de capitais. Primeiro, o capital econômico transforma-se em capital urbanístico no interior do campo, em seguida, esse capital urbanístico é levado à esfera estatal se convertendo em capital político, administrativo e jurídico para o exercício da violência simbólica (por meio de regras abstratas e Estatutos) e, se

necessário, da violência física. Em seguida, por meio da política urbana, ele se converte novamente em capital econômico, na forma de objetos produzidos pela ação de empresas especializadas, mormente empreiteiras de obras públicas, passíveis de serem apropriados e consumidos no mercado do espaço. Nota-se aqui a emergência do economista-urbanista como agente especializado do campo específico.

As formas de competição e cooperação entre instituições e agentes, bem como as possibilidades cognitivas do campo, foram extremamente potencializadas pelo surgimento de novas tecnologias de informação e comunicação e de novas formas organizacionais denotadas, por exemplo, na organização em rede e nos processos de reforma do Estado. A transposição dos instrumentos de gestão da empresa privada (planejamento estratégico, marketing urbano) para a esfera estatal proporciona maior velocidade na acumulação, conversão e reconversão de capital urbanístico e, consequentemente, aumento da eficácia simbólica na imposição da explicação válida do processo de produção do espaço.

Nesse particular, o estudo mostrou que a diversificação de especialidades e disciplinas aumenta o embate pelo monopólio da cultura urbanística legítima, como capital urbanístico acumulado, e, por outro, amplifica a abrangência e intensidade dos mecanismos de supervisão e controle do *campo* sobre um número cada vez mais diversificado de aspectos da vida social na metrópole. Isso porque a intensificação das lutas políticas e cognitivas, longe de ser fator de fragilidade, é fator de coesão e faz com que o *campo* se fortaleça na medida em que proporciona maior dinamismo ao mercado de bens simbólicos, contribuindo para o surgimento de produtos mais sofisticados e de maior eficácia no controle da produção do espaço.

Esse fator concorre também para a ampliação das possibilidades cognitivas e institucionais no processo de autonomização e reprodução do campo. É notável seu dinamismo atual como produtor de instrumentos de política urbana cujo conteúdo pode ser capturado, combinado, composto, decomposto, deformado, eliminado, suplementado, manipulado, negado, substituído, abandonado ou reposto quase que de modo instantâneo pelas forças hegemônicas em cada momento, como simulação de uma ordem provisória para a promoção de certos valores e o alcance de determinados fins.

Quanto à questão de saber se é possível a um agrupamento social específico, isoladamente, exercer a dominação organizada da produção do espaço e direcionar o curso da urbanização, pode-se concluir que nenhum outro agrupamento social singular teve, ao longo das últimas décadas, maior influência nos destinos do processo de produção do espaço, na conformação do curso da urbanização e, por consequência, a ordem social na metrópole como o aqui analisado.

Porém, dada à sua fraca autonomia em relação ao outros campos, que torna sua eficácia apenas relativa, a metrópole emerge como sistema técnico que, em sua forma e funcionalidade, reflete – de modo incompleto, desfigurado, fantasmagórico e grotesco – a reificação, objetivação e materialização da ideologia e utopia própria do campo urbanístico, qual seja, a criação de um novo homem e de uma nova natureza humana por meio da produção do espaço.

BIBLIOGRAFIA

ABRAMO, P. (2001), *Mercado e Ordem Urbana: Do Caos à Teoria da Localização Residencial.* Rio de Janeiro, Editora Bertrand Brasil; Faperj.

ACSELRAD, H. (2001), "Sentidos da Sustentabilidade Urbana". In: ACSELRAD, H. (2001) *A Duração das Cidades: Sustentabilidade e Risco nas Políticas Urbanas.* Rio de Janeiro, DP&A Editora.

ALVES, J. A. L. (2001), Relações Internacionais e Temas Sociais. A Década das Conferências. Brasília, Instituto Brasileiro de Relações Internacionais.

APPADURAI, A. (1997), "Soberania sem Territorialidade". Novos Estudos Cebrap, n° 49.

ARANTES, O. (2000), "Uma Estratégia Fatal". In: ARANTES, O.; VAINER, C.; MARICATO, E. (2000), *A Cidade do Pensamento Único: Desmanchando Consensos.* Petrópolis, Editora Vozes, 2ª ed.

_____. (2001), *Urbanismo em Fim de Linha,* São Paulo, Editora da Universidade de São Paulo. 2ª ed.

AZEVEDO, S.; MARES GUIA, V. R. (2004), "Os Dilemas Institucionais da Gestão Metropolitana no Brasil". In: RIBEIRO, L. C. Q. (Org.). (2004), *Metrópoles: Entre a Coesão e a Fragmentação, a Cooperação e o Conflito.* São Paulo, Editora Fundação Perseu Abramo; FASE; Observatório das Metrópoles. pp. 97-110.

BECK, U. (1999), *O Que é Globalização? Equívocos do Globalismo, Respostas à Globalização.* Rio de Janeiro, Paz e Terra.

_____. (1995), "A Reinvenção da Política". In: GIDDENS, A.; BECK. U.; LASH, S. *Modernização Reflexiva: Política, Tradição e Estética na Ordem Social Moderna.* São Paulo, Editora da Unesp.

BERGER, P.; LUCKMANN, T. (1985), A *Construção Social da Realidade.* Vozes, Petrópolis.

BONDUKI, N. (1998), *Origens da Habitação Social no Brasil: Arquitetura Moderna, Lei do Inquilinato e Difusão da Casa Própria.* São Paulo, Estação Liberdade.

_____. (2000), *Habitar São Paulo: Reflexões sobre a Gestão Urbana.* São Paulo, Editora Estação Liberdade.

BONNEWITZ, P. (2003), *Primeiras Lições sobre a Sociologia de P. Bourdieu*. Rio de Janeiro, Editora Vozes.

BOURDIEU, P. (1998), "Os Três Estados do Capital Cultural". In: *Escritos de Educação*. NOGUEIRA, M. A; CATANI, A. (Org.). Petrópolis, Editora Vozes.

_____. (1990), *Coisas Ditas*. São Paulo, Editora Brasiliense.

_____. (1991), *Language & Symbolic Power*. Cambridge Massachusetts, Harvard University Press.

_____. (1994), *Razões Práticas*. Campinas, Editora Papirus, 5ª ed. Tradução de Mariza Corrêa.

_____. (1997), *A Miséria do Mundo*. Rio de Janeiro, Editora Vozes.

_____. (2001), *O Poder Simbólico*. Rio de Janeiro, Editora Bertrand Brasil.

_____. (2001b), *Meditações Pascalianas*. Rio de Janeiro, Editora Bertrand Brasil. Tradução de Sérgio Miceli.

_____. (2006), *A Distinção. Crítica Social do Julgamento*. São Paulo, Editora Zouk. Tradução de Daniela Kern e Gilherme J. F. Teixeira.

BRAUDEL, F. (1985), *A Dinâmica do Capitalismo*, Lisboa, Editora Teorema.

CALDEIRA, T. P. R. (2000*), Cidade de Muros: Crime, Segregação e Cidadania em São Paulo*. São Paulo, Editora 34; Edusp.

CÂMARA MUNICIPAL DE SÃO PAULO. (2003), Gabinete do Vereador Nabil Bonduki. São Paulo: Plano Diretor Estratégico. Cartilha de Formação. São Paulo, Secretaria Municipal do Verde e do Meio Ambiente, 2ª ed. (revisada).

_____. (2001), Relatório da Comissão de Estudos sobre Habitação na Área Central. São Paulo.

CÂMARA DOS DEPUTADOS. (2002), Estatuto da Cidade. Guia para implementação pelos municípios e cidadãos. Brasília, Comissão de Desenvolvimento Urbano e Interior, 2ª ed.

_____. (2003), Conferência Nacional das Cidades. Brasília, setor de publicações.

CAMPOS FILHO, C. M. (1999), *Cidades Brasileiras: Seu Controle ou o Caos. O Que os Cidadãos Devem Fazer para a Humanização das Cidades no Brasil.* São Paulo, Studio Nobel.

CAMPOS NETO, C. M. (2000), *Os Rumos da Cidade: Urbanismo e Modernização em São Paulo.* São Paulo, Editora Senac.

CARDOSO, J. E. (1996), *A Máfia da Propina: Investigando a Corrupção em São Paulo.* São Paulo, Fundação Perseu Abramo.

CARLOS, A. F. A. (2001), *Espaço-Tempo na Metrópole.* São Paulo, Editora Contexto.

CASTELLS, M. (1999a), *A Era da Informação: Economia, Sociedade e Cultura.* São Paulo, Paz e Terra. Vol. 1: *A Sociedade em Rede.*

———. (1999b), *A Era da Informação: Economia, Sociedade e Cultura.* São Paulo, Paz e Terra. Vol. 2: *O Poder da Identidade.*

———. (1999c), *A Era da Informação: Economia, Sociedade e Cultura.* São Paulo, Paz e Terra. Vol. 3: *Fim de Milênio.*

———. (1989), *The Informational City.* Cambridge, Mass, Basil Blackwell.

CHESNAIS, F. (1996), *A Mundialização do Capital.* São Paulo, Xamã Editora. Tradução de Silvana Finzi Foá.

CHESNAUX, J. (1989), *Modernidade-Mundo.* Petrópolis, Editora Vozes.

CONFERÊNCIA NACIONAL DAS CIDADES. (2003), "Diário da Cidadania", vários números.

COMPANS, R. (2001), "Cidades Sustentáveis, Cidades Globais: Antagonismo ou Complementaridade". In: ACSELRAD, H. (2001), *A Duração das Cidades: Sustentabilidade e Risco nas Políticas Urbanas.* Rio de Janeiro, DP&A Editora.

COMPANS, R. (2004), *Empreendedorismo Urbano: Entre o Discurso e a Prática.* São Paulo, Editora Unesp.

CORDEIRO, H. K. (2002), "A 'Cidade Mundial' de São Paulo e o Complexo Corporativo de seu Centro Metropolitano". In: SANTOS, M.; SOUZA, M. A; SCARLATO, F. C; ARROYO, M. *O novo Mapa do Mundo: Fim de Século e Globalização,* São Paulo, Editora Hucitec; Annablume; ANPUR, 4ª ed.

D'ARC, H. R. (2004) "Metrópole e Requalificação Urbana: Uma Comparação entre Europa e América Latina é Pertinente?". In: RIBEIRO, L. C. Q. (Org.). (2004), *Metrópoles: Entre a Coesão e a Fragmentação, a Cooperação e o Conflito*. São Paulo, Editora Fundação Perseu Abramo; FASE; Observatório das Metrópoles.

DAVIS, M. (2001*), Ecologia do Medo: Los Angeles e a Fabricação de um Desastre*. São Paulo, Record.

FERNANDES, A. C. (2001), "Da Reestruturação Corporativa à Competição entre Cidades: Lições Urbanas sobre os Ajustes de Interesses Globais e Locais no Capitalismo Contemporâneo". In: Espaço e Debates, ano XVII, n° 41, pp. 26-45.

FERREIRA, J. S. W. (2000), "Globalização e Urbanização Subdesenvolvida". In: Revista Perspectiva, Vol. 14,4, pp. 10-20.

FERREIRA, L. C. (1998*), A Questão Ambiental: Sustentabilidade e Políticas Públicas no Brasil*. São Paulo, Boitempo Editorial.

FIORI, J. L. (2000), "Acumulação Global e Ingovernabilidade Local". In: RIBEIRO, L. C. Q. (Org.). *O Futuro das Metrópoles: Desigualdades e Governabilidade*. Rio de Janeiro, Editora Revan. pp. 505-523.

FIX, M. (2001), *Parceiros da Exclusão*. São Paulo, Editora Boitempo.

FÓRUM NACIONAL DE REFORMA URBANA. (2003), Resoluções do Encontro Nacional. Rumo à Conferência Nacional das Cidades: Uma outra cidade é possível.

FREITAG-ROUANET, B. (2002), *A Cidade dos Homens*. Rio de Janeiro, Editora Tempo Brasileiro.

_____. (2002), "Vida Urbana e Cultura". In: *Cidade e Cultura: Esfera Pública e Transformação Urbana*. São Paulo, Estação Liberdade.

_____. (2000), "A Cidade Brasileira como Espaço Cultural". In: Tempo Social, Vol. 12, n° 1, pp. 29-46.

_____. (2004), *Itinerâncias Urbanas*. Brasília, Editora Casa das Musas.

FRIEDMANN, J. (1986), "The World City Hypothesis". In: Development and Change, Vol. 17, n° 1: pp. 69-83.

FRÚGOLI JR., H. (2000), *Centralidade em São Paulo: Trajetórias, Conflitos e Negociações na Metrópole*. São Paulo, Edusp; Cortez Editora.

FUKUYAMA, F. (2000), *A Grande Ruptura: A Natureza Humana e a Reconstituição da Ordem Social*. Rio de Janeiro, Editora Rocco.

GIDDENS, A. (1985), *O Estado-Nação e a Violência*. São Paulo, Edusp.

_____. (1991), *As Consequências da Modernidade*. São Paulo, Editora da Unesp.

_____. (1995), "A Vida em uma Sociedade Pós-Tradicional". In: GIDDENS, A.; BECK. U; LASH, S. *Modernização Reflexiva: Política, Tradição e Estética na Ordem Social Moderna*. São Paulo, Editora da Unesp.

_____. (2003), *A Constituição da Sociedade*. São Paulo, Martins Fontes.

GOODMAN, N. (1978), Ways of Worldmaking. USA, Hackett Publishing Company.

GOVERNO DO ESTADO DE SÃO PAULO. SECRETARIA DE ESTADO DE ECONOMIA E PLANEJAMENTO (EMPLASA). (2003a), Conferência Estadual das Cidades. Cidades Metropolitanas. Cartilha de Orientação para Realização da Conferência das Cidades Metropolitanas.

_____. (2005), Sistematização de Propostas das Conferências Municipais das Cidades do Estado de São Paulo.

GRAZIA DE GRAZIA, A. R. (1993), *Direito à Cidade e Meio Ambiente*. Rio de Janeiro, Coedição Fórum Brasileiro de Reforma Urbana e Ayuntamento de Barcelona.

_____. (2003), "Reforma Urbana e Estatuto da Cidade". In: RIBEIRO, L. C. Q.; CARDOSO, A. L. (Org.). (2003), *Reforma Urbana e Gestão Democrática: Promessas e Desafios do Estatuto da Cidade*. Rio de Janeiro, Editora Revan.

HABERMAS, J. (2005), *Diagnósticos do Tempo*. Rio de Janeiro, Editora Tempo Brasileiro. Tradução de Flávio Beno Siebeneichler.

HALL, P. (1984), *The World Cities,* New York, St. Martin's Press, 3rd ed.

HARVEY, D. (1992), *A Condição Pós-moderna*. São Paulo, Edições Loyola.

_____. (1996), "Do Gerenciamento ao Empresariamento: A Transformação da Administração Urbana no Capitalismo Tardio". In: Espaço e Debates, Ano XVI, n° 39.

HAWKEN, P.; LOVINS, A.; LOVINS, L. H. (1999*), Capitalismo Natural: Criando a Próxima Revolução Industrial*. São Paulo, Editora Cultrix.

HUET, B. et al. (2001), *O Centro das Metrópoles*. São Paulo, Editora Terceiro Nome; Associação Viva o Centro; Imprensa Oficial do Estado de São Paulo.

IANNI, O. (1993), *A Sociedade Global*. Rio de Janeiro, Editora Civilização Brasileira.

_____. (1995), *Teorias da Globalização*. Rio de Janeiro, Editora Civilização Brasileira.

_____. (1996), *A Era do Globalismo*. Rio de Janeiro, Editora Civilização Brasileira.

IGLECIAS, W. (2002), "Impactos da Mundialização sobre uma Metrópole Periférica". In: Revista de Ciências Sociais, Vol. 17, nº 50, pp. 47-70.

IPEA (2000), Rio-São Paulo, Cidades Mundiais. Rio de Janeiro.

JACOBI, P. (1999), *Cidade e Meio Ambiente: Percepções e Práticas em São Paulo*. São Paulo, Annablume Editora.

KING, A. (1999), "A Arquitetura, o Capital e a Globalização da Cultura". In: FEATHERSTONE, M. (Org.). *Cultura Global: Nacionalismo, Globalização e Modernidade*. Petrópolis, Editora Vozes. 3ª ed. Tradução de Attílio Bruneta.

KLINK, J. J. (2001), *A Cidade-Região: Regionalismo e Reestruturação no Grande ABC Paulista*. Rio de Janeiro, Editora DP&A.

KNOX, P.; TAYLOR, P. (1995), *World Cities in a World Economy*. Londres, Cambridge University Press.

KOGA, D. (2003), *Medidas de Cidades: Entre Territórios de Vida e Territórios Vividos*. São Paulo, Cortez Editora.

KOWARICK, L. (2000), *Escritos Urbanos*. São Paulo, Editora 34.

_____.; BONDUKI, N. (1994), "Espaço Urbano e Espaço Político: Do Populismo à Redemocratização". In: KOWARICK, L. (Org.). *As Lutas Sociais e a Cidade*. Rio de Janeiro, Paz e Terra, 2ª ed. (revista e atualizada).

_____.; SINGER, A. (1994), "A Experiência do Partido dos Trabalhadores na Prefeitura de São Paulo". In: KOWARICK, L. (Org.). *As Lutas Sociais e a Cidade*. São Paulo, Paz e Terra, 2ª ed. (revista e atualizada).

LASH, U. (1995), "A Reflexividade e Seus Duplos: Estrutura, Estética, Comunidade". In: GIDDENS, A.; BECK, U; LASH, S. *Modernização Reflexiva: Política, Tradição e Estética na Ordem Social Moderna*. São Paulo, Editora da Unesp.

LEFEBVRE, H. (1991), *O Direito à Cidade*. São Paulo, Editora Moraes.

LEME, M. C. S. (1999), "A Formação do Pensamento Urbanístico no Brasil - 1895-1965". In: LEME, M. C. S. (Coord.). *Urbanismo no Brasil – 1865-1965*. São Paulo, FUPAM; Estúdio Nobel.

LÉVY, P. (1993), *As Tecnologias da Inteligência: O Futuro do Pensamento na Era da Informática*. Rio de Janeiro, Editora 34. Tradução de Carlos Irineu da Costa.

LEVY, E. (1997), *Democracia nas Cidades Globais: Um Estudo sobre Londres e São Paulo*. São Paulo, Estúdio Nobel.

LO, F.; YEUNG, Y. (1996), *Emerging World Cities in Pacific Asia*. New York, Unite Nations University Press.

MARCONDES, M. J. A. (1999), *Cidade e Natureza: Proteção dos Mananciais e Exclusão Social*. São Paulo, Editora Nobel.

MARICATO, E. (2001), *Brasil, Cidades: Alternativas para a Crise Urbana*. Petrópolis, Editora Vozes.

_____. (2000), "As Ideias Fora do Lugar e o Lugar Fora das Ideias". In: ARANTES, O; VAINER, C; MARICATO, E. *A Cidade do Pensamento Único: Desmanchando Consensos,* Petrópolis, Editora Vozes, 2ª ed.

_____. (2000), "Urbanismo na Periferia do Mundo Globalizado: Metrópoles Brasileiras". In: Revista Perspectiva, Vol. 14, 4, pp. 21-33.

MARQUES, E. C. (2000), *Estado e Redes Sociais: Permeabilidade e Coesão nas Políticas Urbanas no Rio de Janeiro*. São Paulo, Editora Revan.

_____.; BITAR, S. (2002), "Espaço e Grupos Sociais na Metrópole Paulistana". In: Novos Estudos Cebrap, nº 64.

_____. (2003), *Redes Sociais, Instituições e Atores Políticos no Governo da Cidade de São Paulo*. São Paulo, Annablume Editora.

MARTINS, M. L. R. (2003), "São Paulo: Além do Plano Diretor". In: Revista de Estudos Avançados, nº 47, Vol. 17 – Jan/Abr, pp. 167-186.

MARX, K.; ENGELS, F. (2001), *Manifesto do Partido Comunista*. São Paulo, L&PM; Porto Alegre. Tradução de Sueli Tomazini Barros Cassal.

MCKIBBEN, B. (1989), *O Fim da Natureza*. Rio de Janeiro, Nova Fronteira.

MELO, M. A. B. C. (1990), "Regimes de Acumulação, Estado e Articulação de Interesses na Produção do Espaço Construído (Brasil, 1940-1988)". In: VALLADARES, L.; PRETECEILLE, E. (Org.). *Reestruturação Urbana: Tendências e Desafios*. São Paulo, Nobel; IUPERJ.

MINISTÉRIO DAS CIDADES. (2003), Política Urbana com Participação Popular.

_____. (2003), Cidades em Rede, vários números.

_____. (2003), Conferência das Cidades. Cidades para Todos. Texto Base.

_____. (2003), 1ª Conferência Nacional das Cidades. Texto base e emendas sistematizadas dos Estados. Caderno 1. Gestão Democrática e Conselho Nacional das Cidades.

_____. (2003), 1ª Conferência Nacional das Cidades. Texto base e emendas sistematizadas dos Estados. Caderno 2. Princípios, Diretrizes e Objetivos da Política Nacional de Desenvolvimento Urbano.

_____. (2003), 1ª Conferência Nacional das Cidades. Texto base e emendas sistematizadas dos Estados. Caderno 3: Emendas Temáticas.

NEDER, R. T. (2002), *Crise Socioambiental: Estado e Sociedade Civil no Brasil (1982-1998)*. São Paulo, Annablume Editora.

NUNES, B. F. (2003), "A Lógica do Espaço". In: PAVIANI A.; GOUVÊA, L. A. C. Brasília, Controvérsias Ambientais; Editora da UnB.

_____. (2004), *A Fantasia Corporificada*. Brasília, Paralelo 15 Editores.

OHMAE, K. (1996), *O Fim do Estado Nação: A Ascensão das Economias Regionais*. Rio de Janeiro, Campus.

OLIVEIRA, F. (2001), "Sustentabilidade e Competitividade: A Agenda Hegemônica para as Cidades do Século XXI". In: ACSELRAD, H. *A Duração das Cidades: Sustentabilidade e Risco nas Políticas Urbanas*. Rio de Janeiro, DP&A Editora.

ORGANIZAÇÃO DAS NAÇÕES UNIDAS. (1976), The Vancouver Declaration on Human Settlements. Documento da Internet. Disponível em: www.unhabitat.org/declarations/vancouver.asp. Acesso em: 31.10.2003.

_____. (1996), The Istanbul Declaration on Human Settlements. Documento da Internet. Disponível em: www.unhabitat.org/declarations/Istanbul.asp. Acesso em: 31.10.2003.

_____. (1996), The Habitat Agenda. Documento da Internet. Disponível em: www.unhabitat.org/declarations/habitat_agenda.asp. Acesso em: 31.10.2003.

_____. (1996), Declaration on Cities and Other Human Settlements in the New Millennium. Documento da Internet. Disponível em: www.unhabitat.org/declarations/habitat_agenda.asp. Acesso em: 31.10.2003.

PAULICS, V.; BAVA, S. C. (2002), "Em Busca do Conhecimento e da Afirmação da Cidadania". In: São Paulo em Perspectiva, Vol. 16, nº 3, pp. 48-53.

PECHMAN, R. M. (2002), *Cidades Estreitamente Vigiadas: O Detective e o Urbanista*. Rio de Janeiro, Casa da Palavra.

PINTO, V. C. (2005), "Direito Urbanístico: Plano Diretor e Direito de Propriedade". In: São Paulo, Editora Revista dos Tribunais.

PNUD-IPEA-FJP-BGE. (1998), *Desenvolvimento Humano e Condições de Vida: Indicadores Brasileiros*. Brasília.

POCHMANN, M. (Org.). (2003), *Outra Cidade é Possível: Alternativas de Inclusão Social em São Paulo*. São Paulo, Editora Cortez.

PREFEITURA MUNICIPAL DE SÃO PAULO. (2001), Plano Diretor Estratégico. Documento da internet. Disponível em: www.prefeitura.sp.gov.br/secretarias/planejamento_urbano/plano_diretor. São Paulo. Acesso em: 31.10.2003.

_____. (1991), Plano Diretor de São Paulo – Propostas para a Questão Ambiental.

_____. (1993), Secretaria do Verde e do Meio Ambiente. Estrutura e Atribuições.

_____. (1993), Questão Ambiental Urbana: Cidade de São Paulo. São Paulo, Secretaria Municipal do Verde e do Meio Ambiente.

_____. (2003), Urbis 2003. Feira e Congresso Internacional de Cidades: O Futuro das Cidades em Questão. São Paulo, Secretaria Municipal de Relações Internacionais.

_____.; Cebrap. (2004), Caminhos para o Centro: Estratégias de Desenvolvimento para a Região Central de São Paulo. São Paulo, Empresa Municipal de Urbanização.

RIBEIRO, L. C. Q. (Org.). (2004), *Metrópoles. Entre a Coesão e a Fragmentação, a Cooperação e o Conflito*. São Paulo, Editora Fundação Perseu Abramo; FASE; Observatório das Metrópoles.

_____.; CARDOSO, A. L. (Org.). (2003), *Reforma Urbana e Gestão Democrática. Promessas e Desafios do Estatuto da Cidade.* Rio de Janeiro, Editora Revan.

ROBERTSON, R. (1999), "Mapeamento da Condição Global: Globalização como Conceito Central". In: FEATHERSTONE, M. (Org.). *Cultura Global: Nacionalismo, Globalização e Modernidade.* Petrópolis, Editora Vozes. 3ª ed. Tradução de Attílio Bruneta.

ROLNIK, R. (1997), *A Cidade e a Lei: Legislação, Política Urbana e Territórios na Cidade de São Paulo.* São Paulo, Studio Nobel.

_____.; SOMEKH, N. (2004), "Governar as Metrópoles: Dilemas da Recentralização". In: RIBEIRO, L. C. Q. (Org.). (2004), *Metrópoles. Entre a Coesão e a Fragmentação, a Cooperação e o Conflito.* São Paulo, Editora Fundação Perseu Abramo; FASE; Observatório das Metrópoles. pp: 111-124.

SÁNCHEZ, F. (2003), *A Reinvenção das Cidades para um Mercado Mundial.* Chapecó, Argos Editora Universitária.

SANTOS JR., O. A. (2000), "Gestão Urbana, Associativismo e Participação nas Metrópoles Brasileiras". In: RIBEIRO, L. C. Q. (Org.). *O Futuro das Metrópoles: Desigualdades e Governabilidade.* Rio de Janeiro, Editora Revan.

SANTOS, M. (2000), *Por uma Outra Globalização: Do Pensamento Único à Consciência Universal.* Rio de Janeiro, Editora Record.

_____. (2002), *A Natureza do Espaço.* São Paulo, Editora da Universidade de São Paulo.

_____. (2002), "O Retorno do Território". In: SANTOS, M.; SOUZA, M. A.; SILVEIRA, M. L.; (Org.). *Território, Globalização e Fragmentação.* São Paulo, Editora Hucitec; Annablume; ANPUR, 5ª ed.

_____. (1990), "A Metrópole: Modernização, Involução e Segmentação". In: VALLADARES, L.; PRETECEILLE, E. (Org.). *Reestruturação Urbana: Tendências e Desafios.* São Paulo, Nobel; IUPERJ.

SASSEN, S. (1998), *As Cidades na Economia Mundial.* São Paulo, Studio Nobel.

_____. (1991), *The Global City: New York, London, Tokyo.* Princeton, Princeton University Press.

SAULE JR., N. (1997), *Novas Perspectivas do Direito Urbanístico Brasileiro: Ordenamento Constitucional da Política Urbana. Aplicação e Eficácia do Plano Diretor.* Porto Alegre, Sergio Antonio Fabris Editor.

SCOTT, A.; AGNEW, J.; SOJA, E.; STORPER, M. "Cidades Regiões Globais". In: Espaço e Debates, Ano XVII, n° 41, pp. 11-25.

_____. et al. (2001), "Cidades Regionais Globais". In: Espaço e Debates - Revista de Estudos Urbanos e Regionais, n° 4, 1, pp. 11-25.

SEVCENKO, N. (1992), *Orfeu Extático na Metrópole: São Paulo, Sociedade e Cultura nos Frementes Anos 20.* São Paulo, Cia. das Letras.

_____. (2000), "São Paulo, Laboratório Cultural Interdito". In: SEVCENKO, N. (2000) *Pindorama Revisitada.* São Paulo, CBL.

SILVA, A. A.; SAULE JR., N. (1993), "A Cidade Faz a Sua Constituição". In: Publicações Pólis, n° 10.

SILVA, R. T. (2000), "A Conectividade das Redes de Infra-Estrutura e o Espaço Urbano em São Paulo". In: RIBEIRO, L. C. Q. (Org.). *O Futuro das Metrópoles: Desigualdades e Governabilidade.* Rio de Janeiro, Editora Revan.

SIMÕES JR., J. G. (1994), "Revitalização de Centros Urbanos". In: Publicações Pólis, n° 19.

SOJA, E. W. (2002), "O Desenvolvimento Metropolitano Pós-moderno nos EUA: Virando Los Angeles pelo Avesso". In: SANTOS, M.; SOUZA, M. A.; SILVEIRA, M. L. (Org.). *Território, Globalização e Fragmentação.* São Paulo, Editora Hucitec; Annablume; ANPUR, 5ª ed.

SOMECK, N. (2002), "Globalização e Forma Urbana: A Intervenção Urbanística na Cidade de São Paulo". In: SANTOS, M.; SOUZA, M. A.; SCARLATO, F. C.; ARROYO, M. *O Novo Mapa do Mundo: Fim de século e Globalização.* São Paulo, Editora Hucitec; Annablume, ANPUR, 4ª ed.

SOUZA, C. (2004), "Regiões Metropolitanas: Trajetórias e Influências das Escolhas Institucionais". In: RIBEIRO, L. C. Q. (Org.). (2004), *Metrópoles. Entre a Coesão e a Fragmentação, a Cooperação e o Conflito.* São Paulo, Editora Fundação Perseu Abramo; FASE; Observatório das Metrópoles. pp: 61-93.

STIGLITZ, J. (2002), *A Globalização e Seus Malefícios: A Promessa Não Cumprida de Benefícios Globais.* São Paulo, Editora Futura.

TELLES, V. S. (2001), *Pobreza e Cidadania.* São Paulo, Editora 34.

TORRES, H.; GOMES, S. (2002), "Desigualdade Educacional e Segregação Social na Região Metropolitana de São Paulo". In: Novos Estudos Cebrap, n° 64.

ULTRAMARI, C. (2001), "Origens de uma Política Urbano-Ambiental". In: Desenvolvimento e Meio Ambiente, nº 3, pp. 65-78, Editora da UFPR.

VAINER, C. (2000), "Os Liberais Também Fazem Planejamento Urbano". In: ARANTES, O.; VAINER, C.; MARICATO, E. *A Cidade do Pensamento Único: Desmanchando Consensos*. Petrópolis, Editora Vozes, 2ª ed.

VILAS-BOAS, R. (1995), *São Paulo: Conflitos e Negociações na Disputa pela Cidade*. Publicações Pólis, 23.

VIOLA, E. J. (1996), "A Multidimensionalidade da Globalização: As Novas Forças Sociais Transnacionais e seu Impacto na Política Ambiental no Brasil – 1989-1995". In: FERREIRA, L. C.; VIOLA, E. J. *Incertezas de Sustentabilidade na Globalização*. São Paulo, Editora Unicamp.

WACQUANT, L. (2001), *Os Condenados da Cidade*. Rio de Janeiro, Editora Revan.

WALLERSTEIN, I. (2001), *Capitalismo Histórico e Civilização Capitalista*. Rio de Janeiro, Editora Contraponto.

WEBER, M. (1996), *Ciência e Política. Duas Vocações*. São Paulo, Editora Cultrix. Tradução de Leônidas Hegenberg e Octany Silveira da Mota.

_____. (1993), *Metodologia das Ciências Sociais*. São Paulo, Editora Cortez. Tradução de Augustin Wernet.

_____. (1944), *Economia y Sociedad*. Ciudad de México, Fondo de Cultura Económica.

WERNA, E. (1996), "As Políticas Urbanas das Agências Multilaterais de Cooperação Internacional para Países em Desenvolvimento". In: Espaço e Debates, Ano XVI, nº 39.

WORLD BANK. (1991), *Urban Policy and Economic Development: An Agenda for the 1990s*. Washington D.C.

_____. (2000), *Cities in Transition: World Bank Urban and Local Government Strategy*. Washington, Library of Congress.

YAZBEK, M. C.; WANDERLEY, M. B. (1992), "A Luta pela Sobrevivência na Cidade: Os 'Homeless' ou 'População de Rua'". In: BÓGUS, L. M.; WANDERLEY, L. E. (Org.). (1992), *A Luta Pela Cidade em São Paulo*. São Paulo, Cortez Editora.

■ ■

SOBRE O AUTOR

Jeová Dias Martins é doutor em Sociologia pela Universidade de Brasília (DF) (2006), mestre em Administração Pública e Governo pela Fundação Getúlio Vargas (SP) (1995), graduado em Ciências Sociais pela Universidade de São Paulo (1989) e em Administração Pública pela Fundação Getúlio Vargas (SP) (1990). É Especialista em Políticas Públicas e Gestão Governamental no Ministério da Economia.

■ ■

www.ingramcontent.com/pod-product-compliance
Lightning Source LLC
Chambersburg PA
CBHW081646270326
41933CB00018B/3362